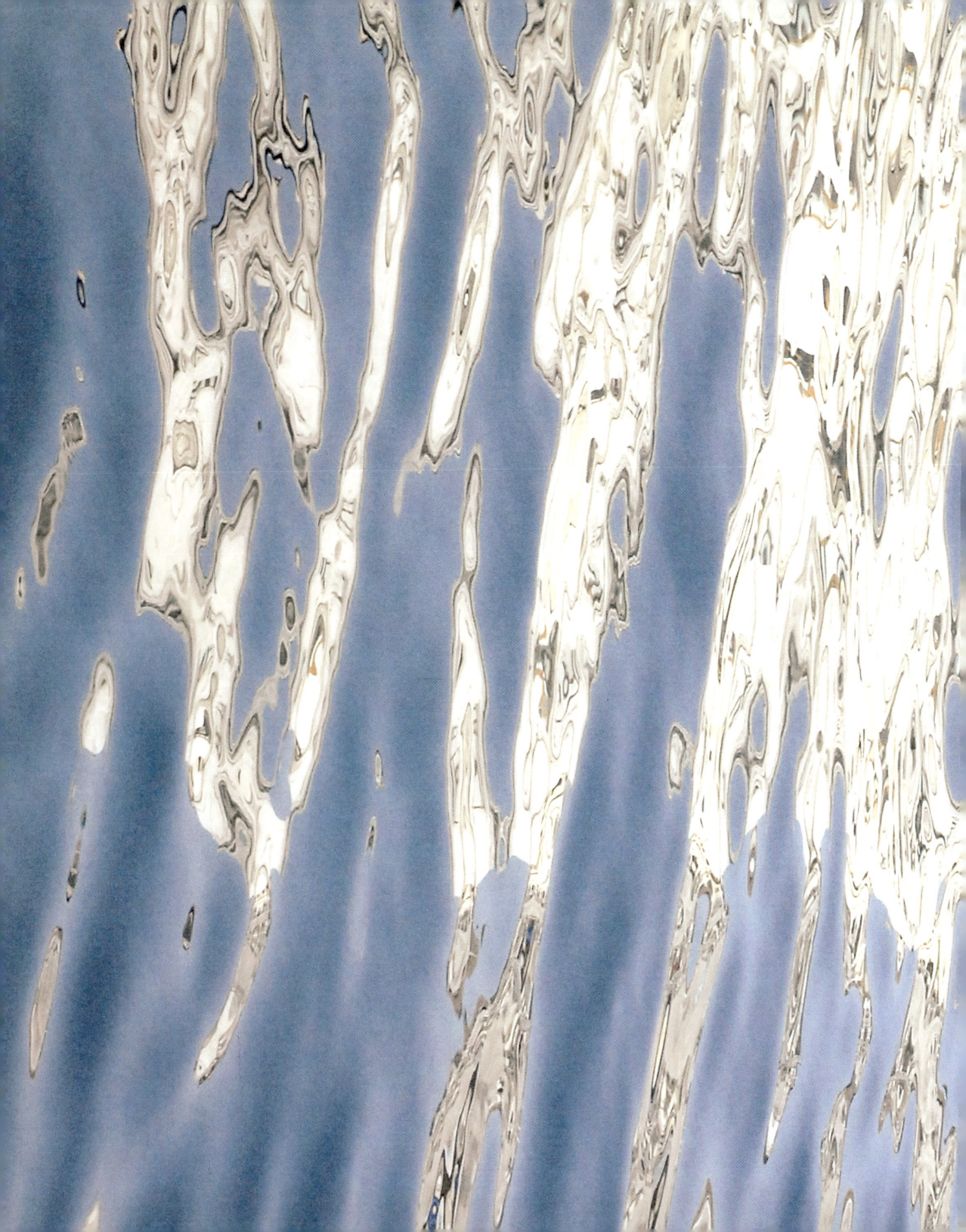

FISCH
verliebt

70 Fischrezepte
aus vier Kontinenten

JAKE TILSON

CHRISTIAN

Für meine Familie – in Liebe

VON DER LAGUNE, ZUR NORDSEE, ZUM OZEAN

VENEZIANISCHE LAGUNE

NORDSEE

NORDATLANTIK

PAZIFIK

DURCH DIE FISCHKÜCHEN DIESER WELT

Mehrere Jahre hat uns unsere Seafood-Reise über Lagunen, Meere und Ozeane geführt. Stets an meiner Seite und immer eine Hilfe waren meine Frau Jeff (Jennifer Lee) und unsere Tochter Hannah – dies ist ebenso sehr ihr Buch wie meines. Unsere kulinarischen Expeditionen wären ohne die Großzügigkeit unserer Familie und Freunde nicht möglich gewesen. Danke meinen Eltern Joe und Jos für die vielen venezianischen Abenteuer Dorsoduro. In Schweden teilten Andrew und Viktoria Cowie die Freuden der Fischküche mit uns, führten uns über Märkte, in Restaurants und Läden, Tag und Nacht. Danke, dass eure Katze Tolstij in diesem Buch erscheinen durfte. Danke an Mary Lee, dass sie mich in meiner schottischen Lieblingsküche von der Leine ließ, und für die wunderbaren gemeinsamen Ausflüge an die Küste. In New York halfen uns bei mehreren Exkursionen die überaus liebenswürdigen Peter, Linda und Ronnie Goodrich Mills, die uns ihre Küche anvertrauten. In Australien kannte die Großzügigkeit von James und Jacqui Erskine keine Grenzen – in Sydney und Port Douglas stellten sie uns zwei fantastische Küchen zur Verfügung, damit wir uns darin austobten.

Unser Verlagsprogramm finden Sie unter www.christian-verlag.de

Übersetzung aus dem Englischen: Helmut Ertl
Textredaktion: Anja Ashauer-Schupp
Korrektur: Petra Tröger
Satz: Studio Fink, Krailling
Umschlaggestaltung: Caroline Daphne Georgiadis, Daphne Design

Die Deutsche Nationalbibliothek verzeichnet diese Publikation in der Deutschen Nationalbibliografie; detaillierte bibliografische Daten sind im Internet über http://dnb.d-nb.de abrufbar.

Gesamtherstellung Verlagshaus GeraNova Bruckmann GmbH

ISBN 978-3-86244-075-7

Alle Angaben in diesem Werk wurden vom Autor sorgfältig recherchiert und auf den aktuellen Stand gebracht sowie vom Verlag geprüft. Für die Richtigkeit der Angaben kann jedoch keinerlei Haftung übernommen werden. Für Hinweise und Anregungen sind wir jederzeit dankbar. Bitte richten Sie diese an:
Christian Verlag
Postfach 400209
80702 München
E-Mail: lektorat@verlagshaus.de

„... Fisch ist eines der großen unerschlossenen Gebiete, in dem es noch viel Wissenswertes und Kurioses zu entdecken gibt – zur Freude für den Koch und seine Familie und Freunde."

JANE GRIGSON
Jane Grigson's Fish Book

SOLANGE ICH ZURÜCKDENKEN KANN, HATTE ICH IMMER ANGST VOR FISCH.

ALS KOCH IN UNSERER FAMILIE HABE ICH JAHRZEHNTELANG GANZE SPEISEGRUPPEN AUSGELASSEN, VOR ALLEM FISCH. MYSTERIÖSE EISBELADENE MARKTSTÄNDE BLIEBEN LINKS LIEGEN, OBSKURE FISCH-REZEPTE UNBEACHTET. OB ES AUSSER KULINARISCHER NACHLÄSSIGKEIT NOCH TIEFER LIEGENDE GRÜNDE FÜR MEINEN UNWILLEN GIBT, FISCH AUF DEN TISCH ZU BRINGEN? WENN ICH DIES HERAUSFINDE, WERDE ICH ABHILFE SCHAFFEN.

PLATSCH

Weit draußen auf dem Meer allein im Wasser, fernab vom Boot, unter mir unergründ-
liches, eisiges Grün. Es dunkelt. Das Kinn hoch über die Schaumkronen gereckt
gelingt es mir, einen Schwall Salzwasser auszuspucken, japsend sauge ich die kühle
Abendluft ein. Feine Wirbel marmornen Wassers erzittern um mich herum, um jäh
zu erstarren, wie die Konturen auf einer Landkarte. Soweit meine Erinnerung – ein
brüchiges Netz, das meine Gedanken überzieht wie Raureif. Was danach folgt, bleibt
unscharf. Unter der wie zu Eis erstarrten Wasseroberfläche bewegt sich etwas, dunkel
und groß. Es dauert sechs Sekunden, bis es unter meinen Füßen hinweggezogen ist.
Langsam taucht es auf, stößt neben dem Boot durch die Oberfläche und steuert in einem
großen Bogen auf mich zu. Wie ein Ausrufezeichen durchschneidet eine dicke, narbige
Flosse das Wasser.

Das ist vierzig Jahre her und noch immer spüre ich den Geschmack von Salz und Blut im Mund.
Die Angst ist so greifbar wie gegenwärtig. Auf unserem verstaubten, vollgestopften Dachboden
entdecke ich ein paar Kinderbücher – große, azurblaue Bände über die Weltmeere von Time Life.
Der erste Band scheint einigermaßen harmlos, doch der Titel des zweiten, „Fisch", hält zwischen
seinen Buchdeckeln etwas verschlossen, was ich längst vergessen glaubte. Als ich mich schwach
erinnernd darin blättere, stoße ich auf das Kapitel über Haie – und da sind sie, als hätten sie all
die Jahre auf diesem Dachboden gelauert, um mich ein weiteres Mal zu verschlingen. Als Kind
habe ich die düsteren Abbildungen dieser menschenfressenden Monster abgemalt. Hunderte
Zeichnungen mit Blei- oder Filzstift eines im Traum verfolgten Jungen. Die letzte Seite zeigt das
klaffende Maul eines riesigen Weißen Hais. Ein unscharfes Schwarz-Weiß-Foto des Rachens, in
den ich schon oft hinabgeblickt habe, bevor er mich in meinem immer wiederkehrenden Meeres-
albtraum verschlingt. Das also ist die Ursache meiner Angst vor Fischen und Haien. Und jetzt
bekommt diese Phobie auch noch eine Auffrischung. Sigmund Freud wäre stolz auf mich. Wo
ließen sich Phobien besser verstauen als auf dem eigenen Dachboden?

Die jugendliche Begegnung mit einem experimentellen Sandwich mit frischem Thymian gab
meiner Fischphobie weitere Nahrung. Der Thymian war recht holzig, und als ich gierig das Brot
verschlang, blieb ein spitzer Zweig wie eine Gräte in meinem Rachen stecken. Meine Eltern
brachten mich durch den tosenden Sturm zu unserem Hausarzt im Nachbardorf. Nach kurzer
Untersuchung beruhigte mich der Doktor, dass die klaustrophobische Enge in meiner Kehle von
der Angst herrühre, der Zweig war verschwunden. Soldaten glauben an Kugeln, die den Namen
der Menschen tragen, für die sie bestimmt sind. Seit damals habe ich oft gedacht, dass irgendwo
da draußen eine Fischgräte mit meinem Namen existieren müsse, die nur darauf wartet, mich in
die nächste Notaufnahme zu befördern. Also bleibe ich lieber im Flachwasser und meide unschul-
dig tuendes Fischfilet auf Speisekarten.

Mit der plötzlichen Erkenntnis, dass ich Opfer einer Phobie bin, wird mir klar, woher meine
jahrelange Abneigung gegen Seafood in der Küche rührt. Ein Profikoch würde die Ausbildung
nicht überstehen, ohne wenigstens die Grundlagen der Fischküche zu erlernen, doch als Amateur
können ganze Felder der Küchenpraxis über Jahre brachliegen. Obwohl ich aus einer Familie
stamme, in der leidenschaftlich gern gekocht wird, stand in meiner Kindheit Fisch nur selten
auf der Einkaufsliste. Der örtliche Fish-and-Chips-Laden, Geales, verkaufte Kabeljaufilet im

Backteig, eine sichere Wahl für Kinder, da die wenigen Gräten gut zu sehen waren. Wie andere Straßensnacks wurden Fish and Chips in Papier eingewickelt. In Großbritannien nahm man dafür alte Zeitungen, die einen Hauch von Druckerschwärze verströmten. Essig und Hitze durchweichten das Papier, so entstand manchmal ein schemenhafter Abdruck auf der weißen Tüte, eine Collage der Nachrichten von gestern. In meiner Kindheit war der Esstisch quasi eine fischfreie Zone, wenngleich ich mich an ein gelegentliches *fritto misto* an einem italienischen Strand erinnern kann. Ovale, weiße Platten, auf denen sich allerlei Meeresfrüchte türmten, gut versteckt unter knusprigem Teig, sonst hätten sich diese seltsamen Kreaturen niemals auf meine Gabel verirrt.

Es folgten weitere fruchtlose Jahre, selbst als ich das elterliche Haus verließ, nur gelegentlich unterbrachen flüchtige Seafood-Affären im Ausland das fischlose Fristen. Leider materialisierte sich kein Einziger dieser Flirts in der Fremde in irgendeiner Küche, in der ich gekocht habe. Abgesehen von der Phobie oder auch wegen ihr werde ich bei den seltenen Anlässen, die ich mich an Fisch versuche, immer reichlich nervös. Es mangelt mir an jeglichem Gespür. Fisch unter dem Messer ist für mich eine rätselhafte Substanz, die die Geschicklichkeit eines Taschenspielers erfordert, um sachgerecht zerlegt und verarbeitet zu werden – wer mag schon gebratene Seezungen, die aussehen wie Flip-Flops? Vielleicht wäre es ein guter Anfang, mehr Fisch einzukaufen, als ich benötige, so könnte ich das Filetieren üben und an Sicherheit gewinnen. Ich habe sogar begonnen, Fischteile zum Zeichnen und Fotografieren aufzubewahren, Gräten und Knorpel, Haut von geräuchertem Aal, Muschelschalen – eine Art mehrstufige Konfrontationstherapie.

Angespornt von harmlosen Papierhaien muss ich lernen, ihre absurde Wirkung ins Gegenteil zu verkehren, vor allem in der Küche, zumal ich unserer Tochter Hannah das belastende Erbe einer Fischphobie in zweiter Generation ersparen möchte.

STATT MICH AUF DIE BERÜHMTE COUCH ZU LEGEN, HOFFE ICH, MIR MEINEN WEG AUS DEM PROBLEM HERAUSZUKOCHEN. VIELLEICHT WERDE ICH EINES TAGES IMSTANDE SEIN, EINEN ZEH IN HAIVERSEUCHTE GEWÄSSER ZU TAUCHEN ODER DEN ANBLICK EINER PLATTE GEDÄMPFTER KNURRHÄHNE ZU ERTRAGEN, OHNE MICH NERVÖS NACH DER NÄCHSTEN RETTUNGSSTELLE ZU ERKUNDIGEN. DIE FRAGE, WO MIT DIESER HERAUSFORDERUNGEN BEGINNEN, BEANTWORTET SICH GANZ VON SELBST: MEINE ELTERN KAUFEN SICH EIN KLEINES HAUS IN DORSODURO, VENEDIG. ICH WERDE ALSO SPRICHWÖRTLICH INS KALTE WASSER GEWORFEN – GENAUER GESAGT INS NICHT GANZ SO KALTE MITTELMEER – UND IN EINE NEUE KÜCHE.

KLIPPFISCH ZUM FRÜHSTÜCK

DORSODURO, VENEDIG

EIN RUHIGES VIERTEL IN EINER SCHILLERNDEN STADT, IN DEREN KANÄLEN SICH SCHWÄRME VON MEERÄSCHEN, WOLFSBARSCHEN UND TINTENFISCHEN VERBERGEN.

AUS UNSERER KÜCHE BLICKT MAN ÜBER EINEN KANAL, NUR WENIGE GEHMINUTEN VON DEN NEUGOTISCHEN HALLEN DES FISCHMARKTS VON RIALTO ENTFERNT. ZEIT, SICH DEN FURCHTEINFLÖSSENDEN *FOLPETTI, MOECHE* UND *SCHILE* ZU STELLEN.

PIOGGIA
DI
PESCI

In der Morgendämmerung braut sich über der venezianischen Lagune ein gewaltiger Gewittersturm zusammen. Als er sich über der warmen, schlafenden Stadt postiert hat, entfesselt er seine eisigen Wassermassen. Ein heftiger Wolkenbruch überschwemmt die Straßen, krachend brandet das Donnerrollen gegen die Terrakottadächer. Der Regen schwillt an und trommelt vor unserem Küchenfenster auf das warme Wasser des Kanals wie Tausende eisiger Pfeile. Dampfend beginnt der Kanal zu kochen.

Als ich wach werde, lasse ich meinen Arm aus dem Bett baumeln, halb in Erwartung, dass er ins kalte Wasser plumpst, als hätte sich über Nacht eine steigende Flut klammheimlich in unser Haus geschlichen. Vielleicht werden die Meeresbewohner der Adria die Stadt eines Tages zurückerobern und von den gefluteten *calli* Besitz ergreifen. Schillernde Schwärme von Meerbrassen werden durch die Fenster verlassener Häuser schnellen, Seespinnen über versunkene Piazzas huschen und dicke, schwarze Trauben von Miesmuscheln das untergegangene Küchenmobiliar überkrusten wie knorrige gotische Schnitzereien.

Als mich um sieben das schwermütige Läuten der Kirchturmuhr von Carmini endgültig aus meinem Traum reißt, fällt mir wieder ein, dass ich auf dem Ausziehbett in unserer Wohnküche liege und heute mein erster Besuch des Rialto-Markts auf dem Programm steht.

Meine Fischangst – Ichthyophobie – rührt, wie ich inzwischen weiß, von Papierhaien und heimtückischen Gräten her, die auf scheinbar harmlosen Speisekarten lauern. Doch so irrational die Angst auch sein mag, sie hat unsere Küche zu einer praktisch fischfreien Zone gemacht. Meine früheste Seafood-Erinnerung sind die *spaghetti con vongole* meiner Mutter Jos, die ich mit sieben auf der Terrasse unserer kleinen Dachgeschosswohnung in Rom verputzt habe. Zwischen den frischen vongole (Venusmuscheln), die wir auf dem Markt von Campo de'Fiori gekauft hatten, hatten sich zwei winzige, leuchtendrote Krebse versteckt, die sich flink vom Küchentisch stahlen, über den Marmorboden spurteten und im Dunkel der Wohnung verschwanden. Meine Mutter erzählte mir später, sie hätte die blinden Passagiere gefunden und die Toilette hinuntergespült, sicherlich keine Geschichte, die geeignet war, meine Phobie zu therapieren. Optimistisch wie ich bin, beschloss ich, den positiven Teil dieser Angelegenheit in Erinnerung zu behalten – den Wohlgeschmack von Venusmuscheln. Venedig ist der ideale Ort für alle, die eine Schwäche für Schalentiere haben. Die Lagune ist voll davon und folglich auch die Fischmärkte und Trattorias. Während des Landeanflugs auf den Flughafen Venedig-Marco-Polo konnte ich die Muschelbänke erkennen, die die nördliche Lagune durchziehen. In Vorbereitung auf die Reise hatte ich mich mit den regionalen Fischereimethoden beschäftigt und gelernt, Reusen von Schleppnetzen zu unterscheiden. Hydraulische Dredschen für die Muschelernte sehen aus wie zum tödlichen Angriff

bereite Gottesanbeterinnen, die metallenen Greifarme hoch oben in der Luft erinnern an gigantische Klauen.

Mit dem unerwarteten Interesse an Fisch und der Notwendigkeit, unbekanntes Terrain zu erschließen, wächst die ernüchternde Erkenntnis, dass ich mich bei dem Thema völlig aufgeschmissen fühle. In meinem Alter nie einen einzigen Band von Alan Davidson besessen zu haben, ist geradezu ein Frevel und ungefähr so töricht wie ohne Stadtplan nach Venedig zu fahren. Glücklicherweise ist Venedig eine Stadt, die das Gefühl der Verlorenheit angenehm färbt, ja sogar bestärkt, es ist einer ihrer wesentlichen Reize und ein ganz gewöhnlicher Zustand, der sich täglich einstellt. Möglicherweise ist dieser Zustand genau die richtige Strategie, Fisch und Meeresfrüchte zu erforschen und nebenbei noch die Stadt zu entdecken.

In Dorsoduro leben viele Studenten und Venezianer. Es ist wie ein Schuh geformt, an dessen Spitze die Kirche Santa Maria della Salute mit der Zollstelle dahinter liegt und dessen lange steinerne Sohle der Fondamente Zattere formt, ein wundervoller Uferweg zum Flanieren und ein schönes Plätzchen, um den Sonnenuntergang zu genießen. Dorsoduro ist ein *sestiere*, ein Stadtteil, der es irgendwie geschafft hat, eine Atmosphäre des ganz normalen täglichen Lebens, wie es das Viertel seit Jahrhunderten bestimmt, zu bewahren, ein echtes Kunststück in einer von Touristen dauerbelagerten Stadt. Dorsoduro bedeutet „harter Rücken", ein beruhigender Name so nah am Wasser. Die Lagune und das umliegende Marschland machen kaum Anstalten, sich klar erkennbare Konturen zu geben. Getrieben von Ebbe und Flut ändern sich die Grenzen stündlich und verwischen im diffusen Licht. *Acqua alta*, das Hochwasser, das alljährlich durch Venedigs Straßen schwappt und seine Plätze in Seen verwandelt, ist wie ein düsterer Vorgeschmack auf das, was den Küstenstädten in Folge der globalen Erwärmung droht. Die Venezianer lässt die Flut völlig kalt, beunruhigt sind nur die Touristen.

Um mit dem ständig wechselnden Wasserstand ihrer Stadt zurechtzukommen, verfügen die Venezianer über die geschulten Augen von Seemännern. Die genaue Kenntnisse ihres vom Meer bestimmten Lebensraums versetzt sie in die Lage, selbst winzige Eilande von der Größe eines Heilbutts auszumachen, die bei bestimmten Tiden weit draußen in der Lagune auf wundersame Weise auftauchen. Die venezianischen Bootsführer stehen dort neben ihren Booten und scheinen über das Wasser zu schreiten, während die staunende Menge auf den überfüllten *vaporetti* in Richtung Lido vorüberzieht und ihren Augen nicht traut. Bei Sturm verstärkt sich dieser Eindruck der unscharfen Linien und Grenzen noch. Es ist, als stünde man festgezurrt am Mast eines in schwerer See rollenden Schiffs.

Meine Eltern Joe und Jos haben 1956 in Venedig geheiratet. Nun sind ihr 48-jähriger Sohn, seine Frau Jeff und deren elfjährige Tochter Hannah zu Besuch. Derart familienfreundliche Aussichten hätten sie sich all die Jahre sicher nicht träumen lassen, wenn sie von Giudecca versonnen die Aussicht auf Dorsoduro genossen. Nun sind wir da, drei Generationen, versammelt an einem Holztisch in der Küche, und überlegen, welchen Fisch wir zum Mittagessen kaufen sollen.

Wie bei früheren Wohnsitzen der Familie ist auch hier die Küche der Mittelpunkt, und als Anregung bietet sich der Blick ins Kochbuch an – wir haben eine Ausgabe von Alan Davidsons Klassiker *Mediterranean Seafood* erstanden, der perfekte Start für unsere Bibliothek in Venedig. Wir hatten nie eine Küche mit Blick aufs Meer oder einen See, darum sind wir von unserem Ausblick auf den Kanal restlos begeistert. Es ist keines dieser grandiosen Postkartenmotive, gespickt mit *campanili* (Glockentürmen). Seine Schönheit ist eher von nüchterner, rustikaler Art und sie ist auch Spiegel unserer Küche – spärlich eingerichtet, ohne Hightech, mit einem Gasherd, flankiert von zwei Arbeitsplatten aus Marmor und darüber je ein Fenster mit Aussicht auf den anderthalb Meter darunter liegenden Kanal. Beim Kochen kann ich in das jadegrüne Wasser blicken und einen Schwarm Fische beobachten. Schaut man nach links, erblickt man eine kleine Steinbrücke, die bogenförmig den Kanal überspannt. Macht sich jemand auf den Weg zum Einkaufen, kann ich durch das offene Fenster rufend das vergessene Brot in Auftrag geben. Wir kaufen am liebsten in der Gegend ein und bei manchem Besuch verlassen wir das Viertel überhaupt nicht. Ohne Auto haben wir uns darauf eingestellt, täglich einzukaufen – ein Vergnügen.

In Venedig ist es kaum möglich, Fisch und Meeresfrüchte zu meiden. Das Furatola, ein Restaurant ganz bei uns in der Nähe, nutzt seine Fensterfront als Kühlraum, in dem hinter der beschlagenen Scheibe in der Auslage eine beeindruckende Auswahl an regionalem Seafood liegt. Nach dem Bestellen präsentiert der Kellner zur Begutachtung auf einer Platte stolz den gewählten Fisch, bevor er ihn eilig in die Küche bringt, wo er perfekt zubereitet wird. Wir essen in der Regel eher früh, sodass immer Zeit für einen Schwatz mit den Besitzern ist. Im Gegensatz zu vielen anderen Restaurants haben sie noch den traditionellen kleinen Vorraum, eine Art Mini-Foyer im Eingangsbereich, in dem Passanten Zuflucht vor dem Wetter finden oder auf ein Glas Wein vorbeischauen. Viele Trattorias haben dort Extratische aufgestellt, auf Kosten von Atmosphäre und Tradition.

In Gedanken bereite ich oft die Produkte zu, die mir auf den Märkten in der Fremde begegnen. Liegt der Markt nah genug am Flughafen, nehmen wir immer ganze Taschen voll mit nach London. Jetzt haben wir zum Glück unsere eigene Küche, die zu allem Überfluss noch in unmittelbarer Nähe der *pescheria,* des Fischmarktes von Rialto, liegt.

BIGOLI ALLE VONGOLE
BIGOLI MIT VENUSMUSCHELN

WENN ICH DIESES GERICHT IN LONDON FÜR UNSERE TOCHTER HANNAH KOCHE UND DER TELLER SCHLIESSLICH VOR IHR STEHT, BEKOMMT SIE IMMER SEHNSUCHT NACH VENEDIG UND FRAGT GANZ ITALIENISCH NACH BROT ZUM AUFSTIPPEN DER SAUCE.

Venusmuscheln sind ganz einfach zuzubereiten und mir schmeckt am besten die Version der Venezianer. Dort gibt man nur ein Minimum an Tomatensauce hinzu – die Venezianer verwenden gewöhnlich keine Tomaten. Pasta und Muscheln sind getupft mit kleinen grünen Kristallen oder Sternen, in Wirklichkeit sind es winzige Fetzen gehackter Petersilie. Ich bevorzuge getrocknete Spaghetti von guter Qualität, *bigoli* in Venedig, ihr festerer Biss macht sich gut zu dem weichen Muschelfleisch. Linguine sind ebenfalls eine gute Wahl, und wer möchte, kann einen Hauch frischen Chili zugeben.

FÜR 4 PERSONEN

600 g kleine lebende Venusmuscheln mit harter Schale

3 Knoblauchzehen, fein gehackt

1 Zwiebel, fein gehackt

1 EL Olivenöl

3 Kirschtomaten, fein gewürfelt

Salz

320 g bigoli *oder Spaghetti*

¼ Glas trockener Weißwein

2 EL ganz fein gehackte Petersilie

Die Venusmuscheln abbürsten und 1 Stunde in kaltes Wasser legen, damit sie ihren Sand abgeben. Offene Exemplare wegwerfen.

Bevor Sie mit der Tomatensauce beginnen, in einem großen Topf Wasser für die *bigoli* erhitzen.

In einer kleinen Pfanne den Knoblauch und die Zwiebel in dem Olivenöl glasig schwitzen. Die Tomaten zugeben, umrühren und 5 Minuten köcheln lassen.

Die *bigoli* ins kochende, gesalzene Wasser geben. Sobald sie fast gar sind, die Muscheln zubereiten: Eine große Pfanne mit Deckel heiß werden lassen. Die Muscheln unter fließendem Wasser abspülen, in die heiße Pfanne geben und sofort den Deckel auflegen. Die Pfanne auf dem Herd 15 Sekunden rütteln, dann den Wein zugießen. Sobald sich die Muscheln geöffnet haben, sind sie fertig – das dauert nur ungefähr 1 Minute. Muscheln, die sich nicht öffnen, wegwerfen. Mit einem Schaumlöffel die Hälfte der Muscheln herausheben, das Fleisch auslösen und zurück in die Pfanne geben.

Die Tomatensauce über die Muscheln gießen und noch einmal kurz erhitzen. Die *bigoli* abgießen und unter Muscheln und Sauce mengen.

Die Pasta mit ungesalzenem Brot servieren. Nicht mit Parmesan bestreuen, nur die Petersilie darübergeben.

KREUZMUSTER-TEPPICHMUSCHEL
VENEZIANISCH: *Caparassoli, caparazzoli*
ITALIENISCH: *Vongole verace*
ART: *Venerupis decussata (Linnaeus, 1758)*
FAMILIE: *Veneridae (Venusmuscheln)*

JAPANISCHE TEPPICHMUSCHEL
VENEZIANISCH: *Caparossolo filippina*
ITALIENISCH: *Vongola filippin*
ART: *Venerupis philippinarum (Adam & Reeve, 1850)*
FAMILIE: *Veneridae (Venusmuscheln)*

In der artenreichen Familie der Venusmuscheln gibt es weich- und hartschalige Vertreter. Venusmuscheln gehören zu den Bivalvia, deren zwei Schalen von einem Scharnier zusammengehalten werden, sie leben bevorzugt in den sandigen und schlammigen Gezeitenzonen, wo sie sich leicht vergraben können.

Die im Mittelmeer beheimatete Kreuzmuster-Teppichmuschel ist leider durch die Zucht der weniger schmackhaften Japanischen Teppichmuschel fast verdrängt worden. Sie wurde 1983 in Europa eingeführt, da sie auch in dem zunehmend verschmutzten Wasser gedieh. Die steigende Nachfrage hat dazu geführt, dass die Muschelzucht, die anders als Fisch aus Aquakulturen nicht den Einsatz von Wildfisch (in Form von Fischmehl) oder Chemikalien erfordert, das Ernten wilder Bestände weitgehend abgelöst hat. Sie sollten jedoch keine Muscheln verwenden, die mit Dredschen, schon gar nicht mit Saug-Dredschen geerntet wurden, eine Art Rechen, der über den Meeresboden gezogen wird und dabei erheblichen Schaden verursacht.

SEPPIE COL NERO CON POLENTA

SEPIEN IN TINTE MIT POLENTA

Dieses Gericht verkörpert die simple Schönheit der venezianischen Küche in Reinkultur. Ganz besonders mag ich es mit weißer Polenta, wegen des reizvollen Schwarz-Weiß-Effekts.

FÜR 3 PERSONEN

1 kg Sepien

2 Knoblauchzehen, gehackt

1 weiße Zwiebel, fein gehackt

3 EL Olivenöl

3 EL fein gehackte glatte Petersilie

1 kleines Glas Weißwein

1 Päckchen (4 g) nero di seppia (Tintenfischtinte, aus dem Feinkostladen; nach Belieben)

Salz und Pfeffer

Weiße Polenta

Die Sepien säubern: Die Fangarme mit den Innereien vorsichtig aus dem Körperbeutel herausziehen, das kleine Tintensäckchen ganz lassen und beiseitelegen. Das weiße Fischbein im Beutel entfernen und den harten „Schnabel" aus dem Zentrum der Fangarme herausdrücken. Das Fleisch gründlich waschen, die Tuben in feine Streifen schneiden, die Fangarme würfeln.

In einem Topf mit schwerem Boden den Knoblauch und die Zwiebel in dem Öl glasig schwitzen. Den Tintenfisch, die Petersilie, den Weißwein und die Tintensäckchen (oder das Päckchen *nero di seppia*) zugeben und mit Salz und Pfeffer würzen.

Die Tintenfische zugedeckt etwa 40 Minuten sanft schmoren; ab und zu umrühren. Es sollte eine dicke, cremige Sauce entstehen, eventuell dafür gegen Ende der Garzeit den Deckel abnehmen.

Mit reichlich Polenta servieren. Was übrig bleibt, ist ein großartiges Resteessen.

Weiße Polenta wird in Italien in vorgegarten Laiben angeboten, die man in zentimeterdicke Scheiben schneidet, mit Olivenöl einpinselt und von jeder Seite ein paar Minuten grillt. Wer das Glück hat, weißen Polentagrieß im Schrank zu haben, kann sie natürlich selbst zubereiten und in herkömmlicher, dickflüssiger Form dazu servieren.

SEPIA

VENEZIANISCH: *Sepa*
ITALIENISCH: *Seppia*
ART: *Sepia officinalis (Linnaeus 1758)*
FAMILIE: *Sepiidae (Echte Tintenfische)*

Sepien haben eine relativ kurze Lebenserwartung, nicht mehr als 18 Monate. Die beiden Hauptfangperioden in der Lagune sind von April bis Mai, wenn die Tiere vom offenen Meer kommen, um im Schutz der Lagune abzulaichen, und von Juli bis September, wenn die Jungtiere hinausziehen. Die Tinte wurde jahrhundertelang von Künstlern als Farbe verwendet.

SANDGARNELE, „NORDSEEKRABBE"

VENEZIANISCH: *Schia, schila, schile*
ITALIENISCH: *Gambero della sabbia, gambero grigio*
ART: *Crangon crangon (Linnaeus, 1758)*
FAMILIE: *Crangonidae (Sandgarnelen)*

Schile sind die schönen, winzigen braunen Garnelen, die man draußen in der Lagune findet. So wie Kürbis oder Boskop-Äpfel gleichbedeutend mit Herbst sind, so scheinen diese Garnelen mit ihrer bräunlichen Färbung die herbstliche Umgebung aus dunklem Röhricht zu spiegeln.

SCHILE AGLIO E OGLIO
GARNELEN MIT ÖL UND KNOBLAUCH

Das einzig Kniffelige an diesem Rezept ist das Schälen der Garnelen. In einigen Kochbüchern steht, dass Kinder das am besten können. Glücklicherweise habe ich heute gleich zwei Elfjährige in der Küche, Hannah und ihre Freundin Abigail. Danke, Mädels! *Schile* werden in den Weinbars Venedigs oft als delikater Snack serviert. Auch in London esse ich hin und wieder Sandgarnelen, dort stammen sie aus Morecambe Bay in Lancashire, wo sie in Butter eingelegt werden (*potted shrimp* genannt) – kleine Töpfchen buttriger Hochgenuss.

HANNAH MACHTE SICH AUF DEN WEG ZUM CAMPO SANTA MARGARITA, UM ZU SEHEN, WAS DIE FISCH-STÄNDE SO ALLES ANBOTEN. DIE DREI STÄNDE DÜRFEN NUR VON EHEMALIGEN FISCHERN UNTER-HALTEN WERDEN UND FÜHREN ERSTKLASSIGEN FISCH AUS DER REGION. SIE KAM ZURÜCK MIT EINEM BEUTEL VOLL ZAPPELNDER SANDGARNELEN.

FÜR 4 PERSONEN

450 g Sandgarnelen (Nordseekrabben; wenn möglich, lebend)
Salz und schwarzer Pfeffer
Olivenöl
2 Knoblauchzehen, fein gehackt
2 EL ganz fein gehackte Petersilie

Lebende Sandgarnelen unter fließendem Wasser abspülen – aufpassen, dass sich keine aus dem Staub macht!

In einem großen Topf Wasser zum Kochen bringen. Sobald es sprudelt, sämtliche Garnelen hineingeben und erneut zum Kochen bringen – dabei schäumt das Wasser auf. Die Garnelen 3 Minuten garen. Bei bereits abgekochter Ware entfällt dieser Arbeitsschritt.

Die Garnelen abgießen und vorsichtig schälen.

Die geschälten Garnelen sparsam mit Salz und etwas schwarzem Pfeffer würzen und mit Olivenöl, Knoblauch und Petersilie anmachen.

Kalt zu gegrillten Polentascheiben oder auf dünnen Scheiben Toast servieren.

garusoli,
Wethrewhim ina the chrimptcanal

shrimp

Fred

R.I.P
fred the
shrimp
the poor

FOLPETTI
LESSI CONDITI
MINI-KRAKEN

HIER DIE WUNDERBAREN MINI-KRAKEN, DIE MAN ALS TYPISCHE HÄPPCHEN, *CHICHETI*, IN DEN WEINBARS VENEDIGS SERVIERT BEKOMMT. EIN IDEALER SNACK SPÄTNACHMITTAGS ODER ZUM LUNCH.

Es gibt so viele fantastische Seafood-Gerichte, bei denen sich mühseliges Filetieren, lästige Gräten und exaktes Timing wie beim Grillen einer Seezunge umgehen lassen. Ich könnte mir vorstellen, in meiner Fischküche allein mit Mollusken vollauf zufrieden zu sein. Mollusken ist die wissenschaftliche Bezeichnung für Weichtiere, zu denen alle Arten von Muscheln, Austern, Tintenfischen und Kraken gehören. Sie alle schmecken köstlich und sind einfach zuzubereiten.

FÜR 4 PERSONEN

12 kleine Mini-Kraken
2 Lorbeerblätter
1 Stange Staudensellerie, gehackt
1 Karotte, geschält und gewürfelt
Salz und Pfeffer

3 Zitronen, 1 halbiert, den Rest in Spalten geschnitten
3 EL Olivenöl
1 Handvoll glatte Petersilie, ganz fein gehackt

Die Mini-Kraken von Augen, Kauwerkzeugen und Innereien befreien und gründlich waschen.

In einem großen Topf Wasser sprudelnd aufkochen lassen. Die Lorbeerblätter, den Sellerie, die Karotte sowie Salz und Pfeffer und eine Zitronenhälfte hineingeben.

Jeder Mini-Krake wird zunächst einzeln kurz in das kochende Wasser getaucht, bis sich die Tentakeln kräuseln, bevor man sie fertig gart. Das geht folgendermaßen: Einen Kraken mit der Küchenzange aufnehmen und einige Sekunden in das kochende Wasser halten. Sobald sich die Fangarme gekräuselt haben, den Kraken kurz aus dem Wasser heben, um die Form zu fixieren, dann ganz in das Wasser fallen lassen. Auf diese Weise fortfahren, bis sämtliche Kraken im Wasser schwimmen. 20–30 Minuten garen.

Die Kraken im Wasser abkühlen lassen, abgießen und abtropfen lassen.

Die Kraken in kleine Stücke schneiden und mit Olivenöl, Zitronenspalten, Pfeffer und Petersilie servieren. Auch auf Scheiben von weißer Polenta schmecken sie ausgezeichnet.

ZIRRENKRAKE
VENEZIANISCH: *Folpo*
ITALIENISCH: *Moscardino bianco*
ART: *Eledone cirrhosa* (Lamarck, 1798)
FAMILIE: *Octopodidae* (Echte Kraken)

Zirrenkraken leben im Atlantik, im Ärmelkanal, in der Nordsee und im Mittelmeer.

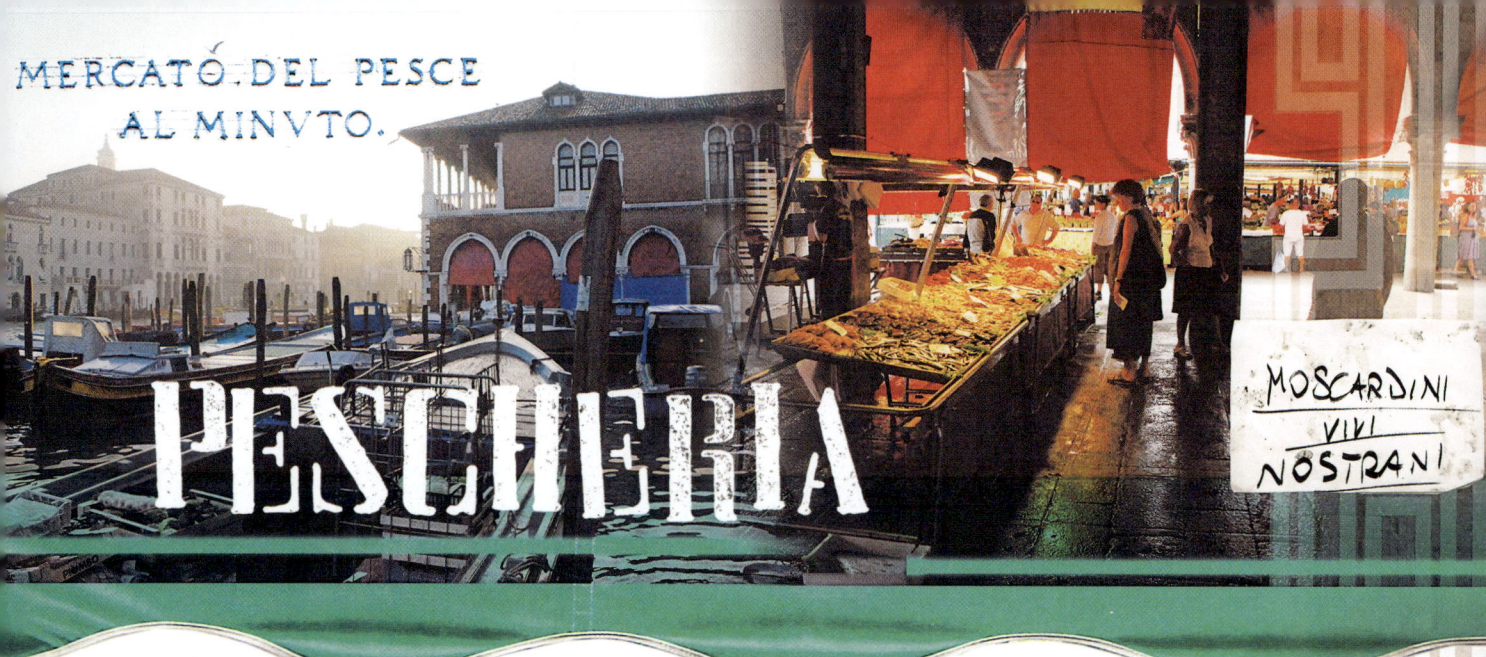

MERCATÓ DEL PESCE
AL MINVTO.

PESCHERIA

MOSCARDINI
VIVI
NOSTRANI

Wie die kameraschwenkenden Touristen zieht es auch mich regelmäßig zu den beiden Märkten von Rialto in unserem Nachbarviertel San Polo, die *pescheria* (Fischmarkt) und die *erberia* (Obst- und Gemüsemarkt). Bislang hatte ich nur sporadisch Gelegenheit, ihre Produkte zu würdigen, sei es durch die Linse meiner Kamera oder in Form eines *fritto misto* oder einer *polenta con seppie* in der Trattoria um die Ecke. Das wird sich heute ändern. Nur eine Tasche voll Euros und eine Fahrt mit dem *vaporetto* der Linie 1 trennen mich noch von einer Tüte glitschigen venezianischen Fischs, den ich der Familie servieren werde. Als Seafood-Novize sollte ich wohl das besonders grätenreiche Spektrum des Angebots meiden, es bei Fischen von überschaubarer Größe bewenden lassen und eventuell noch ein paar Mollusken hinzufügen, die keine Probleme machen.

Es ist früher Donnerstagmorgen, Ende Juli. Jeff und ich brechen auf, die noch schlafende Hannah bleibt bei den Großeltern. Durch die Zweige eines Baums in dem von Mauern umsäumten Garten unseres Nachbarn kann man einen Blick auf Carmini erhaschen. Eine kühle Brise windet sich durch das Gewirr der Gassen. Nur selten kann man in Venedig das Ende einer *calle* ausmachen, es sei denn, sie ist kurz. Diese kreuz und quer verästelten Gänge bilden ein faszinierendes Labyrinth, in dem fast immer eine Biegung oder eine Abzweigung den Blick verstellt und das Ziel verdeckt. Und hat man sich im Geiste einen Plan von einer Straße gemacht, greift sie zu anderen Mitteln, die Orientierung zu erschweren. Wenn die Geschäfte mittags schließen, ziehen sie sich wie Einsiedlerkrebse in ihr Haus zurück, sämtliche Spuren ihres gewerblichen Treibens verschwinden und die Fassade fügt sich nahtlos in die angrenzende Architektur, eine perfekte Tarnung.

Anders als die meisten Städte verfügt Venedig über kein nach Breite hierarchisch gestaffeltes Straßennetz. Ein unscheinbares Gässchen erweist sich oft als direkter Weg zur nächsten Vaporetto-Station. Die Ankunft der *vaporetti* in Cà Rezzonico vor uns verraten die Grüppchen von Arbeitern, die an uns vorbeigehen. Als wir am Pier der Haltestelle eintreffen, durchpflügen die Schrauben eines *vaporetto* der Linie 1 gerade im Leerlauf das hellgrün schäumende Wasser. An diesem frühen Morgen bleibt das Boot auf seiner Fahrt nach Rialto fast leer. In den Hotelrestaurants entlang der Riva del Ferro am Canal Grande genießen ein paar Touristen warme, gefüllte Croissants. Die Massen, die über Brücken vom Festland, von den Parkhäusern in Tronchetto, dem Campingplatz Fusina und von den an der Stazione Marittima vertäuten haushohen Kreuz-fahrtschiffen täglich in die Stadt einfallen, lassen noch auf sich warten.

Flüchtig berührt uns die noch fahle Morgensonne, als wir die Treppen nach Rialto hinunter in das kühle Dunkel der Marktstraßen und vorbei an der Kirche San Giacomo di Rialto gehen, die angeblich am 25. März 421, dem Gründungstag der Stadt selbst, geweiht wurde. Während wir den *campo* diagonal überqueren, erscheint in der Ferne schon die *erberia*, der Obst- und Gemüsemarkt. Die saisonalen Produkte dort leuchten in allen Farbtönen, von flammendem Rot über Grelllila bis zu strahlend Gelb, dazu Grün in allen Schattierungen. Händler waschen in dem Brunnen Salat und Aprikosen. Aufgeschichtete *zucchini* und *melanzane* erhalten aus der Sprühflasche eine letzte erfrischende Dusche. Doch heute ist unser Ziel die Pescheria di Rialto, der Fischmarkt, der in zwei pseudogotischen Hallen untergebracht ist, erbaut im Jahre 1907 als Ersatz für eine Stahl-Glas-Konstruktion aus dem 19. Jahrhundert, die nach nur zehn Jahren abgerissen wurde, weil sie den Venezianern nicht gefiel. Die Halle erstreckt sich entlang einem schmalen Kanal, wo die mit Fisch gefüllten Kisten mit dem Kran von den Booten entladen und hereingekarrt werden. Wir treten in die dunkle kleinere Halle ein, deren Tore auf den Canal Grande hinausgehen. Rote und grüne Planen davor halten die wachsende Hitze zurück. Mit Klammern befestigte Arbeitsleuchten überspannen die auf Böcken ruhenden und mit großen Mengen Eis bedeckten Tische, auf denen die Händler kunstvoll ihre Ware von dem Großmarkt in Chioggia im Süden der Lagune oder dem Mercato Ittico Il Tronchetto nahe dem Busbahnhof Piazzale Roma drapieren. Glücklicherweise finden die Schätze dieser Märkte den Weg bis nach Rialto. Doch nach wie vor gibt es keine integrierten Kühltheken, selbst die Läden in der Umgebung errichten jeden Morgen ihre Tische, auf denen sie ihre frische Ware anbieten. Sobald sie wieder abgebaut sind, erinnert nur vereinzelt der weggeworfene Kopf eines *coda di rospo* (Seeteufel) daran, dass dort vor wenigen Stunden reges Markttreiben herrschte.

Langsam gewöhnen sich unsere Augen an das Halbdunkel, ideale Lichtverhältnisse, um zu begutachten, was gewöhnlich tief unter der Wasseroberfläche schwimmt, Fisch ist lumineszierend. Der Großteil des in Rialto angebotenen Fischs wird im Ganzen angeboten, nicht ausgenommen, geschweige denn filetiert, so mögen es die Einheimischen. Aale, Krebse und andere Krustentiere sind springlebendig. Zuerst schleiche ich mit meiner Kamera umher wie ein Hai, der seine Beute umkreist. Jeff geht inzwischen Gemüse einkaufen. Das Fotografieren war bislang eine sichere Methode, sich dem Fisch anzunähern, doch nun, da ich überlege, was ich kochen könnte, rücken andere Fragen in den Fokus. Was wird es kosten? Wie wird es schmecken und riechen?

Fisch kennen viele in seinem Lebensraum gar nicht, im Gegensatz zu Wildpilzen oder Brombeeren, die am Wegesrand wachsen. Im Supermarkt oder beim Fischhändler in London spüre ich keine Nähe zum Meer, egal wie frisch der Fisch auch sein mag. Hier aber fühle ich eine instinktive Verbundenheit mit dem tiefsten Grund des adriatischen Meeres, möglicherweise begünstigt durch das schwappende Wasser des Canal Grande und das Schreien der Möwen. Fisch wird hier bereits seit sechs Jahrhunderten verkauft.

Ein Besuch in der *pescheria* ist eine polyglotte Herausforderung, die ein mehrsprachiges Fischlexikon erfordert. Die Venezianer verwenden eine verwirrende Vielzahl von Bezeichnungen zur Beschreibung ihrer Meeresschätze. Kisten mit scheinbar identischen kleinen Krebsen tragen allesamt verschiedene Namen. Jeff ist mit einer Tüte Salat aus Sant Erasmo zurückgekommen und wundert sich über die Angaben auf den Preisschildern. Da steht das Kürzel FAO, gefolgt von einer Nummer. *Pescato – Zona FAO no 37.2 Mediterraneo oder Zona FAO no 34 Atlantico Centro Orientale.* Wir nehmen an, es handelt sich um die Zonen, in denen der Fisch gefangen wurde, und suchen nach Mittelmeer- und Adriafisch. Jeff notiert sich von jedem Fisch, den wir kaufen, die entsprechende Zone, die Bedeutung von FAO werde ich später recherchieren. Die meisten Kalmare stammen aus dem Atlantik, doch schließlich finden wir *calamari* aus der Adria, gekennzeichnet als *nostrani*, was auf Venezianisch „unser" oder „heimisch" bedeutet. Ich werde die bereits gegarten *gamberi* (Garnelen) probieren, wer will, kann sie auch lebend kaufen wie die zappelnden *schile* (Sandgarnelen). Als Nächstes kaufe ich ein paar Meeresschnecken, *garusoli* (Herkuleskeulen, die früher der Purpurerzeugung dienten), von denen ich noch nie zuvor gehört hatte. Der Händler rät, sie in kaltem Wasser aufzusetzen, zum Kochen zu bringen und dann 25 Minuten zu garen. Für Hannah kaufe ich ein Prachtexemplar von *scampo* (Kaisergranat) zum Abmalen und schließlich noch ein bisschen Fisch zum Braten und Frittieren. Eine Handvoll ziemlich großer *sardine* (Sardinen), einige mittelgroße *acciughe* (Sardellen) und eine Tüte voll *latterini*, kleine Ährenfische, die in Sekundenschnelle gar sind und kein Ausnehmen oder Entgräten erfordern. Nun brauche ich so etwas wie einen Schlachtplan – oder zumindest einen Cappuccino und ein Stück Kuchen, bevor wir nach Hause zurückkehren. Wie bei jedem neuen Kochabenteuer benötigen wir einige spezielle Werkzeuge, also nehmen wir den Weg über die Calle Nobleni und kaufen eine große Bratpfanne und eine Küchenzange. Unsere Küche ist noch in der „Kann-man-alles-gut-gebrauchen"-Phase.

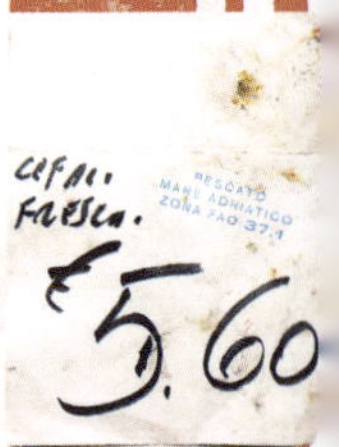

LUNGHEZZE MINIME PERMESSE
PER LA VENDITA DEL PESCE
DELLE SEGUENTI QUALITÁ

CENT.

BARBON. TRIA. SARDELLA. SARDON   7
BRANZIN. ORADA. DENTAL. CORBO
SPARO. BOTOLO. BOSEGHET. SOASO   12
LOTREGAN. MECIATO. VERZELATA
LOVO. SFOGIO. PASSARIN. ROMBO
BISATO   25
OSTREGA   5
PEOCIO   3

RISOTTO CON I GO
GRUNDEL-RISOTTO

DIE GRASGRUNDELN AUF DEM MARKT WAREN GANZ FRISCH UND JAPSTEN NOCH NACH DER KALTEN HERBSTLUFT. ES GOSS IN STRÖMEN UND VERMUTLICH WÄHNTEN SICH DIE FISCHE UNTER WASSER. BEI DIESEM WETTER SCHEINT VENEDIG VOM MEER ZURÜCKZUWEICHEN.

Das klagende Nebelhorn eines Kreuzfahrtschiffs, das am Kai der Stazione Marittima gerade den Hafen verlässt und Kurs auf die tieferen Gewässer des Canal di Giudecca nimmt, weckt mich um sechs Uhr in der Frühe. Als ich mich aus dem Küchenfenster lehne, erscheint der Kanal wie ein von dichtem Nebel und waberndem Dunst verhangener Fluss in der Dämmerung. Als die Kirchturmuhr sieben schlägt, kündet eine Folge tiefer, trauriger Töne ein weiteres stählernes Ungetüm an. Diese riesigen Kreuzfahrtschiffe wirken wie aus einer anderen Welt, als würden sie ihre Seelen an Bord nicht nach Athen, sondern an einen unbekannten anderen Ort bringen. Während sich das Tageslicht mühsam durchzusetzen versucht, sinne ich über winterlichen Fisch, besonders Grundeln oder *go*, wie sie hier heißen. Ich werde einen Teil im Ganzen zubereiten und aus dem Rest einen Fond für Risotto kochen. Ein Risotto mit Fischfond aus Grundeln ist raffiniert und wohltuend, anders als der zwar köstliche, aber zu salzige Krustentierfond, den wir gestern Abend in der Trattoria Alla Madonna bekamen. Mit diesem Rezept möchte ich einen unterbewerteten regionalen Fisch in Szene setzen. Probieren Sie es selbst mit einem wenig verwendeten Fisch aus Ihrer Region.

FÜR 4 PERSONEN

GRASGRUNDEL, SCHLANGENKOPF

VENEZIANISCH: *Go, maciarea (Jungfisch)*
ITALIENISCH: *Ghiozzo*
ART: *Zosterisessor ophiocephalus (Pallas, 1814)*
FAMILIE: *Gobiidae (Grundeln)*

Es gibt 57 Arten von Grundeln im Mittelmeer und im Schwarzen Meer. Der schmackhafte Vertreter auf dem Fischmarkt in Rialto schmückt sich mit den Farben der Lagune, als wollte er sich tarnen.

Fischfond:
1 Grasgrundel, ausgenommen und gesäubert
1 Zwiebel
1 Karotte
1 Lorbeerblatt

Fisch:
1 Zwiebel, in Streifen geschnitten
3 Grasgrundeln, ausgenommen und gesäubert
1 EL Weißweinessig
Salz und Pfeffer

Risotto:
250 g Risottoreis (Vialone nano)
2 Zwiebeln, fein gehackt
1 EL Olivenöl
300 ml Grundel-Fischfond

Für den Fond den Fisch, die Zwiebel, die Karotte, das Lorbeerblatt und 700 Milliliter Wasser in einem Topf 15 Minuten köcheln lassen; durch ein Sieb gießen und beiseitestellen.

Den Reis in einem Sieb unter fließendem kaltem Wasser waschen. Abtropfen lassen. Inzwischen in einer großen Pfanne mit schwerem Boden die gehackte Zwiebeln in dem Öl glasig schwitzen. Den Reis mit einem Holzlöffel unterrühren, bis er mit Öl überzogen ist.

In einer zweiten Pfanne die Zwiebelstreifen bräunen. Herausheben und beiseitestellen. Die drei Grundeln in die Pfanne legen, mit dem Essig übergießen und mit Salz und Pfeffer würzen. Zugedeckt auf kleiner Flamme 20 Minuten garen. Zwischendurch wenden.

Inzwischen langsam den Fond zu dem Reis gießen und dabei behutsam die Körner vom Pfannenboden losrühren. Anschließend portionsweise heißes Wasser unterrühren, sodass der Reis immer feucht bleibt, bis er al dente (bissfest) ist. Der Risotto sollte am Ende nahezu fließfähig und kein dicker Klumpen sein.

Den Risotto mit den gebräunten Zwiebeln und den gebratenen Grundeln garnieren und mit einem Radicchiosalat servieren.

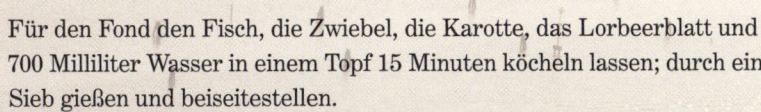

MIESMUSCHELN & CANNELLINI MIT PASTA

UNSERE FREUNDIN DANIELA BEREITET MIES-
MUSCHELN MIT ZWEIERLEI SORTEN PASTA UND
CANNELLINI-BOHNEN ZU, EIN GERICHT AUS
APULIEN, IDEAL, WENN ES NOCH ETWAS KÜHL
AUF DER TERRASSE IST.

Daniela und Mariella treffen um
sechs ein, um halb acht folgen Enzo
und Assunta. Mario kommt erst um
halb neun, weil Assunta auf halbem
Weg am Canal Grande einfiel, dass
sie vergessen hat, den Hund zu
füttern. Also kehrte Mario um, um das noch zu erledigen. Ich muss gestehen, dass ich
noch nie Pasta selbst gemacht habe. Es gleich mit *orecchiette* (Öhrchen) zu versuchen, ist
ein Sprung ins kalte Wasser. Es erfordert fünf Handgriffe, von denen jeder, wenn falsch
ausgeführt, die Pasta ruinieren kann. Auf den ersten Blick scheint es kniffelig, doch einige
Versuche später, von denen ein paar auf dem Fußboden landen, haben wir den Dreh raus.
Dann bereiten wir noch *fusili al ferretto* – eine dicke mit Miesmuscheln gespickte Sauce
und ein Spiel der Formen, die einander zu imitieren scheinen.

FÜR 10 PERSONEN

300 g Orecchiette, Salz
2 Dosen (à 500 g) Cannellini-
    Bohnen
6 Knoblauchzehen, fein gehackt

4 EL Olivenöl
15 Kirschtomaten, halbiert
1,2 kg lebende Miesmuscheln,
    gewaschen

**MIESMUSCHEL,
SEEMUSCHEL**
VENEZIANISCH: *Peocio, peocchia,
pedocchi, peochio dell'Arsenale*
ITALIENISCH: *Mitilo, muscolo,
cozza*
ART: *Mytilus galloprovincialis*
(Lamarck, 1819)
FAMILIE: *Mytilidae* (Miesmuscheln)

In einem großen Topf Wasser für die Pasta zum Kochen bringen.

Die Bohnen in einem kleinen Topf erhitzen. Etwa drei Viertel der Bohnen
zerdrücken, dabei etwas Wasser zugeben, falls die Mischung ein wenig
trocken ist. Warm stellen.

Das kochende Wasser salzen und die Pasta hineingeben.

In einer großen, tiefen Pfanne den Knoblauch in dem Olivenöl anschwitzen. Die Tomaten zugeben, etwa 5 Minuten garen und leicht zerdrücken –
sie sollten noch etwas in Form bleiben und nicht zu Brei zerfallen.

Die Miesmuscheln über die Tomaten häufen und einen Deckel auflegen.
Zum Kochen bringen und die Pfanne hin und wieder rütteln. Sobald sich
die Muscheln geöffnet haben, sind sie fertig.

Die Pfanne vom Herd nehmen. Mindestens die Hälfte der Muscheln
auslösen, das Fleisch zurück in die Sauce geben und bei schwacher Hitze
warm stellen. Muscheln, die sich nicht geöffnet haben, wegwerfen.

Die gare Pasta abgießen und behutsam unter die Muscheln in der Pfanne
mengen.

Zuletzt die heißen Cannellini-Bohnen unterrühren, damit die Sauce
richtig dick wird. In einer großen Suppenschüssel servieren. Lässt sich
am besten mit einem Löffel essen.

CANNELLINI CON PASTA E COZZE

WANN IST EIN FISCH KEIN FISCH?

Während ich unsere Einkäufe vom Markt auspacke, schaue ich durch das Küchenfenster auf den Kanal hinunter. Gegenüber wirft ein Nachbar altbackenes Brot in das spiegelblanke Wasser. Mit einem „Papp" schlägt es auf und vier Sekunden später schießt eine riesige Seemöwe herab und schnappt sich die Beute.

Nie zuvor in meinem Leben sah ich mich als Koch einer vergleichbaren Auswahl an Meeresschätzen gegenüber – ich bin eher aufgeregt als ängstlich und doch irgendwie ratlos. Fisch ist eine derart feste Größe in der venezianischen Küche, dass das erste Kochbuch der Stadt das Kapitel Fisch komplett unterschlug, da in Venedig ja ohnehin jeder weiß, was mit den Schätzen anzufangen sei, die im Meer und in der Lagune gefischt werden. Einige Exemplare unseres Fischzugs tragen italienische Namen, andere venezianische. Lokale Fischnamen werden zum Teil auch anderswo im Veneto verwendet, manche versteht jenseits von Piazzale Roma jedoch kein Mensch mehr und wieder andere sind an der ganzen Küste der Emilia-Romagna bekannt.

Die Venezianer pflegen ein sehr inniges Verhältnis zu ihrer Küche, zu wissen, was sie zubereiten und servieren, ist ihnen wichtig. Kochbücher sollten Bestimmungsbücher und Rezeptsammlungen zugleich sein, und da sind jene von Alan Davidson unerreicht. Mithilfe der Taxonomie ordnet er Fische und Meeresfrüchte zunächst nach Meeren oder Verbreitungsgebiet und dann nach Familien und wissenschaftlicher Bezeichnung der Arten. Großartig. Bei einer Auswahl von Hunderten von Fischarten ist die Einteilung in Familien ein enormer Vorteil, vor allem, wenn ihre Bestimmung der Kochtopf ist. Fischarten derselben Familie haben nämlich gemeinsame physiologische Merkmale – Skelettbau, Fettgehalt, Festigkeit –, die sie für die gleiche Zubereitungsart qualifizieren. Ich wünschte mir allerdings eine zusätzliche Klassifizierung nach „Grätenbefall".

Während meine Mutter in Alan Davidsons *Mediterranean Seafood* nachschaut, mache ich die Gegenprobe mit Jeffrey Steingartens *The Man Who ate Everything* (dtsch. *Der Mann, der alles isst. Aufzeichnungen eines Gourmets*), das ein Glossar der Fischnamen von Rialto in Venezianisch, Italienisch und Englisch enthält. Mein Vater hat ein Wörterbuch des Venezianischen Dialekts zur Hand. Als Restaurantbesucher gewann ich den Eindruck, dass *polpi, folpi, seppie und calamari* in Form eines zischenden *fritto misto* auf dem Teller alle zu ein und derselben Art verschmelzen. Doch sobald man versucht, die Zutaten für einen *fritto misto* zu identifizieren und einzukaufen, geht der Ärger

Venetian latterino Cajorn 139

SAND-SMELT, SILVERSIDE, ATHERINE

Atherina spp.

Family *Atherinidae*

August 2008 with Sgb, Albert + Jett for lunch. A handful

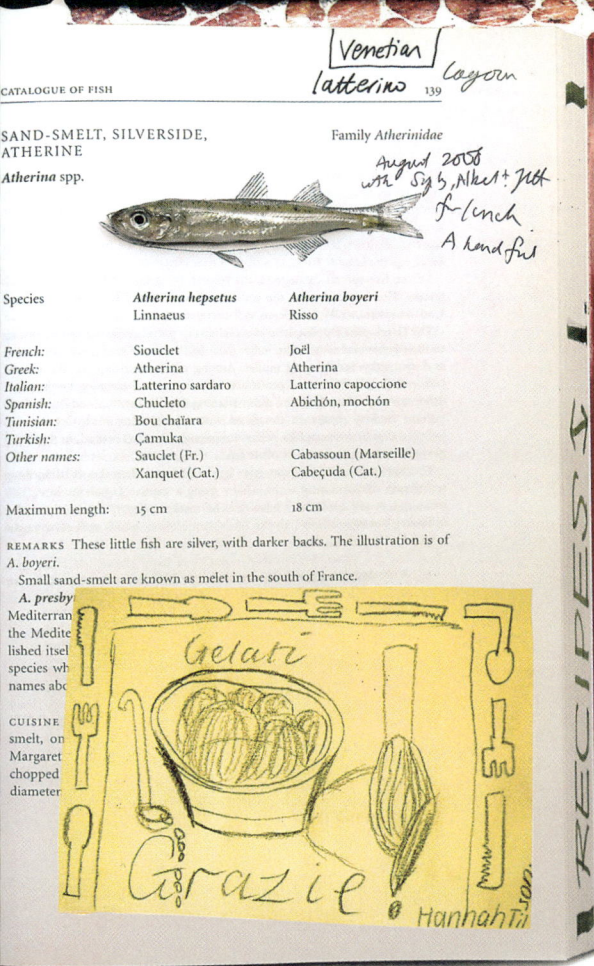

Species	*Atherina hepsetus* Linnaeus	*Atherina boyeri* Risso
French:	Siouclet	Joël
Greek:	Atherina	Atherina
Italian:	Latterino sardaro	Latterino capoccione
Spanish:	Chucleto	Abichón, mochón
Tunisian:	Bou chaïara	
Turkish:	Çamuka	
Other names:	Sauclet (Fr.)	Cabassoun (Marseille)
	Xanquet (Cat.)	Cabeçuda (Cat.)
Maximum length:	15 cm	18 cm

REMARKS These little fish are silver, with darker backs. The illustration is of *A. boyeri*.

Small sand-smelt are known as melet in the south of France.

A. presby...
...the Mediterran...
...lished itsel...
species wh...
names ab...

CUISINE ...
...smelt, on...
Margaret...
chopped...
diameter...

Gelati Grazie! HannahTil

los. Und will man ein Rezept aufschreiben, ist das verwirrende Durcheinander der Fischnamen komplett. Das beliebte Gericht *spaghetti al nero di seppia* (Spaghetti mit Tintenfischtinte) wird gewöhnlich mit *spaghetti with squid ink* ins Englische übersetzt, fälschlicherweise, denn *seppia* sind Sepien, zwar auch Tintenfische, aber keine Kalmare, englisch *squid*. Auch Tütchen mit Sepiatinte werden in England als *squid ink* angeboten, vielleicht, weil es ansprechender klingt? Das erstaunlich ergiebige mehrsprachige Fischwörterbuch *The Multilingual Dictionary of Fish and Fish Products* definiert *nero di seppia* als Tinte von *Cephalopoda* (Kopffüßern), sie kann also von Kalmaren, Kraken oder Sepien stammen. Kein Wunder, dass ich *seppia* mit Kalmaren durcheinanderbringe und *calamari* für Oktopus halte. Die Nomenklatur der Fischnamen auf den Märkten dieser Welt ist ein Verwirrspiel. Auf ein Foto von *zotoli*, das ich vor Jahren auf dem Markt von Rialto geschossen habe, weiß weder Davidson noch Steingarten eine Antwort. Das ist der Startschuss für Jakes *Rialto-Ratgeber*, meinen persönlichen Fischführer über den Markt von Rialto, in dem ich alle Namen und Bilder von Fischen, die ich über die Jahre gesammelt habe, zusammentrage und zuzuordnen versuche. Ich greife zu einem erst kürzlich erworbenem Nachschlagewerk, *Pesci molluschi e crostacei della Laguna di Venezia*, aber immer noch keine Spur von *zotoli*. Meine Liste bleibt lückenhaft.

Erleichtert stelle ich fest, dass ich es genieße, mit einem Glas Weißwein in der Hand am Herd vor einer Pfanne brutzelnder kleiner Fische zu stehen, während die Familie schon ungeduldig auf die nächste Portion wartet. Wie oft habe ich die schönsten Zeiten in einer Küche verbracht und diese steht eindeutig weit oben auf der Liste. Ich bin erstaunt, wie wenig Arbeit es macht, unseren Fisch vom Markt in einen Leckerbissen zu verwandeln. Das nächste Mal werde ich auch an die drei unverzichtbaren Standards in der Fischküche denken: glatte Petersilie, reichlich Zitronen und Mehl. Als ich mich zur Siesta zurückziehe, dröhnt mein Kopf noch immer von Fragen.

Während ich, zurück in London, eine der kunstreich verzierten Treppen des Victoria and Albert Museum hinuntergehe, auf der Suche nach dem Eingang zur Reyner Banham Memorial Lecture, fällt mein Blick auf ein ockerfarbenes Keramikrelief mit dem Namen Linnaeus darauf. Carl von Linné (Carolus Linnaeus) gilt als der Vater der modernen Taxonomie. Beim Kochen stoße ich selten auf wissenschaftliche Namen und noch nie habe ich den Drang verspürt, herauszufinden, warum der Wissenschaftler das Huhn *Gallus gallus* nennt. Fisch wirft jedoch so viele Fragen auf. Auf dem Markt von Rialto wird sogar das Fanggebiet angegeben – unter Aufsicht der FAO. FAO ist die Organisation für Ernährung und Landwirtschaft der Vereinten Nationen, wie ich inzwischen weiß. Fisch und seine Klassifizierung sind nicht nur für den Koch von Interesse, sondern für den ganzen Planeten. Um Fischarten zu bestimmen, brauche ich verlässliche, fundierte Quellen. Die Taxonomie bietet sie, dank Linné.

SOTOPORTEGO
DEL BISATI

ZOTOLI CON SPAGHETTI
ZWERGTINTENFISCHE MIT SPAGHETTI

ALS ICH EINE LISTE VON FOTOS DER AUF DEM FISCH-MARKT ANGEBOTENEN ARTEN ZUSAMMENSTELLE, STOSSE ICH AUF DAS BILD EINES WINZIGEN TINTEN-FISCHS, DAS ICH VOR EINIGEN JAHREN GESCHOSSEN HABE. OB ER WOHL EIN JUNGTIER ODER EINFACH NUR KLEIN IST? HEUTE IST DER MYSTERIÖSE KOPF-FÜSSER WIEDER AUF DEM MARKT. WER IST ER UND WIE BEREITE ICH IHN ZU? MEINE MUTTER EILT ZUR RETTUNG, NACHDEM SIE SICH IN DER NACHBAR-SCHAFT ERKUNDIGT HAT.

Selbst einige Bewohner in Dorso-duro wissen nicht, was *zotoli* sind. Am Nachmittag gingen Hannah und Mum *prosecco spento* kaufen und fragten die Verkäuferin im Weinladen, wie man *zotoli* zuberei-tet. Eine gut gekleidete Dame in einem feinen pinkfarbenen Mantel, die sich als Expertin der *cucina Veneziana* erwies, hörte zufällig zu und sagte: „Ah, Sie meinen *zotoeti*, wir nennen Damen, die sich etwas altmodisch kleiden, *zoto*." Freundlich erklärt sie, dass es zwei Arten gibt, *zotoeti* zuzubereiten. In einem Risotto oder im Ganzen mit einem Hauch Knoblauch in Olivenöl gebraten und im letzten Moment mit Petersilie bestreut, aber nicht früher, sonst wird sie bitter. Dann zu *fettucine* oder *tagliolini* servieren. Klingt fantastisch. Die kleinen *seppie* werden rund ums Mittelmeer auch gern frittiert, in Frankreich heißen sie *suppions frits*.

Die Jagd nach weiteren Mini-Tintenfischen in anderen kulinarischen Zonen könnte mehr Rezepte zu Tage fördern, erfordert jedoch ein bisschen Malakologie, das wissen-schaftliche Studium von Mollusken. Betrachtet man *zotolis* Stammbaum, eröffnet sich eine große, weite Welt. Die Überordnung der Decapodiformes besteht aus 95 Gattun-gen und 450 Arten in 31 Familien. Etwas weiter innen ist die Familie der Sepiolidae mit drei Unterfamilien, 13 Gattungen und etwa 65 Arten, die zwischen einem und zehn Zentimeter lang sind. Die anderen 13 Mitglieder der *Zotoli*-Familie sind vor allem im Mittelmeer und Ostatlantik von Westafrika bis Norwegen verbreitet, treten aber auch am westlichen Pazifikrand auf.

Der *Sepiola atlantica*, Zwergtintenfisch, lebt rund um die Britischen Inseln. In Asien sind ähnliche Arten entlang dem westlichen Pazifiksaum von Singapur bis zu den südli-chen Kurilen nördlich von Japan verbreitet, wo sie sich im Kontinentalschelf aufhalten.

Hannah ist entzückt, wie niedlich sie mit diesen großen, kugelrunden Augen aus-sehen, eher wie japanische Comicfiguren. Zum Abendbrot gibt's *zotoli* mit Spaghetti, *sgombro* (Makrele) in Öl und *uove de seppie* (Sepia-Rogen). Nach dem Essen sehen wir *Manche mögen's heiß*.

ZWERGTINTENFISCH

VENEZIANISCH: *Zotoli, zotoeti, zotoleto, zotolo*
ITALIENISCH: *Babuccia, babbucciedda, beccaficu, calamaretto, cape'e chiuove, malnascui, porpo-seppia, scarpetta, scartoccio, seccetella, sepietta, sepiola, sepiolina, seppetta, sponce currienti, totanino, tutariedde*
ART: *Sepiola rondeleti* (Steenstrup, 1856)
FAMILIE: *Sepiolidae* (Echte Tintenfische)

Anders als die größere Verwandtschaft sind diese winzigen Tinten-fische in den meisten Meeren anzutreffen; man findet sie in der Bodenregion der Tiefsee ebenso wie in mesopela-gischen Habitaten. Aufgrund ihrer geringen Größe werden sie gewöhnlich als Beifang angelandet. Einmal hatte sich ein Zwergtinten-fisch in meinem Beutel Sandgarnelen aus More-combe Bay an der englischen Westküste versteckt. Außer in Venedig habe ich die marinen Winzlinge nur noch in Tsukiji in Japan auf dem Markt ange-boten gesehen. Die Laichzeit dauert im westlichen Mittelmeer von März bis Ende November.

FÜR 4 PERSONEN

300 g Spaghetti, Salz
1 EL Olivenöl
2 Knoblauchzehen, gehackt
1 große Handvoll zotoli, *gesäubert und den*
  Großteil der Tintensäcke entfernt
2 EL fein gehackte glatte Petersilie
Pfeffer oder rote Chilischote
Natives Olivenöl extra

In einem großen Topf Wasser erhitzen. Sobald es kocht, salzen und die
Pasta hineingeben.

In einer großen Pfanne in dem Olivenöl die *zotoli* mit dem Knoblauch
etwa 4 Minuten sanft braten. Die Petersilie einstreuen, einmal umrühren
und die Pfanne vom Herd nehmen.

Die Spaghetti, sobald sie al dente sind, abgießen, zu den *zotoli* in die
Pfanne geben und gut unterheben oder durchschwenken.

Mit Pfeffer oder fein geschnittener Chilischote zum Bestreuen und einem
guten Olivenöl servieren.

SARDE IN SAOR
SARDINEN SÜSSSAUER

Die Konservierungsmethode, gebratene Sardinen mit Zwiebeln in Essig und Öl einzulegen, ist im 14. Jahrhundert in Venedig entstanden. Der Fisch wurde am Vorabend der Festa del Redentore von Gondeln aus serviert, einem Fest zur Erinnerung an die Befreiung von der Pest, das jedes Jahr am dritten Sonntag im Juli gefeiert wird. Seezunge und Flunder verwendet man ebenfalls für diesen Zweck. Neulich hörte ich, dass im Restaurant Da Fiori auch Meerbrassen eingelegt werden – ich fand die Filets neben den Zwiebeln und Sultaninen jedoch zu groß. Den eingelegten Fisch isst man kalt.

FÜR 4 PERSONEN

*4 ganze Sardinen (450 g), ausge-
  nommen, geschuppt, Köpfe und
  Schwänze entfernt*
2 EL Mehl
Sonnenblumen- oder Rapsöl
½ TL Salz
*1 weiße Zwiebel, in Ringe
  geschnitten*

2 EL Weißweinessig
2 EL Weißwein
1 TL Pinienkerne
2 TL Sultaninen
*Abgeriebene Schale
  von ½ unbehandelten
  Orange*

Entscheiden Sie selbst, ob Sie die Fische filetieren oder ganz lassen möchten. Häufig werden nur Kopf und Schwanz entfernt.

Die Fische mit Mehl bestauben und in der Pfanne in etwas Öl von jeder Seite 5 Minuten behutsam braten, bis sie gar sind. Verwenden Sie kein Olivenöl, sein Geschmack ist zu kräftig. Der Fisch darf nicht knusprig werden. Gut abtropfen lassen und salzen. Das Bratfett weggießen und die Pfanne auswischen.

Weiteres Öl in die Pfanne geben und die Zwiebelringe darin glasig schwitzen, nicht bräunen. Den Essig, den Weißwein, die Pinienkerne, die Sultaninen und die Orangenschale zugeben und einige Minuten köcheln lassen.

In ein ausreichend großes Glas- oder Steingutgefäß mit Deckel zwei Sardinen legen und mit ein paar Zwiebelringen und etwas Marinade bedecken. Die anderen beiden Sardinen darauflegen und die restliche Marinade darüber verteilen.

Die Sardinen zugedeckt mindestens 24 Stunden, vorzugsweise einige Tage im Kühlschrank marinieren.

Schmeckt gut zu gegrillter Polenta und Salat.

SARDINE
VENEZIANISCH: *Palassiola,
renga, renghetta, sardon*
ITALIENISCH: *Sardina*
ART: *Sardina pilchardus
(Walbaum, 1792)*
FAMILIE: *Clupeidae
(Heringe)*

Ab einer Größe von etwa 15 Zentimetern nennt man Sardinen auch Pilchards, wenngleich die ohnehin meist kleineren Fische selten unter diesem Namen zu finden sind. Im Pazifikraum ist die verwandte Pazifische Sardine (*Sardinops sagax*), auch Falsche Sardine genannt, von großer wirtschaftlicher Bedeutung.

SACCO DA PESCHERIA
QUER DURCH DEN FISCHMARKT

Sechs kleine Tüten gemischtes Seafood von der *pescheria* bedeuten, dass ich verschiedene Zubereitungstechniken wie Braten, Backen oder Kochen ausprobieren kann. Serviert wird nach dem Motto „was fertig ist, wird gegessen", der eigentliche Zweck ist das Experimentieren. Das reibungslose Arbeiten wird von dem einen oder anderen Schluck *prosecco spento* aus dem Weinladen um die Ecke geölt, der noch offenen Wein verkauft. Große Ballonflaschen mit Zapfhähnen reihen sich in tiefen Regalen. In den Restaurants wird er unter dem modischen Namen *prosecco tranquillo* serviert. Ein perfekter Wein zum Mittagessen.

FÜR 5 PERSONEN

Mazzancole *(Riesengarnelen)*	***Salat***
Calamari *(Kalmare)*	***Brot***
Garusoli *(Herkuleskeulen)*	***Chilischoten (Peperoncino)***
Sarde *(Sardinen)*	***Olivenöl***
Alici *(Sardellen)*	***Zitronen***
Latterini *(Ährenfische)*	***Weizenmehl oder feiner Couscous***

Eine Schüssel Salat steht auf dem Tisch, daneben liegt ein Laib Brot. Das wird erst einmal alle zufriedenstellen, während ich koche.

Die gestreiften *mazzancolle* (Riesengarnelen) sind saftig und süß und ganz einfach zuzubereiten, da sie nach ein paar Minuten mit einem Farbwechsel von Grau zu Pink ihren nahenden Garpunkt ankündigen. Die letzten paar würze ich mit einer Spur *peperoncino* für Dad – er liebt Chilischoten.

Als Nächstes sind die Kalmare dran. Ich entferne Augen, Innereien, das Fischbein – sieht aus wie eine durchsichtige Feder – und die Haut, die sich mühelos abziehen lässt. Zurück bleiben zwei Flügel, Fangarme und ein großer Körperbeutel. Kalmar wird nur kurz gegart, sonst wird er zäh wie Gummi. Ich schneide alles in Streifen, die ich 45 Sekunden in wenig Olivenöl sautiere.

Die *garusoli* (Herkuleskeulen) erinnern mich nach 20 Minuten Kochen eher an Wellhorn- oder Weinbergschnecken.

Sarde e alici (Sardinen und Sardellen) sind wegen ihrer geringen Größe die idealen Objekte, um das Ausnehmen und Entgräten zu üben, was mit kleinen, scharfen Messern erledigt wird. Die größeren Sardinen klappe ich anschließend auf, lege sie auf ein Bett aus Tomatenwürfeln und Knoblauch und backe sie 15–20 Minuten im Ofen.

Die kleinsten Fische kann man mit Haut und Haaren essen. Uns ist das Mehl ausgegangen, darum bestaube ich die *latterini* (Ährenfische) und ausgenommenen *alici* (Sardellen) mit extrafeinem Couscous. Der Grieß erweist sich als interessanter Mehlersatz. Die Fische werden von jeder Seite in einigen Minuten knusprig gebraten und dann sofort serviert.

SEPPIOLINE, SALSICCE E SALVIA IN BRODO

SEPIA
SIEHE SEITE 18

FISCHSUPPE MIT GEFÜLLTEN SEPIEN

Wir fragen Daniela nach einem guten Schlachter, sie empfiehlt Laguna Carne an der Ecke des Fischmarkts neben dem Gewürzladen Mascari. Es ist ein sonniger Wintermorgen und wir mustern die Stände und Läden, nachdem wir an der neuen Vaporetto-Station, Rialto Mercato, ausgestiegen sind. Am Ende unserer Einkaufstour entdecken wir ein Blech weißer *seppie*, darunter, in einer Ecke versteckt, ein paar winzig kleine. Der Händler wühlt darin herum und sucht zehn Sepien für uns heraus. Perfekt. Er hat auch drei Seeteufelköpfe. Zuerst will er sie nicht hergeben, er verkauft sie lieber an Restaurants, doch Dad bezirzt ihn. Wir erstehen auch ein paar *zotoli* und *seppie uovo*. *Seppiolini* zu säubern, also Kopf und Fangarme samt Innereien, Fischbein und Tintensäckchen herauszuziehen, ist gar nicht so einfach. Und anschließend die Beutel zu füllen, die kaum größer als eine Olive sind, ist auch nicht gerade ein Kinderspiel. Versuchsweise ziehe ich von einigen die Haut ab, von anderen nicht. Die gehäuteten Tintenfische sind schwerer zu füllen und müssen mit einem kleinen Holzspieß zugesteckt werden. Bei den ungehäuteten geht es leichter. Laguna Carne führt hervorragende Schweinswürste. Das Brät wird mit der Hand gehackt, erfahren wir, keine Maschinen.

ZEIT FÜR EINEN KNIFFLIGEN FISCH, UM EIN INTERESSANTES GESPANN AUSZUPROBIEREN – SCHWEINEFLEISCH UND SEAFOOD, NACH DEM VORBILD DER THAI-SUPPE *KAENG CHERD PLA MUK YUD SY*. DAS GRUNDPRINZIP BLEIBT DAS GLEICHE, NUR MIT ZUTATEN AUS VENEDIG: GEDÄMPFTE, GEFÜLLTE KLEINE SEPIEN, SERVIERT IN EINER FISCHBRÜHE MIT IN SCHEIBEN GESCHNITTENEN CHAMPIGNONS.

FÜR 5 PERSONEN

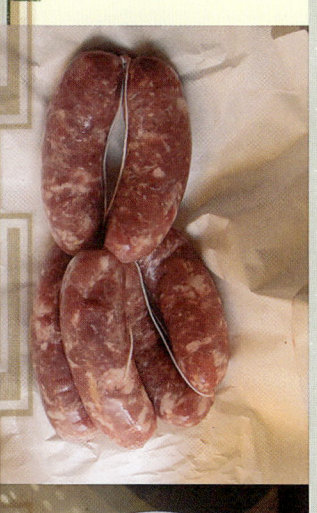

1 grobe Schweinswurst oder etwas Schweinefleisch, gegart

1 Knoblauchzehe, zerstoßen

3 Salbeiblätter, fein gehackt

10 kleine Sepien, ausgenommen und gesäubert

¾ l Fischfond oder leichte, klare Hühnerbrühe

6 Champignons, in Scheiben geschnitten

Die gegarte Wurst oder das Fleisch fein hacken und mit dem Knoblauch und dem Salbei vermengen. Die Mischung mithilfe eines Espressolöffels vorsichtig in die Sepien füllen. In einen Dämpfkorb legen und zugedeckt über kochendem Wasser 15 Minuten dämpfen.

In einem Topf den Fischfond oder die Hühnerbrühe 5 Minuten sachte köcheln lassen. Bei Bedarf etwas Wasser zugießen. Für die letzten 1–2 Minuten die Champignons hineingeben.

Ich ziehe chinesische Suppenschalen den größeren und nicht so tiefen Suppentellern vor. Je zwei Sepien hineingeben und die Suppe und Champignons darüberschöpfen.

CRAB HUNT

Unsere allmähliche Assimilation an den neuen kulinarischen Horizont entwickelt sich zu einem Abenteuer für die ganze Familie. Wenn ich nicht in Venedig bin, erkundige ich mich bei meiner Mutter, was das Angebot der Märkte gerade so hergibt. Sie versorgt mich mit Berichten über neue Gerichte, die sie entdeckt haben, und sendet mir Fotos davon. Als Hannah und ich eintreffen, bin ich also bestens auf dem Laufenden, was es gerade gibt, darunter hoffentlich auch kleine Strandkrabben, in Venedig *moeche* genannt. Ich habe noch nie zuvor lebende Tiere für den Kochtopf gekauft, abgesehen von einem gelegentlichen Beutel pflegeleichter Muscheln.

Meine Eltern sind zurück in London und Jeff besucht eine Ausstellung in Chicago, also haben Hannah und ich unsere Freunde Simon und Abigail mit nach Dorsoduro genommen, die uns bei der Krabbenjagd zur Seite stehen. Es ist immer interessant, Venedig mit den Augen anderer zu erleben, Simon ist Fotograf.

Um viertel nach sieben weckt mich sanft das Messeläuten von Carmini. Hannah schläft tief und fest weiter. Das stündliche Schlagen der Glocken gibt mir ein fast körperliches Gefühl von Zeit. Ich habe schon daran gedacht, auf einem Stadtplan um jeden *campanile* (Glockenturm) einen Kreis zu zeichnen, je nachdem wie weit das Glockenläuten trägt. Die Karte wäre gespickt mit Hunderten einander überlagernder Kreise, wie ein Kanal im Regen.

Der Blick durch den schmalen Spalt der grünen Holzläden vor dem Küchenfenster verheißt einen sonnigen Tag. Mit einem Ruck ziehe ich das raschelnde Moskitonetz auf, stoße die Fensterläden zurück, die klappernd gegen die Hauswand schlagen, und schaue auf den Kanal. Hoffentlich gibt es jetzt, Anfang April, noch *moeche* auf dem Markt. Die kleinen, grünen Krabben, die ich in verschiedenen Restaurants gegessen habe, faszinieren mich schon seit Jahren, es sind diese rätselhaften Krebse mit den vielen Namen.

Unser Weg schlängelt sich durch Dorsoduro in Richtung San Polo. Auf der anderen Seite des Canal Grand gehen Leute aus unserem *sestiere* zur Arbeit, Studenten machen sich auf den Weg zur Uni. Wir folgen einem Mann, der auf einem Rollwagen frisch gebackene Brötchen und Brot ausliefert. Ein Windhauch streicht durch die *calle* und treibt den köstlichen Duft des warmen

Backwerks direkt zu unseren Nasen. Fast verpassen wir die richtige Abzweigung. Schattenlinien weisen uns den Weg, doch als Wolken die Sonne verdecken, endet das richtunggebende Spiel des Lichts und wir verlieren die Peilung. Wechselndes Wetter verleiht jedem Haus ein neues Gesicht. Bei Regen verändern sich nicht nur Farben und Formen der Stadt, sie entfaltet auch einen ungeahnten Reichtum an Gerüchen, sogar das Meer beginnt zu riechen.

Wie es da Stein für Stein in die Lagune bröckelt, verströmt Venedig das morbide Flair eines gleichmütigen, fast mutwilligen Zerfalls. Es erinnert an die versunkenen Stadtlandschaften der Romane von J. G. Ballard wie *Karneval der Alligatoren*. Eine Welt an der Schwelle zum Untergang, deren Wandel sich in dem Geist der wenigen verbliebenen Bewohner spiegelt. So wie die Lagune ständig in Bewegung ist, sich ausdehnt und wieder zurückzieht, verschiebt sich auch die Stadt in ihrem Zerfall. Venedig ist in einem Zustand ständiger Erneuerung und Ausbesserung, während es weiter Stück für Stück im Meer versinkt. Manchmal fürchte ich, mit jedem Foto könnte ein weiteres Stück ihrer erhabenen Schönheit abblättern, bis sie das nie versiegende Blitzlichtgewitter der Touristen endgültig ausradiert hat.

Um halb elf herrscht Hochbetrieb in der *pescheria*. Zum Glück ist es kein Markt für Frühaufsteher, auch später am Vormittag sind die meisten Produkte noch vorhanden, zumindest die saisonalen. Wie lange Laufstege reihen sich die hell erleuchteten Stände, auf denen sich der frische Fisch türmt und funkelt wie die kostbaren Juwelen eines Fabergé. Die FAO-Etiketten sind von großer Hilfe, da sie nicht nur das Fanggebiet, sondern neben den italienischen auch die wissenschaftlichen Namen der Fische angeben. So genügt ein Blick, um Ware zu meiden, die aus allen Meeren unter der Sonne auf dem Luftweg zum Mercato Ittico Il Trocchetto gelangt ist. Ich gehe nicht zum Markt von Rialto, um Garnelen aus dem Pazifik zu essen. Die traurige Tatsache ihrer transatlantischen Reise wird jedoch wieder verdunkelt, sobald sie im Einkaufskorb der Gastronomen landen, noch stehen die FAO-Angaben auf keiner Speisekarte. Leider ist regionaler Fisch meist teurer als jener, der um die halbe Welt gereist ist.

Sämtliche Stände werden mit sichtbarem Stolz und Engagement geführt. In dem Gewühl halten Hannah und Abigail nach den kleinen, dunklen Krabben Ausschau. Sie suchen lebende Krabben. Sie haben andere Pläne als ich, sie wollen mit den Krebsen spielen und sie anschließend im Kanal freilassen. Ich will ein schmackhaftes Abendessen. Die Mädchen entdecken ein paar Krabben, die sich gerade über einen Berg *orate* und *branzino* (Goldbrassen und Wolfsbarsch) hinweg aus dem Staub machen. Daneben zappeln *canocchie* (Fangschreckenkrebse) und üben den Scherenschlag. Mit ihren kräftigen Fangarmen sollen sie sogar schon Glas zerschmettert haben. Die Mädchen suchen ein paar Krabben aus und zeigen sie dem breit grinsenden Standbesitzer. Es dürfte schwierig werden, den Mädchen beizubringen, dass ich die Krabben kochen will, also nehme ich noch ein paar extra mit. Hannah und Abigail tragen ihre *moeche* selbst, sie heißen Marco und Polo. Für den Fall, dass nicht alle Krabben mögen, kaufe ich noch eine Portion *latterini* (Ährenfische). Noch immer mache ich einen Bogen um bestimmte Fische, vor allem die grätenreichen, großen. Als wir auf dem Pier von Rialto auf unser *vaporetto* warten, starrt ein deutscher Junge sprachlos auf die Krabben in Hannahs und Abigails Händen. Wir bieten ihm eine an, doch er möchte lieber nur gucken. Zurück zu Hause, nach einem kurzen Foto-Shooting, verschwinden meine Krabben bis später im Kühlschrank.

Inzwischen halten wir abwechselnd die Angel aus dem Küchenfenster. Ich bastele aus Stöcken zwei weitere Angeln, damit sich niemand langweilen muss. So vergeht der Nachmittag. Einmal gehe ich sogar auf die Terrasse hinauf, um die Leine wie von einer Mole oder Klippe an den Gondeln vorbei in den Kanal auszuwerfen. Dann wird es Zeit, sich um das Essen zu kümmern. Zuvor laufen Hannah und Abigail über die kleine Brücke und suchen nach einer geeigneten Stelle, um ihre Krabben freizulassen.

Später gehen wir in den dunklen Straßen auf Rattenjagd, ein seltenes Vergnügen. Es gibt sicher nicht viele Städte, in denen man bei Nacht mit Kindern so gefahrlos spazieren gehen kann. Abigail hat in London Ratten als Haustiere, die Begegnung mit einer venezianischen Ratte wäre für sie sicher ein Highlight. Nicht viel aufwendiger vollzieht sich die Krabbensuche draußen in der Lagune, dabei bedient man sich noch einer alten Methode, die *zapiega* oder *sapega* (mit dem Fuß stampfen) oder auch *peca* (Fußtritt, Fußabdruck) genannt wird. Der Fischer läuft bei Ebbe durch das Watt und verfolgt anschließend seine Spuren zurück, wo sich hier und da Krabben in den Abdrücken seiner Schuhe verkrochen haben, die er nur noch einsammeln muss. Einen weniger harmlosen Abdruck hinterlassen die hydraulischen Dredschen, die ich vom Flugzeug aus gesehen habe. Sie ernten Venusmuscheln, indem sie das Sediment systematisch durchpflügen, in der Schwebe halten und wieder absinken lassen. Die Folge ist eine allmähliche Abtragung der Lagune mit schlimmen Auswirkungen für Flora und Fauna. Auch die Giftstoffe aus den Abwässern der Land-wirtschaft und dem Industriegebiet in Porto Marghera, die sich dort abgelagert haben, werden aufgewirbelt – Venedigs *Bildnis des Dorian Gray*. Das wachsende Interesse an Fisch wirft für jeden verantwortungsvollen Koch die Frage nach der Herkunft und der Versorgungskette auf, und in dieser Stadt im Meer wird man ganz besonders für das Thema Wasserverschmutzung sensibili-siert. Gegenüber sprudelt gerade das Abwasser einer Waschmaschine schäumend aus dem Ablauf in den Kanal. Untersuchungen haben glücklicherweise gezeigt, dass die Belastung durch Chemika-lien zurückgegangen ist, und immer mehr wird zur Reinhaltung der Lagune getan. Einige der hiesigen Fischereien bedienen sich nachhaltiger Methoden. Wir kaufen Dosenfisch mit Biosiegel bei Coop Italia, eine sozialgerecht arbeitende Supermarktkette, die auf regionale Qualitätspro-dukte setzt. Seit 2004 bieten sie mit dem Friend of the Sea-Siegel zertifizierten Fisch an.

MOECHE FRITTE
GEBRATENE STRANDKRABBEN

HANNAH UND ABIGAIL SUCHTEN SICH JEDER EINE KRABBE ZUM SPIELEN AUS, BEVOR SIE SIE IN DEM TRÜBEN WASSER DES KANALS WIEDER IN DIE FREIHEIT ENTLIESSEN. SIE GABEN IHNEN VERSCHIEDENE NAMEN, MARCO UND POLO, JEFFREY UND DANN HUMPHRY, DER BEISST, UND HUMPY, DER ZWICKT.

Krabben oder Hummer zu kochen, doch diese venezianische Spezialität gibt mir Gelegenheit, lebende Krabben zu verarbeiten. Die Krabben werden in der Lagune in Gefangenschaft aufgezogen und vermarktet, solange ihre Panzer noch weich sind. Nach dem Einkaufen gönnten wir uns Kuchen und Cappuccino. Seit jenem Café-Besuch nennt man mich auch *2CakeJake*.

Dieses Gericht ist eine Art Krabben-Rührei. Allein für die kleinen, delikaten Strandkrabben lohnt es sich, im Frühling oder Herbst zu Gast in Venedig zu sein und sie in einem der Restaurants aufzuspüren. Ich bin noch nicht so weit, große

FÜR 4 PERSONEN

300 g lebende soft-shell crabs (etwa 10 Stück; Strandkrabben mit nicht ausgehärtetem Panzer)

2 Eier

Olivenöl

5 EL Mehl

Salz

Zitronenspalten

In einem Topf reichlich Wasser erhitzen, bis es kräftig sprudelt. Die lebenden Krabben auf einmal hineingeben und das Wasser kurz wieder aufwallen lassen. Sie sterben innerhalb weniger Sekunden (dies ist die einzige in Deutschland zugelassen Methode, lebende Krustentiere zu töten). Die Krabben sofort kalt abschrecken und abtropfen lassen.

Die Eier verquirlen, die abgetropften Krabben darin wenden und mit Frischhaltefolie bedeckt für 1 Stunde in den Kühlschrank stellen.

Eine große Pfanne erhitzen und etwa fünf Millimeter hoch Olivenöl einfüllen. Die Krabben portionsweise mit Mehl bestauben und in dem heißen Öl braten. Auf Küchenpapier abtropfen lassen.

Die Krabben mit Salz und Zitronenspalten servieren und mit weißer Polenta genießen.

STRANDKRABBE

VENEZIANISCH: *Männlich – granso, granso duro, granso bon (einige Zeit vor dem Schälen), spiantano (wenige Tage vor dem Schälen), capeluo (während des Schälens), moeca, moleche (unmittelbar nach dem Schälen), strusso (5–10 Stunden nach dem Schälen, aber noch verkäuflich).*
Weiblich – masaneta, mazaneta (mit Eiern), masinetta, masina, masena. Granzi matti oder falsi sind ungenießbare ausgehärtete Krebse.
ITALIENISCH: *Granchio commune*
ART: *Carcinus mediterraneus (Czerniavsky, 1884) und Carcinus maenas (Linnaeus, 1758)*
FAMILIE: *Portunidae (Schwimmkrabben)*

Strandkrabben werden in der Lagune gesammelt, wenn sie im Frühling und Herbst ihren Panzer erneuern. Die Frühjahrskrabben schmecken angeblich am besten. *Carcinus maenas* wurde zu einem der 100 weltweit schlimmsten Eindringlinge gekürt, der bereits in so ferne Gegenden wie Südafrika, Australien, den Pazifik und Atlantik, bis an Nordamerikas Küsten und sogar in die Hafeneinfahrt von Tokio vorgedrungen ist.

Regione Veneto

FISCHEREIVIERTEL

Langsam fühlen wir uns in unserem *sestiere* Dorsoduro zu Hause, auch dank der interessanten Geschichten von Nachbarn, Architekten, Handwerkern, Künstlern und anderen Freunden in der Stadt. Über Jahrhunderte hat die Fischerei das Viertel geprägt und noch heute gibt es den kleinen Fischmarkt in Campo Santa Margarita. Venedig ist seit jeher Reiseziel und so sind Tausende von Karten, Gemälden und Zeichnungen entstanden, die den Wandel des Viertels dokumentieren. Die Bilder von William Turner zeigen, wie Dorsoduro im 19. Jahrhundert aussah, den Strand von Santa Marta im Jahre 1840 mit den Hütten und Häusern armer Fischer und ihren auf Strand gelaufenen Booten. Heute ist dort die Stazione Marittima, wo gigantische Kreuzfahrtschiffe am Kai liegen. Wie viele andere Fischereigemeinden war diese Gegend von der restlichen Stadt isoliert und unabhängig. Die Fischer waren in einer Vereinigung organisiert, die sich Nicolotti nannte, nach San Nicolo (Nikolaus von Myra), dem Schutzpatron der Seefahrer, Händler, Bogenschützen, Kinder und Studenten – jener Heilige, der schließlich zum Nikolaus wurde. Die nahegelegene Kirche San Nicolò die Mendicoli lieferte die Fassade, die Donald Sutherland in dem Film *Wenn die Gondeln Trauer tragen* restaurierte. Es ist eine Gegend, deren Wurzeln als Arbeiterviertel mit den 1911 für die Bahnarbeiter gebauten Häusern und dem preiswerten Wohnraum aus den 1920ern und 30ern noch heute zu spüren sind. Die Universität übernahm die alten Lagerhallen am Kai, wo Studenten eine bezahlbare Unterkunft finden, sodass ein zunehmend junges Publikum das Gesicht des Viertels bestimmt.

Diese seafoodverrückte Stadt hat in unserer Familie eine wachsende Leidenschaft für Fisch geweckt. Venedig hat meiner Expedition eine bestimmte Richtung gegeben. Hätte ich meine Suche in einem Londoner Supermarkt begonnen, wären viele unerwartete Fragen gar nicht aufgetaucht. Leider zeigt Venedig auch, dass eine Stadt mit derart berühmten Fischgerichten den Wunsch der zahllosen Besucher weckt, sie auch zu genießen, und zwar um jeden Preis. Die extreme Nachfrage überfordert die regionalen Fischbestände. Nur 20 Prozent des in Rialto verkauften Fischs stammt aus regionalen Fischgründen. Ich möchte wissen, wie viele Touristen in Venedig ahnungslos *calamari* essen, die aus ihrer eigenen Heimatstadt einige Tausend Kilometer entfernt nach Italien eingeflogen wurden.

Bei unserem Abflug erinnert die schlafende Stadt von oben an einen riesigen Seeteufel, von der Straßen- und Eisenbahnbrücke aufgespießt und ans Festland geheftet. Als sich die Maschine zur Seite neigt, werfen wir einen letzten Blick auf die Reusen und Muschelbänke im Norden der Lagune.

DIE *PESCHERIA* HAT MICH IN TIEFE
BABYLONISCHE VERWIRRUNG GESTÜRZT.
WARUM SIND FISCHNAMEN WICHTIG?
WARUM KÜMMERN SICH DARUM DIE
VEREINTEN NATIONEN? WARUM IST
REGIONAL GEFANGENER FISCH SO SCHWER
ZU FINDEN? UND IN WELCHER WEISE
STELLEN SICH DIESE FRAGEN AN EINEM
ANDEREN ORT? EINE ZUFÄLLIGE GEBURTS-
TAGSEINLADUNG FÜHRT JEFF, HANNAH
UND MICH IN EIN LAND, DAS IN SACHEN
FISCH REICHLICH ERFAHRUNG HAT –
SCHWEDEN.

**VIETATO
ACCOSTARE**
Capitaneria di Porto
Comune di Venezia
Provveditorato al Porto

Fisk, fisk, fisk

Bohuslän, Schweden

IMMER NOCH MISSTRAUISCH
GEGENÜBER FISCHEN UND
HEILLOS VERWIRRT VON
IHREN NAMEN NEHMEN WIR
KURS AUF SCHWEDEN.

ES IST DER 300. GEBURTSTAG CARL
VON LINNÉS, DEM WIR DIE MODERNE
TAXONOMIE VERDANKEN, DIE WISSEN-
SCHAFTLICHE KLASSIFIZIERUNG VON
ORGANISMEN MITTELS SYSTEMATISCHER
KATEGORIEN. WIR SIND BEI FREUNDEN
AN DER WESTKÜSTE SCHWEDENS – EINE
GUTE GELEGENHEIT, FISCH ZU ESSEN
UND FISCHERHÜTTEN ZU SUCHEN.

VÄLKOMNA!

Die Arbeit an meinem ersten Kochbuch, *A Tale of 12 Kitchens* zwang mich, mich mit dem Aufbau von Rezepten, ihrer Sprache und dem ganzen komplizierten Regelwerk auseinanderzusetzen. Ich hätte mich ebenso gut in Poesie versuchen können. Fischrezepte erfordern noch einmal eine ganz andere Herangehensweise, fast wie bei einer Dissertation. Als ich mich in Venedig mit immer neuen Namen für ein und denselben Fisch und einer länger und länger werdenden Liste von Unterarten konfrontiert sah, rettete mich die Taxonomie. Ich bin aber kein Altphilologe, darum sind die wissenschaftlichen Namen für mich keineswegs so klangvoll wie die umgangssprachlichen. Carl von Linné benannte hässliche Arten übrigens gern nach seinen schärfsten Kritikern. Mir gefallen die beredten Spitznamen mit all ihren regionalen Spielarten und Bedeutungen besser, wie *rombo chiodato* – italienisch für Steinbutt. *Rombo* (Raute) bezeichnet viele Plattfische und *chiodato* bedeutet wörtlich „genietet", eine Anspielung auf die knotige Haut des Fischs, die an eine beschlagene Kirchentür erinnert. Mit Fisch im Sinn scheint Carl von Linnés' 300. Geburtstag ein würdiger Anlass für einen Familienbesuch in Schweden. Noch bevor wir schwedischen Boden betreten, entdecke ich auf einer 100-Kronen-Note ein Bild des Wissenschaftlers – ich werde damit in Göteborg Fisch kaufen.

Das Schöne an einem Besuch bei Freunden im Ausland sind die vielen gemeinsamen Stunden in ihrer Küche. Andie und Viktorias Holzhaus mit Schindeldach befindet sich außerhalb von Göteborg. Am ersten Abend schauen Jeff, Hannah und ich ihnen bei der Zubereitung ihrer Köstlichkeiten zu – riesige *havskräfta* (Kaisergranate), ein Korb voll *nordhavsräka* (Tiefseegarnelen) und *hälleflundra* (Heilbutt), behutsam gebraten und mit Weißwein vollendet. Die gemütliche Küche mit ihren weißgelb gestrichenen Holzwänden verströmt seemännisches Flair. Viktoria stammt aus der Ukraine, darum sind auch ein paar russische Gerichte geplant. Beim Thema Essen ist sie von Natur aus neugierig. Die besten Gerichte, sagt sie, entstünden in der heiklen Situation, wenn die Gäste bereits auf dem Weg sind und man noch keine Ahnung hat, was man ihnen servieren soll. Rasch einen Blick in den Kühlschrank geworfen und schon ist eine fabelhafte neue Kreation geboren. Originelle Gerichte entstehen bei Jeff und mir eher, wenn wir nur für uns kochen. Wir wechseln uns jeden Abend ab, so entspinnt sich eine Art kulinarischer Dialog, je nachdem, was der andere im Kühlschrank übrig gelassen hat.

Linné hätte die kleinen, leckeren Fische sicher nicht erkannt, die Viktoria uns als Vorspeise servierte. Winziger Dosenfisch aus Russland, ШПРОТ genannt, kein wissenschaftlicher Name weit und breit. Da reist man den weiten Weg nach Schweden und ist gleich beim ersten Fisch auf dem Teller aufgeschmissen. Klein und köstlich, aber wer seid ihr? In dieser Nacht träume ich von Fischnamen, kein *Carcharodon carcharias* in Sicht.

Hannah ist früh wach und lässt die Katze Tolstij, russisch für „Dickerchen", in unser Zimmer, um uns zu wecken. Tolstij trägt den Ausdruck ständiger Überraschung in ihrem hübschen Gesicht. Linné schaut gewichtig von der Beilage der Sonntagszeitung herunter. Seine Klassifizierung der Fische hilft, bestimmte Praktiken zu entlarven, etwa die Unsitte, seltsamen Fischen einen neuen Namen zu verpassen, ein verbreiteter Trick, um Ungewohntes schmackhaft zu machen. Die Fischindustrie nennt das „Artensubstitution". Am Ende sickern diese Namen in den allgemeinen Sprachgebrauch und so werden plötzlich Riesengarnelen zu *scampi*, obwohl es Kaisergranate sind. In England bezeichnete *scampi* einmal irreführenderweise den Seeteufel *(monkfish)*. Unser Chinese empfiehlt *St Peter's fish*, es wird wohl *John Dory* (Petersfisch) sein oder Tilapia, der manchmal so genannt wird, doch dann ist es Karpfen. Fischkauderwelsch ist tückisch. Ich muss eine ganz neue Sprache erlernen, eine Art marines Esperanto. In manchen Sprachen gibt es zwei Namen für denselben Fisch, je nachdem, ob er noch lebt oder bereits auf dem Teller liegt, wie etwa im Englischen *pig* und *pork* für Schwein. Wie ich in Venedig herausfand, fügt die Gastronomie noch ihre eigene Nomenklatur hinzu und schon ist auch die Küche ein Fall für die Taxonomie. In Schweden verschärft sich das Verwirrspiel, wenn der Fisch eingedost, geräuchert oder zu einem Aufstrich verarbeitet einen neuen Produktnamen erhält.

Heute gehen wir in die Kirche, Feskekôrka, die Fischkirche. Wir fahren über flaches Land. Dunkle Erde, verschlafene Dörfer, trostlose Fernfahrerkneipen. Winzige Wartehäuschen wirken wie von einem Raumschiff abgeworfen, vielleicht eine Art Kunst im öffentlichen Raum. Birkenwälder sehen aus wie in die Erde gesteckte, rosa schimmernde Federn. Ein zarter grüner Schleier überzieht das Land, Blätter knospen, auf den Feldern recken sich zarte Sprösslinge zaghaft in die frische Frühlingsluft.

Feskekôrka ist eine Fischmarkthalle in Göteborg. Das imposante Backsteingebäude kauert an dem sich kräuselnden, kalten Wasser des Rosenlundkanals und ähnelt einer halb versunkenen gotischen Scheune. Im Innern des kirchenähnlichen Gewölbes bestaunen wir die makellosen Auslagen an nordischem Seafood, eine ganz andere Farbenpracht als am Mittelmeer. Mit dem langsamen Abebben meiner Fischangst beginne ich ein Auge für Frische zu entwickeln. Der Tipp, den ich gelesen habe, scheint simpel: Fisch sollte nach Meer riechen, nicht nach Fisch. Riecht er fischig, ist er alt. Er sollte fest sein und bei Berührung zurückfedern, eine intakte Schleimschicht und einen steifen Schwanz haben. Die Augen sollten prall und klar, nicht trübe und die Kiemen sollten leuchtend rot sein. Es braucht ein bisschen Übung, um das Auge für diese Merkmale zu schulen. Filetierter Fisch lässt jedoch viele verräterische Spuren missen. Filets sollten weiß und leicht durchscheinend sein. Neben der Frische gibt der Allgemeinzustand darüber Aufschluss, wie der Fisch gefangen und behandelt wurde. Ist er unversehrt oder beschädigt? Hier, direkt an der Nordsee mit dem riesigen Atlantik dahinter, bekommt der Begriff regionaler Fisch eine viel weiter gefasste Bedeutung als in Venedig. Sämtliche Ware auf diesem Markt stammt aus dem Nordatlantik und der Nordsee. Die Seespinnen sind riesig, mit Beinen so lang wie ein menschlicher Arm. *Torsk* (Kabeljau), *havskatt* (Seewolf), *lax* (Lachs), *sill* (Hering), *blåmussla* (Miesmuscheln), *sandmussla* (Sandklaffmuscheln), *ostron* (Austern). Eigenartigerweise spüre ich hier nicht die gleiche Verbundenheit mit der nahen See wie auf einem Fischmarkt am Mittelmeer. Vielleicht liegt es an den modernen Kühltheken, den Schutzwänden und Spiegeln, die das altertümliche Flair dieser Scheune überlagern.

FESKEKÔRKA

FÄRSKA RÄKOR

V. QVIRIST EFTR.

Tel. 031 - 711 51 89, 13 46 81

FESKEKÔRKA

Janssons Versuchung

Der Reichtum an natürlichen Ressourcen macht erfinderisch und in Schweden enden viele Meeresschätze in der Dose. In den Supermärkten stoßen wir im Kühlregal auf schwedische eingelegte Sardellen und denken, Mensch, die gibt's doch auch bei IKEA! Bei dem schwedischen Original sind es jedoch keine Sardellen, sondern Sprotten, die bei diesem Klassiker ganz groß rauskommen. Jane Grigson schreibt in ihrem Buch *Fish*, man soll „keine Milch statt Sahne verwenden …, sonst verfehlt der schöne Name des Gerichts seine Wirkung." Die Sprotten sind süß und leicht pikant.

FÜR 4 PERSONEN

2 große weiße Zwiebeln, in feine Streifen geschnitten

Butter und Sonnenblumenöl

800 g Kartoffeln, geschält und in Streichhölzer geschnitten

2 Dosen (je 100 g) schwedische eingelegte Sprottenfilets (ansjovis)

Schwarzer Pfeffer

200 ml Sahne

125 ml Milch

70 g Weißbrotbrösel

60 g Butter

Den Ofen auf 230 °C vorheizen.

Die Zwiebeln in etwas Butter und Sonnenblumenöl glasig schwitzen.

Eine Auflaufform ausbuttern und eine Schicht Kartoffeln hineinlegen. Zuerst die Sprottenfilets, dann die Zwiebeln und zuletzt die restlichen Kartoffeln darüber verteilen. Pfeffern und etwas Fischöl aus der Dose darüberträufeln (nicht zu viel, es ist ziemlich kräftig).

Sahne und Milch erhitzen, jedoch nicht aufkochen und über Kartoffeln und Fisch in die Form gießen. Mit den Bröseln bestreuen und die Butter in Flöckchen daraufsetzen. Im Ofen zuerst 10 Minuten und dann bei 200 °C weitere 45 Minuten backen, bis die Kartoffeln weich sind und die Oberfläche goldbraun und knusprig ist.

SPROTTE

SCHWEDISCH: *Skarpsill, vassbuck, aptitsill*

ANDERE BEZEICHNUNGEN: *Sprat, Breitling, Brisling*

ART: *Sprattus sprattus (Linnaeus, 1758)*

FAMILIE: *Clupeidae (Heringe)*

Ansjovis werden in einer würzigen Lake mit Zimt, Sandelholz und Ingwer eingelegt und schmecken recht süß. Kurioserweise bedeutet *ansjovis* auch auf Schwedisch Anchovis, also Sardellen, obwohl es keine sind – warum überrascht mich das nicht?! – gelegentlich auch „nach Sardellenart eingelegte Sprotten" genannt. Die Sprotten haben es sogar bis zur Sardellenpaste gebracht.

Janssons Frestelse

Ansjovisbollar
Sardellenbällchen

Nachdem ich bei IKEA und in zwei Londoner Läden im Kühlregal *Svensk ansjovis* (nach Sardellenart eingelegte schwedische Sprottenfilets) aufgespürt habe, habe ich nach anderen Rezepten mit diesen köstlichen süßen Fischen gestöbert.

FÜR 3 PERSONEN

200 g nach Sardellenart eingelegte schwedische Sprottenfilets (ansjovis)

2 Eier, hart gekocht

1 Spritzer Worcestersauce

50 g Butter, raumtemperiert

8 EL fein gehackte glatte Petersilie

In einer Schüssel die Sprotten mit den Eiern, der Worcestersauce und der Butter zerdrücken. Mithilfe zweier Teelöffel kleine Häufchen davon abstechen und auf einen Teller setzen. Für 1 Stunde in den Kühlschrank stellen, bis sie fest geworden sind.

Die Häufchen zu Bällchen formen, in der Petersilie wenden und als Appetizer oder Sandwichbelag servieren.

Fågelbo – Vogelnest

FÜR 1 PERSON

4 nach Sardellenart eingelegte schwedische Sprottenfilets (ansjovis)

1 EL fein gehackte weiße Zwiebel

1 EL Kapern, gewaschen, abgetrocknet und gehackt

2 EL fein gehackte eingelegte Rote Bete

1 EL fein gehackte glatte Petersilie

1 Eigelb

Sämtliche Zutaten bis auf das Eigelb wie ein Nest auf einem Teller arrangieren und das Eigelb in die Mitte setzen.

Bei Tisch die Zutaten mit dem Eigelb vermengen und genießen.

Abwandlung
Statt rohem Eigelb ein hart gekochtes Ei oder ein Spiegelei in die Mitte geben – passend auf einem Sonntagsbrunch.

SPROTTE
SIEHE SEITE 56

Gravadlax

ROTLACHS (SOCKEYE)

SCHWEDISCH: *Indianlax, rödlax*

ART: *Oncorhynchus nerka* (Walbaum, 1792)

FAMILIE: *Salmonidae* (Lachsfische)

Ich habe ein wenig Skrupel, Rezepte mit Lachs anzupreisen, da der Fisch deutlich überstrapaziert wird, doch Gravadlax ist einfach ein Klassiker. Außerdem funktioniert das Rezept auch hervorragend mit anderem Fisch.

Gravadlax erinnert mich an eine andere schwedische Fischspezialität: *surströmming* – saurer Strömling, das ist gesäuerter, vergorener Hering. Trotz seines strengen Geruchs ist er erstaunlich delikat und mild. Einige Airlines untersagen die Mitnahme von *surströmming* aus Angst, die aufgeblähten Dosen könnten an Bord unter dem Druck der fortgesetzten Gärung explodieren. Alan Davidson erzählt, dass einmal auf der Insel Ulvön nach dem Öffnen von 200 Fässern *surströmming* Vögel tot vom Himmel fielen.

Dieser gebeizte Lachs ist einfach zuzubereiten und zergeht auf der Zunge. Die meisten Küstenstriche haben ihre eigenen Konservierungsmethoden für Fisch entwickelt. Mit der Erfindung des Kühlschranks hatten sich diese Techniken eigentlich überlebt, doch wir haben den Geschmack von Gebeiztem, Geräuchertem und Eingelegtem liebgewonnen – Schweden ist verrückt danach. *Grav* bedeutet „Grab" oder „Erdloch" und „graben". Im Mittelalter wurde der Lachs gesalzen und zum Fermentieren im Sand verbuddelt. Heute verwendet man eine Trockenbeize. Der britische Koch Hugh Fearnley-Whittingstall empfiehlt dieses Rezept auch für Makrele und Lachsforelle.

FÜR 6 PERSONEN ALS VORSPEISE

550 g Wild- oder Biozuchtlachs, mit Haut in zwei Filets geschnitten, Stehgräten entfernt

Beize:

1 EL schwarzer oder weißer Pfeffer

3 Gewürznelken, zerstoßen

2 EL Meersalz

2 EL Zucker

75 g Dill, grob gehackt

Senf-Dill-Sauce:

25 g Dijonsenf

25 g körniger Senf

1 EL flüssiger Honig oder Zucker

1 TL Weißweinessig

1 TL Sonnenblumenöl

2 EL fein gehackter Dill

Für die Beize Pfeffer, Nelken, Salz, Zucker und Dill vermengen.

Ein großes Stück Frischhaltefolie so in ein flaches Gefäß legen, dass es an den Seiten überhängt. Ein Viertel der Beize einstreuen und das erste Filet mit der Haut nach unten darauf platzieren. Mit der Hälfte der verbliebenen Beize bedecken und das zweite Filet wie bei einem Sandwich mit der Haut nach oben auflegen. Die restliche Beize darüber verteilen und die Lachsfilets sorgfältig in die Folie einwickeln; die Enden einschlagen.

Ein Holzbrett oder ein kleines Tablett auf den eingepackten Fisch legen und mit Konserven oder einem Ziegelstein beschweren. Das Beschweren fördert den Beizvorgang und festigt das Fleisch, sodass es sich leichter schneiden lässt. Den Lachs 5 Tage im Kühlschrank beizen und täglich wenden.

Etwa 1 Stunde vor dem Servieren die Senf-Dill-Sauce zubereiten: Sämtliche Zutaten in ein sauberes Glas mit Schraubdeckel geben und kräftig schütteln.

Den Lachs aus der Folie wickeln, die flüssige Lake, die sich angesammelt hat, abgießen und einen Teil der Gewürze, nicht aber den Dill, abreiben. Die Filets mit der Haut nach unten auf ein Brett legen und schräg in nicht zu dünne Scheiben schneiden, sodass auf jeder Scheibe etwas Dill ist. Die Haut wegwerfen. Mit dunklem Butterbrot und Senf-Dill-Sauce servieren.

Ungeschnittene Reste sorgfältig trocken tupfen; im Kühlschrank halten sie sich bis zu 5 Tage.

Fisch im Pelzmantel

HÄTTE ICH NICHT ZUGESCHAUT, WIE VIKTORIA SHUBA ZUBEREITETE, ICH HÄTTE GEGLAUBT, ES GIBT EINEN LECKEREN KIRSCHKUCHEN ODER HIMBEER-TRIFLE.

Dieses Rezept probiere ich aus, wenn ich das nächste Mal Rote Bete im Garten habe. *Shuba* ist Russisch und bedeutet Pelzmantel, sei es eine Anspielung auf die Art und Weise, wie das Gericht zusammengefügt wird, oder auf den Genuss, den es verspricht. Der komplette russische Name ist *selyodka pod shouboy*, Hering unterm Pelzmantel. Oder *salat shuba*, Fisch im Pelzmantel. Wie auch immer, eine gelungene Kombination aus Hering und Roter Bete.

FÜR 4 PERSONEN

500 g Kartoffeln
140 g Karotten
300 g Rote Bete
3 große Freilandeier, hart gekocht

280 g eingelegte Heringsfilets, entgrätet, in Stücke zerteilt
1 kleine rote Zwiebel, in feine Ringe geschnitten
100 g Mayonnaise

Die Kartoffeln, die Karotten und die Roten Beten getrennt in Wasser weich kochen; abkühlen lassen. Anschließend die Kartoffeln und Roten Beten schälen.

Die Kartoffeln und die Rote-Bete-Knollen getrennt auf Teller raspeln. Die Karotten hacken. Die hart gekochten Eier würfeln.

Das Gericht auf einer runden Platte oder im Stil eines Schichtkuchens in einer Terrine zusammenstellen. Zuerst eine Schicht Hering einlegen und mit den Zwiebelringen und den Kartoffelraspeln bedecken. Die Hälfte der Mayonnaise daraufstreichen und die Rote Bete und die Karotten einschichten. Mit der restlichen Mayonnaise bedecken und mit den Eiern bestreuen. Mindestens für 1 Stunde, besser aber über Nacht, in den Kühlschrank stellen.

Abwandlungen

Einige raspeln die rohe Rote Bete und dämpfen sie dann 15 Minuten. Auch geräucherter Lachs statt Hering ist geeignet, und es gibt viele Varianten, die Zutaten zu schichten. Man kann auch die Schichten häufiger abwechseln, sodass sie dünner ausfallen.

HERING
SCHWEDISCH: *Sill, strömming*
RUSSISCH: *Sel'd'*
ART: *Clupea harengus (Linnaeus, 1758)*
FAMILIE: *Clupeidae (Heringe)*

Heringsprodukte gibt es in Schweden in Hülle und Fülle. Die Fische werden ganz oder als Filet geräuchert, gesalzen, getrocknet, in Essig mariniert, pikant gebeizt, in Aspik eingelegt, gebraten oder in Dosen konserviert. Rogen, die Eier des weiblichen Fischs, und die Milch, das Sperma des männlichen Herings, sind ebenfalls beliebt.

Skivsill (gesäuerte Heringsfilets), *Sill i gele* (Hering in Aspik), *Sill i sur gräddsäs* (Hering in saurer Sahne), *Sill i vinsås* (in Weinsauce), *Böckling* (Bückling), *Delikatesill* (Delikateshering), *Marinerad Stekt* (eingelegter Brathering), *Matjessill* (Matjeshering), *Senapssill* (Hering in Senfsauce).

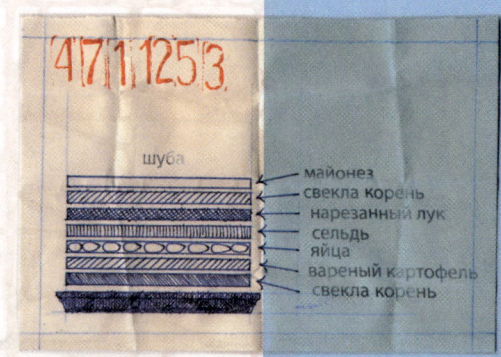

Shuba

Räucherfisch

Bevor wir die Küste wieder hinauffahren, müssen wir noch etwas für das Abendessen besorgen. Als wir in den Verkehr stadtauswärts einfädeln, passieren wir die riesigen Autofähren der Stena Line und gelangen schließlich in ein Gewerbegebiet. Andie deutet auf einen hohen, schlanken Schlot vor uns, aus dem heller Rauch quillt. Es ist die Fischräucherei in Tagene. Das eingeschossige Gebäude aus blauem und weißem Rippenstahl könnte alles beherbergen, wenngleich die Schiffspoller auf dem Parkplatz einen deutlichen Hinweis geben. Durch Metallschwingtüren treten wir in einen Laden voller geräucherter Köstlichkeiten. In einer Kühltheke liegt heißgeräucherter *lax*, ganzer geräucherter *ål* (Räucheraal), Platten mit geräuchertem *sill* (Hering), *makrill* (Makrele), *hälleflundra* (Heilbutt) und Süßwasserfischen. Die Wahl fällt schwer, also fragen wir den Verkäufer um Rat. Als er unsere Neugierde bemerkt, lädt er uns ein, die Räucherkammern zu besichtigen.

Wir durchqueren einen langen, rutschigen Raum, der im Stil der 1970er-Jahre gekachelt und mit mehreren hohen Metalltüren mit schweren Angeln versehen ist. Eine der Türen entriegelt er. Was dahinter zum Vorschein kommt, wirkt wie der Blick in einen nächtlichen Regenwald, fahle Kreaturen hängen an dünnen Zweigen, in Wirklichkeit sind es Reihen aufgespießter Heringsfilets. Auf dem Boden der geschwärzten Kammer brennen kleine Scheite leise vor sich hin, in deren Hitze der Fisch einige Stunden trocknet, bevor Sägespäne eingefüllt werden und das Räuchern beginnt. Die nächste Kammer ist prall gefüllt mit ganzen Lachsen, ein jeder mehr als einen halben Meter lang. Als er eine weitere der Türen öffnet, schießt eine dichte Rauchwand hervor und ergießt sich in den Raum, sodass wir alle husten müssen. Er zieht einen Korb mit Fischen heraus, dreht ihn geschickt und schiebt ihn rasch wieder hinein. Gestelle mit Heillbuttsteaks warten bereits und ein Korb mit kleinen Fischen aus dem Vänern ebenfalls. Der Besitzer bezieht seine Ware direkt von einigen Fischern, die er gut kennt und denen er traut. In einer Reihe weiterer Räume wird Dorsch (Kabeljau) eingesalzen und dann auf einem langen Gestell unter einer riesigen Windmaschine getrocknet. Zurück im Laden, kaufen wir einen ganzen heiß geräucherten Lachs zum Abendessen. Andie kauft Bücklinge, geräucherte Makrele und zwei ganze Lachsseiten. Zum Vakuumziehen ist unsere Beute zu frisch, also verstauen wir sie vorsichtig in einem luftdichten Behälter.

Es ist noch hell, als wir zu Hause ankommen und die rauchigen Bestandteile unseres Abendessens ausbreiten. Viktoria hat aus Buchweizenmehl, Milch, Hefe, Zucker und Maisöl dicke Blini gebacken – von einer Seite ziemlich lange, von der anderen nur ganz kurz. Den Räucherfisch vertilgen wir vor, während und nach dem Essen. Der Geschmack ändert sich mit jedem Bissen, wechselt zwischen saftig und rauchig und die Blini verschwinden unter ukrainischem Kabeljaurogen und Sauerrahm, der perfekte Kraftstoff für den nächsten Tag. Im Morgengrauen wollen wir zum Fiskhamn, Göteborgs Fischmarkt, aufbrechen.

SKARVIKS RÖKERI

VÄLKOMNA

Rökeri

Sprottenturm

OSTSEESPROTTE

SCHWEDISCH: *Europeisk skarpsill, skarpsill, vass-buck, aptitsill*

ANDERE BEZEICHNUNGEN: *Europäische Sprotte, Brisling, Breitling*
Art: *Sprattus sprattus (Linnaeus, 1758)*
UNTERART: *Sprattus sprattus balticus (Schneider 1908)*
FAMILIE: *Clupeidae (Heringe)*

Sprotten sind schnell wachsende, kurzlebige Fische, was sie weniger anfällig für Überfischung macht. Wir fanden viele Dosenprodukte in schwedischen Supermärkten, darunter die populären *sardiner*, kleine geräucherte Sprotten in Öl oder Tomatensauce.

Diese appetitlich schöne Vorspeise zauberte Viktoria aus einer edel aussehenden Dose winziger ШПРОТ. Um den Fisch zu bestimmen, greife ich zu einem Buch, an dem Carl von Linné seine helle Freude gehabt hätte, *The Multilingual Dictionary of Fish and Fish Products.* Das Buch begann sein Leben 1960 an der Torry Research Station in Aberdeen. Es enthält auch ein russisches Verzeichnis, in dem ich erfahre, dass es sich bei dem kleinen, zarten Dosenfisch um Brisling (kleine Sprotten) handelt. Sie werden in der Ostsee gefangen und teilweise auch gezüchtet, die mancherorts so brackig ist, dass man auf dem offenen Meer sogar Süßwasserfische fangen kann. Geraspelte Karotten zu braten, scheint seltsam, schmeckt aber erstaunlich gut. Andie und Viktoria schenkten mir zwei der kostbaren Dosen – was für Freunde! Die Fische schmecken köstlich.

FÜR 6 PERSONEN

2 Auberginen, in 12 runde
*   Scheiben geschnitten*
Sonnenblumenöl
3 Karotten, grob geraspelt
3 Knoblauchzehen, zerstoßen

3 EL Mayonnaise
20 ШПРОТ, kleine Sprotten aus
*   der Dose, das Öl zurückbehalten*

Die Auberginenscheiben in einer Grillpfanne in möglichst wenig Sonnenblumenöl von beiden Seiten braten. Herausheben, sobald sie gebräunt sind.

Die geraspelten Karotten in einer Pfanne in etwas Olivenöl braten, bis sie ein wenig zusammengefallen, aber noch knackig sind. In eine Schüssel geben und abkühlen lassen. Anschließend den Knoblauch und die Mayonnaise unterrühren.

Auf eine Auberginenscheibe einen Löffel Karotten geben und mit einer Auberginenscheibe bedecken. Drei oder vier Sprotten darauf arrangieren und mit ein wenig von ihrem Öl beträufeln. Auf diese Art alle Zutaten stapeln.

Fiskbullar
Fischbällchen

Diese luftig-lockeren, saftigen Fischbällchen schmecken grandios mit der samtenen Zitronensauce gegenüber. Ich bereite sie aus Seelachs oder Franzosendorsch zu, beides preiswerte, weißfleischige Fische, ideal für diesen Zweck.

ERGIBT ETWA 20 FISCHBÄLLCHEN

1 großes Seelachs- oder Franzosendorschfilet (500 g), sorgfältig entgrätet und gehäutet
50 g Butter
Salz und Pfeffer

2 Eigelb
3 EL Sahne oder Sauerrahm
2 Eiweiß
600 ml Fischfond

Stellen Sie sicher, dass das Filet völlig frei von Gräten ist. Das Filet grob würfeln und mit der Butter, Salz und Pfeffer im Mixer glatt pürieren. In einer Schüssel mit den Eigelben und der Sahne verrühren.

In einer zweiten Schüssel die Eiweiße steif schlagen. Den Eischnee unter die Fischfarce ziehen.

Den Fischfond in einem Topf mit großem Durchmesser erhitzen und die Temperatur so regulieren, dass er nur eben siedet.

Mithilfe zweier Esslöffel von der Farce Bällchen von etwa drei Zentimeter Durchmesser abstechen und behutsam in den siedenden Fond gleiten lassen, bis der Topf gefüllt ist; 10 Minuten garen. Da die Fischbällchen aufgehen, eventuell in zwei Durchgängen arbeiten.

Die garen Fischbällchen mit einem Schaumlöffel herausheben und bis zum Servieren warm stellen.

Fischbällchen, Methode 2

Diese etwas deftigeren Fischbällchen sind ohne Eier und Sahne und darum ideal für einen Eintopf. Aus der Masse lassen sich auch kleine Frikadellen formen und braten oder mit Olivenöl einpinseln und backen.

ERGIBT ETWA 10 FISCHBÄLLCHEN

250 g Seelachsfilet, sorgfältig entgrätet, gehäutet und gewürfelt
2 TL fein gehackter Kerbel

Salz und Pfeffer
600 ml Fisch- oder Geflügelfond

Sämtliche Zutaten außer dem Fond in den Mixer geben und nur kurz zu einer groben Farce zermahlen. In eine Schüssel geben und für 1 Stunde kalt stellen.

Aus der Farce wie oben beschrieben Bällchen formen und in dem Fond 10 Minuten pochieren. Mit einem Schaumlöffel herausheben.

Fiskbullsgryta
Fischbällcheneintopf

Wenn Sie gleich mehr Fischbällchen zubereiten, hier zwei weitere schmackhafte Rezepte.

FÜR 3 PERSONEN

1 Stange Staudensellerie, gewürfelt

1 Knoblauchzehe, gehackt

1 weiße Zwiebel, gehackt

Olivenöl

2 Dosen (je 400 g) gehackte Tomaten

Salz und Pfeffer

80 g tiefgekühlte Erbsen

12 rohe Fischbällchen (siehe linke Seite)

In einem großen Topf den Sellerie, den Knoblauch und die Zwiebel in etwas Olivenöl glasig schwitzen.

Die Tomaten zugeben, mit Salz und Pfeffer würzen und 15 Minuten köcheln lassen; bei Bedarf etwas Wasser zugießen. Die Tomaten mit einem Kartoffelstampfer sanft zerdrücken.

Die Erbsen und die Fischbällchen hineingeben und 15 Minuten sanft garen.

Bakade Fiskbullar – Gebackene Fischbällchen

FÜR 3 PERSONEN

15 rohe Fischbällchen

150 g Spinat

60 g Semmelbrösel

1 EL Butter (nach Belieben)

Citronsås (Zitronensauce):

40 g Butter

2 EL Mehl

300 ml Fond (Geflügel, Fisch, Gemüse)

100 ml Milch

Saft von 1 und abgeriebene Schale von ½ unbehandelten Zitrone

1 Eigelb

Für die *citronsås* die Butter in einem kleinen Topf zerlassen. Das Mehl hineingeben und unter Rühren 1–2 Minuten anschwitzen. Nach und nach unter Rühren den Fond zugießen, damit sich keine Klumpen bilden; 5 Minuten köcheln lassen. Die Milch sowie Saft und Schale der Zitrone unterrühren und die Sauce noch einige Minuten erhitzen, aber nicht kochen lassen. Das Eigelb verquirlen und unterrühren. Die Sauce noch 3 Minuten rühren, aber nicht aufkochen.

Den Ofen auf 230 °C vorheizen. Eine Auflaufform, in der die Fischbällchen gerade nebeneinander Platz haben, mit dem Spinat auslegen. Die Bällchen behutsam in den Spinat drücken. Großzügig mit Zitronensauce übergießen und mit Semmelbröseln bestreuen. Nach Belieben einige Butterflocken darauf verteilen und 20 Minuten im Ofen knusprig überbacken. Mit neuen Kartoffeln servieren.

GÖTEBORGS FISKHAMN

Sigvard Fotö Blandat

Früher Fischzug

Draußen herrscht Dunkelheit. Nach einer schnellen Tasse grünem Tee fallen Andie, Jeff, Hannah und ich noch müde ins Auto. Wir fahren durch eine regungslose Landschaft, die Lichtkegel der Frontscheinwerfer durchstreichen den Nebel. Die Autobahn E6 ist leer, bis zu den düsteren Industriegebieten am Stadtrand von Göteborg, deren Fabriken, Lagerhallen und Hafenanlagen langsam zum Leben erwachen. Theoretisch liegt das Haus von Andie und Viktoria an der Nordseeküste, doch wo ist bei dem vielen Wasser eigentlich das Meer? Weit drinnen in der Schärenlandschaft aus Inseln, Meeresarmen und Landzungen ist von Gezeiten nichts zu spüren. Wir fahren landeinwärts, ein relativer Begriff hier in Bohuslän. Die Autobahn führt nach Norwegen, doch herrscht erstaunlich wenig Verkehr, ganz Schweden hat weniger Einwohner als London. Die Straße windet sich durch endlose Wälder und über zahlreiche Flüsse. Die Küste scheint zuerst links von uns zu sein, dann rechts, dann unter uns und schließlich an beiden Seiten. Der Blick auf die Karte zeigt einen löchrigen Flickenteppich Hunderter kleiner Seen in einer grünen Landschaft, die im Osten bis zu den Weiten des glasklaren Vänern reicht.

Schließlich erreichen wir die Abfahrt zum Fiskhamn, dem Fischgroßmarkt, und sehen im Sonnenlicht die Spitze einer neunundvierzig Meter hohen Steinsäule, auf der die trauernde Frau oder Mutter eines Seemanns thront und über den Götakanal und den Markt blickt. Kühllaster und Fischhändler fahren geschäftig vor der Auktionshalle herum, die von einem kleinen Parkplatz flankiert wird. Fischmärkte werden mehr und mehr zum Ziel von Touristen, für viele die Gelegenheit, mal einen ganzen Fisch zu Gesicht zu bekommen. Heute sind keine anderen Besucher da. Schüchtern blicken wir uns um. Unter dem flachen Giebeldach reihen sich übersichtlich angeordnet grüne und hellblaue Plastikkisten. Es ist klirrend kalt und der Fisch in erstklassigem Zustand. Andie und ich inspizieren jede Kiste, schreiten Reihe für Reihe ab, als wären wir in einem Supermarkt. Der größte Fisch, den wir finden, ist *torsk* (Kabeljau), die kleinsten sind winzige *makrillgädda* (Hornhecht). Die Auktionsglocke läutet und bringt die Fischsilhouette darüber ins Wanken. An allen Enden der Halle beginnt das Feilschen, Händler stehen in kleinen Gruppen zusammen und kaufen schweigend kistenweise Fisch. Ich hatte mir die Auktion irgendwie lärmender und theatralischer vorgestellt. Hannah und Jeff sind bis auf die Knochen durchgefroren und ziehen sich ins warme Auto zurück.

Wie ich so vor den Kisten mit Kabeljau stehe, habe ich einen dieser Aha-Momente, in dem sich die Wahrnehmung plötzlich ändert. Die Beschäftigung mit Fischnamen hat für mich die Büchse der Pandora in Sachen Überfischung geöffnet. Wer sich für Fisch interessiert, ihn gern isst, der muss, will er die Sache vertiefen, einige bittere Tatsachen zur Kenntnis nehmen. Jeder, der gern isst, will früher oder später wissen, woher die Nahrung stammt. Ironischerweise war es die Rückseite der Karte des Fish-and-Fish-Shops *The Seacow*, die mich auf Fische aufmerksam machte, die man nicht essen sollte. Überfischung bringt das Altersgefüge einer Fischgemeinschaft aus dem Gleichgewicht und beeinträchtigt ihre Reproduktionsfähigkeit, oder aber sie dezimiert die Biomasse bis zu dem Punkt, an dem die Bestände einbrechen, ohne Chance sich wieder zu erholen. Die Überfischung junger Fische, die sich noch nicht fortgepflanzt haben, nennt man *growth overfishing*, sie betrifft vor allem Bodenfische wie Kabeljau, der erst nach vier bis fünf Jahren geschlechtsreif ist. In der Nordsee gibt es praktisch keinen Kabeljau, der älter als vier Jahre ist. Die Überfischung großer, geschlechtsreifer Fische nennt man *recruitment overfishing*, ein Problem vor allem bei pelagisch lebenden Fischen wie Heringe oder Sardellen. Laut FAO, der Organisation für Ernährung und Landwirtschaft der Vereinten Nationen, sind 80 Prozent der

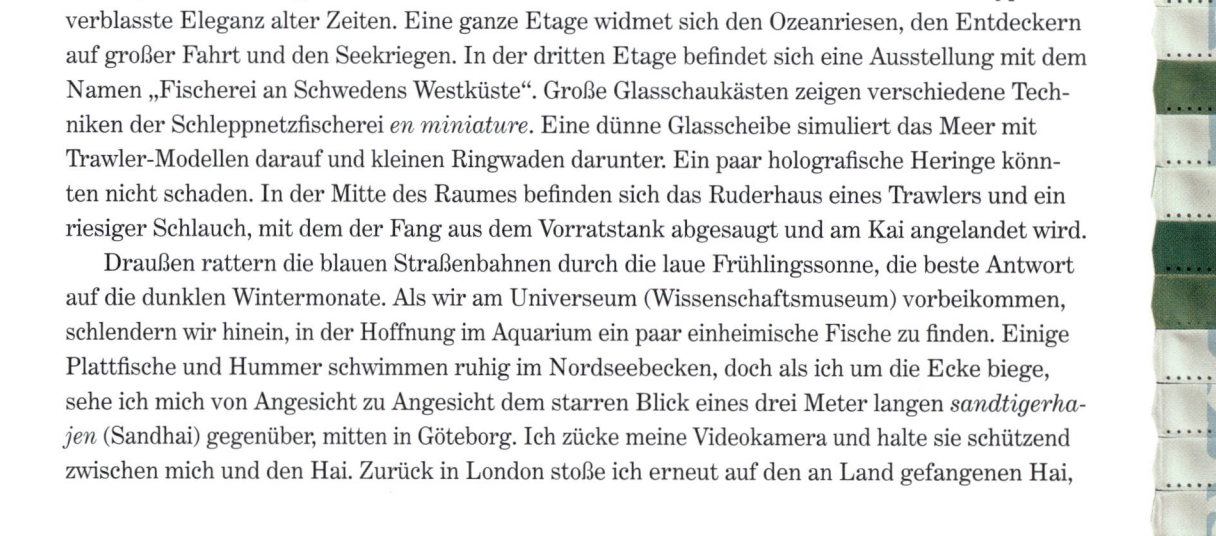

weltweiten Fischbestände überfischt. Verursacht durch das Zusammenwirken von industrieller Fischerei und Politik kommen noch zwei weitere Übel erschwerend hinzu: Beifang und Ausschuss. Beifang ist das, was bei der Befischung einer Zielart noch alles im Netz landet. Viele Fischereivorschriften ermutigen geradezu zu dieser unsinnigen Praxis, ja belohnen sie sogar. Ein Teil des Beifangs wird angelandet, sofern er marktfähig ist, das meiste wird jedoch tot zurück ins Meer geworfen. Neben den Nichtzielarten verenden auch Meeresschildkröten, Haie, Seevögel, Korallen und Meeressäuger als Beifang in den Netzen. Auch aus ökonomischen oder gesetzlichen Gründen wird Fisch auf dem Meer wieder entsorgt, vor allem in gemischten Bodenfischereien, die mehrere Arten befischen. Wann und warum das geschieht, ist sehr kompliziert und variiert je nach Fangmethode. Der Fisch übersteigt die Fangquote, ist Beifang oder bringt auf dem Markt nichts ein, also über Bord damit. Viele Quoten betreffen die zulässige Gesamtmenge einer Art an einem Tag – eine unsinnige Regelung, denn wer auf der ersten Fahrt mehr fängt, muss den Überschuss wegwerfen. Ist die Ausbeute zu gering, um Ertrag auf dem Markt zu bringen, wird sie ebenfalls über Bord geworfen, um die Netze lieber für einen profitableren Fisch erneut auszubringen und das Maximum aus den zulässigen Tagen auf See, dem Treibstoff und den gezahlten Löhnen herauszuholen. Einige Garnelenfischereien, die für ein Kilo Garnelen zehn Kilo Beifang produzieren, der wieder ins Meer geworfen wird, sind berüchtigt für diese Art der Verschwendung. Die Statistiken sind erschütternd und manchmal auch widersprüchlich. Laut FAO werden acht Prozent des weltweiten Fangs weggeworfen, während eine Studie des WWF kürzlich zu dem Ergebnis kam, dass sich der „Beifang als Fang, der entweder nicht genutzt oder nicht verwaltet wird", weltweit sogar auf 40 Prozent beläuft. Während diese Fakten in mein Bewusstsein dringen, wird mir ganz schwindelig. Doch wir Verbraucher können dazu beitragen, diesen Prozess umzukehren, ohne auf Fisch verzichten zu müssen. Es gibt immer löbliche Ausnahmen – in Island arbeiten ganze Fischereien nach dem Prinzip: alles wird angelandet, Fisch über Bord zu werfen, ist verboten. Das sollte Schule machen.

Als wir durch die Türen hinaustreten, kommt es uns fast warm vor, dabei ist es ein wirklich kalter Morgen. Später fahren wir mit der Straßenbahn zum Sjöfartsmuseet, dem Seefahrtsmuseum, das neben der Seefahrerkirche mit Blick auf den Hafen, den Fischmarkt und einige Wohnblocks mit Kupferdächern liegt. Innen erinnert das Museum an die für viele städtische Museen typische verblasste Eleganz alter Zeiten. Eine ganze Etage widmet sich den Ozeanriesen, den Entdeckern auf großer Fahrt und den Seekriegen. In der dritten Etage befindet sich eine Ausstellung mit dem Namen „Fischerei an Schwedens Westküste". Große Glasschaukästen zeigen verschiedene Techniken der Schleppnetzfischerei *en miniature*. Eine dünne Glasscheibe simuliert das Meer mit Trawler-Modellen darauf und kleinen Ringwaden darunter. Ein paar holografische Heringe könnten nicht schaden. In der Mitte des Raumes befinden sich das Ruderhaus eines Trawlers und ein riesiger Schlauch, mit dem der Fang aus dem Vorratstank abgesaugt und am Kai angelandet wird.

Draußen rattern die blauen Straßenbahnen durch die laue Frühlingssonne, die beste Antwort auf die dunklen Wintermonate. Als wir am Universeum (Wissenschaftsmuseum) vorbeikommen, schlendern wir hinein, in der Hoffnung im Aquarium ein paar einheimische Fische zu finden. Einige Plattfische und Hummer schwimmen ruhig im Nordseebecken, doch als ich um die Ecke biege, sehe ich mich von Angesicht zu Angesicht dem starren Blick eines drei Meter langen *sandtigerhajen* (Sandhai) gegenüber, mitten in Göteborg. Ich zücke meine Videokamera und halte sie schützend zwischen mich und den Hai. Zurück in London stoße ich erneut auf den an Land gefangenen Hai,

SMÖGEN

LEKSAKSBODEN

SMÖGENS FISKAUKTION

Köpare 53141   03/04/2007
LL425   08:04   6 Lot: 4.001

SM-ERNSTS

Kokräkor 141-160 st/
< Må   2   30   KG

KUNGSHAMN
HUNNEBOSTRAND
BOVALLSTRAND

dank der Oceantank-Webcam des Universeum kann ich ihn live erleben. Selbst verpixelt wirkt er auf meinem Bildschirm noch bedrohlich. Der Hai heißt übrigens Herman.

In den Orten entlang der Küste besuchten wir so viele Supermärkte und Läden wie möglich und durchstöberten das Fischsortiment, ob frisch oder in Dosen. Vor der Abreise durchforsten wir Andies und Viktorias Kühlschrank nach den Unmengen von Fisch, die ich darin gebunkert habe, darunter hübsche rosa Dosen mit Sprotten, Hering, eine geräucherte Makrele und einen heiß geräucherten Lachs. Auch zwei kostbare Dosen silberner russischer Fisch von Viktoria sind dabei. Es gibt also viel auszuprobieren in unserer Küche zu Hause.

Beim Start und bei der Landung auf küstennahen Flughäfen bieten mir Jeff und Hannah neuerdings immer den Fensterplatz an. Ich halte die Kamera im Anschlag. Der Blick aus dem Flugzeug erfasst die gesamte Schärenküste und den Fiskhamn sieht man auch. Die schroffe Granitküste im Norden von Göteborg scheint ein Echo der granitenen Farben der schottischen Küste auf der anderen Seite der Nordsee.

Während ich über das komplizierte Thema der Nachhaltigkeit nachgrüble, frage ich mich, ob meine neu entdeckte Liebe zu Seafood nicht vierzig Jahre zu spät kommt. Ich erinnere mich, dass auf der Karte des Seacow auch einige Fische aufgelistet waren, die man bedenkenlos essen kann, Arten, die innerhalb „sicherer biologischer Grenzen" gefischt werden. Es wird eine tiefe Schneise in meine Fischkochbücher schneiden. Ich mache Anmerkungen in Alan Davidsons Bestimmungsbüchern, notiere nicht nur, was ich gegessen habe, sondern auch, was ich nicht essen sollte und warum. Dann kreise ich neue Fische für künftige Ermittlungen ein.

WIR SIND MIT EINEM SET SCHARFER FILETIER-
MESSER AUS DEM GÖTEBORGER ABHOLMARKT
ZURÜCKGEKEHRT, HABEN EINIGE NEUE KÜCHEN-
TECHNIKEN GELERNT, DARUNTER WIE MAN
FRISCHEN FISCH ERKENNT. SCHWEDEN TEILT
SICH DIE NORDSEE MIT VIELEN NATIONEN,
DARUNTER SCHOTTLAND, WO MEINE FRAU JEFF
GEBOREN IST. WIE SIE WOHL IN ABERDEEN
FISCH ZUBEREITEN?

DANN SEID IHR ALSO WEGEN DEM FISCH HIER?

ABERDEENSHIRE, SCHOTTLAND

DER 57. BREITENGRAD
VERLÄUFT VON SCHWEDEN
ÜBER DIE NORDSEE, WO ER
AUF DIE SCHROFFE KÜSTE
VON ABERDEENSHIRE TRIFFT.
ORTE UND LANDSCHAFTEN,
GEFORMT VOM MEER UND
VON DER FISCHEREI.

AUF EINER WEIT IN DIE RAUE NORDSEE RAGENDEN, WINDGEPEITSCHTEN HALBINSEL LIEGT AUF EINEM UNGESCHÜTZTEN HÜGEL DAS BAUERNHAUS DER FAMILIE MEINER FRAU. DIE ALTEN GÄLEN BEZEICHNETEN DIESE GEGEND ALS „DAS LAND AN DER BIEGUNG ZUM MEER". ICH DACHTE, ICH WÜRDE ABERDEENSHIRE KENNEN, BIS ICH AUF MEINEN FISCHTELLER BLICKTE UND DAS MEER SAH.

AN BORD DES
ABERDEEN FISH

Die Art der Anreise entscheidet über den ersten Eindruck, den man von einer Stadt gewinnt. Er rahmt den Moment und den Ort wie die szenische Bildfolge zu Beginn eines Films. Nach Aberdeen, einer von Granitbauten geprägten Stadt im Nordosten Schottlands, reist man am besten mit dem Nachtzug von London Euston, dem Caledonian Sleeper, der den dunklen Bahnhof um 21:15 Uhr verlässt. Die Bahnfahrt erspart mir die Shopping-Mall-Hölle der Flughäfen und zudem bringen Züge die Menschen direkt ins Herz einer Stadt. Während Jeff, Hannah und ich im Sleeper nordwärts donnern, folgen wir der entgegengesetzten Richtung des *Aberdeen Fish*, der bis in die 1960er frischen Fisch von Schottland nach London transportierte, ein langer, stinkender Güterzug, der die Gleise mit kaltem, tranigem Wasser besprengte, das aus den mit Kabeljau, Makrelen, Schellfisch und Eis gefüllten Kisten tropfte.

Bei früheren Aufenthalten in Schottland hat der familiäre Bezug zur Landwirtschaft mein Bild von Aberdeenshire, seinen sanft geschwungenen Hügeln, den Steinmauern entlang der Straßen und seiner Gastronomie bestimmt. Eine Landschaft, die ich gut zu kennen glaubte, erscheint mir nun fremd und verschwommen. Ich muss halb blind gewesen sein, um nicht zu bemerken, wie nachhaltig das Meer und die Fischerei Land und Leute geprägt haben. Skandinavien und Schottland erlebten parallele Phasen der wirtschaftlichen Entwicklung. Auf beiden Seiten der Nordsee wurde 1969 im Abstand von nur einem Monat Öl und Erdgas entdeckt. Hier wie dort wurde von 1788 bis 1893 Walfang betrieben, ab 1896 dann die Heringsfischerei, die 1960 in Folge der Überfischung zusammenbrach. Heute fischen die Fangflotten nach anderen Konsumfischen und Garnelen.

Ein energisches Klopfen an der Tür unseres Zweibettabteils reißt uns aus dem Schlaf. Nach einem Frühstück aus Tee und Shortbread lasse ich den Rollladen hoch und blicke über die Nordsee in einen verschwommenen, blauen Horizont. Satte grüne Wiesen fallen zur Küste ab, darunter gähnen schroffe Klippen und schmale Buchten mit tückischen Felsen, gegen die schäumend die Brecher krachen. Der Morgen dämmert noch, als die bleierne See allmählich dem silbergrauen Granit Aberdeens weicht. Wir stolpern verschlafen auf den leeren Bahnsteig. Jeff und Hannah beeilen sich, den Bus Richtung Norden nach Buchan zum elterlichen Hof zu kriegen, ich bleibe zurück. Im Schlaf zu reisen und sich bei Tagesanbruch zwei Minuten von einem Hafen und Fischmarkt entfernt wiederzufinden, ist vielversprechend. So überwiegt die Abenteuerlust, als ich mich auf den Weg mache, mit einem Freund auf einem kleinen Boot zum Fischen hinauszufahren.

Es ist bitterkalt an diesem frühen Morgen. Riesige Öl- und Gasversorger liegen ruhig im tiefen Wasser des Upper Dock vertäut. Ihre bunten Aufbauten und Fernmeldemasten verschmelzen mit den Sandsteinspitzen der St Andrew's Episcopal Cathedral und der Kirchturmspitze von The Toon Hoose mit ihren Granittürmchen in der Union Street. Der Anblick wäre vor hundert Jahren kein anderer gewesen, abgesehen vom dichten Mastenwald der Segelschiffe. Aberdeen hat keinen Markt, der mit der Pescheria in Venedig oder der Feskekôrka in Göteborg vergleichbar wäre – um herauszufinden, was auf dieser Seite der Nordsee gefangen wird, muss ich mich woanders umsehen. Ich stemme mich gegen den kalten Wind, der vom Hafen die verlassene Market Street hinaufweht. Auf dem Parkplatz des Fischmarkts am Palmerston Quay stehen ein paar orangefarbene Lkws. Das Innere der Auktionshalle kenne ich von alten Postkarten, auf denen über den gesamten Boden verteilt Unmengen Heilbutt und riesige Kabeljaus abgebildet sind. Die historischen Bilder dokumentieren auch die Entwicklung vom Segelboot über das Dampfschiff bis zum

Dieselantrieb. Die *Sir William Hardy* nahm 1955 in Aberdeen als erster dieselelektrisch ange-
triebener Kühltrawler des Vereinigten Königreichs ihren Dienst auf; später, als sie in den Besitz
von Greenpeace gelangte, wurde das Schiff *Rainbow Warrior* umbenannt. Jahrelang bin ich
durch das Hafenviertel dieser Stadt gefahren, nichts ahnend, was dahinter liegt. Eine Fischerei-
zone beherrscht die grauen Straßen. Fish Wharf und Fish Market wurden 1888 am Albert Basin
im Herzen Aberdeens errichtet, als die Stadt noch ganz im Zeichen der Fischerei stand. Noch
1925 lebte ein Viertel der Einwohner Aberdeens vom Fischhandel. Heute haben sich rund um den
Hafen diverse Zweiggewerbe angesiedelt.

Mein Mobiltelefon reißt mich aus meinen Gedanken. Es ist mein Freund Andrew Ruck, der
mit Tochter Sarah und ihrem dänischen Freund Tommy gerade auf dem Parkplatz des Fischmarkts eintrifft. Andrew hat für einen Tag ein Boot samt Angelausrüstung und Skipper gemietet.
In Stonehaven angekommen, suchen wir den kleinen, geschützten Hafen ab. Unser Boot ist an
einem Bündel Angelruten und einem winkenden Mann zu erkennen, Ian Watson, unser Skipper
an diesem Tag.

Als wir den schützenden Hafen verlassen, trifft uns die ganze Wucht der Nordsee. Es ist
beeindruckend, diese fantastische, wilde Küste – Fischer nennen sie auch *the Knuckle* (der
Knöchel) – vom Meer aus zu sehen. Von hier erinnert das Land an eine mit spitzen Zinnen
bewehrte Festungsmauer aus dem Mittelalter. Weiter südlich, hinter Catterline, bestaunen wir
neben der spektakulären Landschaft auch die faszinierende Vogelwelt. Wie Torpedos der Lüfte
schießen Papageitaucher über uns hinweg.

Wir bleiben innerhalb der Sechsmeilenzone, in der die regionalen Fischereibestimmungen
gelten. Hinzu kommen nationale und europäische Regelungen zu Fangmethoden und Mindest-
fanggrößen. Außerhalb der Sechsmeilenzone greift die berüchtigte Gemeinsame Fischereipolitik
der EU. Absurderweise hat jedes Mitgliedsland Zugang zu den Gewässern der anderen, was zu
erheblichen Spannungen führt. Der Schutz der Bestände wird über zulässige Gesamtmengen und
Quoten geregelt, die mithilfe der vom Internationalen Rat für Meeresforschung (ICES) ermittel-
ten Daten mit dem Ziel festgelegt werden, die Fangmengen auf ein biologisch vertretbares Maß
zu begrenzen. Droht einer Art der Kollaps, empfiehlt der Rat die Schließung von Fischereien,
selbst wenn es sich um Beifang handelt. Politiker aller Nationen ignorieren die Empfehlungen in
aller Regel, nutzen sie vielmehr als Verhandlungsmasse zur Durchsetzung anderer Ziele, das
Nachsehen haben Verbraucher und Fischer. Wann immer Fischereiminister die Empfehlungen
des ICES als zu hoch einschätzten, gab es bezeichnenderweise nicht mal annähernd so viel Fisch,
wie die Quoten glauben machten.

Ian schaltet den Motor aus und wir erreichen unser erstes Fanggebiet. Die Nordsee ist heute milde gestimmt wie das Mittelmeer und der Himmel ist klar. Mit Angeln auf See habe ich immer Einfachhaken mit Köder, komplizierte Spulen, verwickelte Wurftechniken und eimerweise Fischabfälle verbunden – dabei ist alles ganz einfach. Ian reicht uns lange Ruten mit großen Spulen. Die Leine ist mit drei großen Haken mit Federn daran bestückt, die mit einem Bleigewicht beschwert sind. Selbst in einem relativ flachen Meer wie diesem macht es einen großen Unterschied, ob man pelagisch lebende Fische oder Bodenfische angelt. Andrews Leine zuckt und schnellt dann davon. Als er sie einholt, landet eine quirlig zappelnde silbrigblaue Makrele an Bord. Allein am Ziehen und Zupfen erkennt Andrew, was für einen Fisch er am Haken hat. Als Nächstes fängt er einen stattlichen Kabeljau, den ersten frisch geangelten, den ich je gesehen habe, ein Prachtexemplar. Da Kabeljau mit jeder Stunde verliert, die er nicht mehr im Wasser schwimmt, würde ich ihn am liebsten auf der Stelle zubereiten. Auf norwegischen Märkten wird sogar lebender Kabeljau angeboten, so kommen die Norweger noch in den Genuss jenes buttrigen, blättrigen Fleischs, das nur der ganz frische Fisch liefert. Schließlich fange ich drei Makrelen auf einmal. Die schimmernden Fische aus der Tiefe zappelnd emporschnellen zu sehen, ist eine Freude. Plötzlich begreife ich die Faszination des Angelns, vor allem wenn am Land ein Holzkohlegrill wartet. Makrelen sind schnell wachsende Fische, pflanzen sich früh fort und stehen auf kaum einer Einkaufsliste ganz oben, daher sind sie durch Überfischung nicht so gefährdet. Nach ein paar Stunden haben wir einen Eimer Makrelen und einige Kabeljaus zusammen und wir kehren in den Hafen zurück. Das Licht hat sich verändert, silbrig schimmernd hebt sich das Meer gegen die schwarzen Klippen ab, auf denen die weißen Tupfer nistender Vögel zu sehen sind. Im Lokalblatt *The Press and Journal* wird täglich der auf den Märkten von Aberdeen und Peterhead angelandete Fang verzeichnet. Ob irgendwo auch der von Freizeitanglern gefangene Fisch verbucht wird?

Ein Eimer fangfrischer Fische vermittelt eindrucksvoll, was Frische wirklich bedeutet – festes, muskulöses Fleisch, pralle, klare Augen, sauberer Geruch – ein Lehrstück in Seafood-Kunde. Bevor ich den Grill anwerfe, gönne ich mir ein Makrelen-Sashimi, denn hier stehen Qualität und Frische außer Frage. Filetieren ist immer ein wenig verschwenderisch, doch mundgerechte Makrelenhäppchen mit einem Sojadip sind es allemal wert. Das Fleisch ist delikat und saftig. Die restlichen Makrelen grillen wir mit Kräutern. Ein ganzer Kabeljau wird in Folie eingeschlagen und in der Glut gegart. Ich habe selten so guten Fisch gegessen. Ich fühle mich an den heiß geräucherten Lachs in Schweden erinnert, der stündlich anders schmeckte, erst süßlich, saftig und rauchig, dann, je mehr sich die rauchige Note verlor, immer delikater.

DREIERLEI FISCHAUFLAUF

Dieses herzhafte Wintergericht erinnert an eine gestürzte Kartoffel-Fisch-Pie, eine Mahlzeit, die sich mit jedem weißfleischigen oder geräucherten Fisch zubereiten lässt.

FÜR 3 PERSONEN

175 g Lauch, in feine Streifen geschnitten

700 g Kartoffeln, in 1 cm dicke Scheiben geschnitten

1 Lorbeerblatt

3 Frühlingszwiebeln, gehackt

Salz und Pfeffer

300 ml Milch

200 g Schellfischfilet ohne Haut

200 g Lachsfilet ohne Haut

100 g geräucherter Schellfisch

1 Handvoll Schnittlauchröllchen

1 Handvoll fein gehackte glatte Petersilie

Den Ofen auf 220 °C vorheizen.

Den Lauch, die Kartoffeln, das Lorbeerblatt und die Frühlingszwiebeln in einer Auflaufform verteilen und mit Salz und Pfeffer würzen. Die Milch und etwa 100 Milliliter Wasser zugießen, sodass das Gemüse eben bedeckt ist. Im Ofen 30 Minuten backen, bis es gebräunt ist.

Sämtlichen Fisch in mundgerechte Stücke schneiden.

Die Form aus dem Ofen nehmen. Einige der Kartoffeln zerdrücken und unter das Gemüse mengen.

Die Fischstücke nebeneinander auf dem Gemüse verteilen und mit Schnittlauch und Petersilie bestreuen; bei Bedarf noch etwas Milch zugießen. Den Auflauf wieder in den Ofen schieben und weitere 10–15 Minuten backen, bis der Fisch auf den Punkt durchgegart ist. Die Sauce sollte zwischen den Fischstücken aufkochen.

SCHELLFISCH

ENGLISCH, GÄLISCH: *Haddock, adag, attac, haddie, luckenar, nockie, Peterfish, pipe, poot, pout, rawn und roan*
GROSSE FISCHE (ENGL.): *Jumbo, gibber*
MITTELGROSSE FISCHE (ENGL.): *Kit*
KLEINE FISCHE (ENGL.): *Calfie, chat, danny, norrie, pinger, powie, tiddley*
SEHR KLEINE FISCHE (ENGL.): *Ping pong, seed*
ART: *Melanogrammus aeglefinus (Linnaeus, 1758)*
FAMILIE: *Gadidae (Dorsche)*

SCHELLFISCH WRAP

Als frisch gebackener Fischkonvertit habe ich das Problem, dass meine Kochbuchsammlung noch nicht viel zum Thema hergibt. Freunde haben mir ein Buch von George Lassalle empfohlen. Er wickelt einen ganzen Fisch – Dorade, Schellfisch oder Dorsch – in Speck ein. Ich habe frische Schellfischfilets von einem Trawler in Peterhead, also improvisiere ich. Ich staple die Filets übereinander und wickle sie in ungeräucherten Rückenspeck, auf den ich noch ein bisschen Butter gebe. Das Ergebnis ist ungemein saftig. In Venedig würde ich zu *prosciutto* greifen oder ein Stückchen *pancetta* hineinschmuggeln.

FÜR 4 PERSONEN

SCHELLFISCH
SIEHE SEITE 82

4 kleine Schellfischfilets ohne Haut
8 Butterflöckchen, plus Butter für
   die Form

12 Scheiben ungeräucherter Speck
Schwarzer Pfeffer

Den Ofen auf 220 °C vorheizen.

Die Filets in 5 x 15 x 3 Zentimeter große Stücke schneiden. Eine ofenfeste Form ausbuttern. Drei Speckscheiben leicht überlappend nebeneinanderlegen und ein Filet quer darauf platzieren. Ein Butterflöckchen auf das Filet legen, mit einem Filet bedecken und erneut buttern; mit Pfeffer würzen. Den Speck über die Filets schlagen und diese vollständig darin einwickeln. Die restlichen Filets ebenso vorbereiten.

Die Fisch-Wraps in die gebutterte Form legen und 20 Minuten im Ofen backen. Dazu passen neue Kartoffeln und Spinat oder Erbsen.

Commercial Quay

Albert Quay

KIPPER MIT GEGRILLTEM MAIS

HERING
SIEHE SEITE 60 UND 93

KIPPER
Kipper ist ein vom Schwanz zum Kopf gespaltener, aufgeklappter Hering, der zunächst gesalzen oder eingelegt und dann kalt geräuchert wird. Ein ähnliches Produkt auf dem deutschen Markt ist der Bückling, der jedoch heiß geräuchert wird.

Statt die Küche zu vernebeln, erfüllt das rauchige Aroma den Garten und zudem werden die Gräten auf dem Grill so weich, dass man sie mitessen kann.
FÜR 3 PERSONEN

3 Maiskolben, längs halbiert
3 Kipper oder Bücklinge

Den Mais in kochendem Wasser 5 Minuten garen, abtropfen lassen und warm stellen.

Sobald der Grill ausreichend vorgeglüht ist, die Maiskolben auflegen; sie benötigen länger als der Fisch.

Die Kipper bei mittlerer Hitze von jeder Seite etwa 3 Minuten grillen.

KIPPER-MOUSSE

2 ungefärbte Kipper oder Bücklinge
2 TL Butter
½ TL Paprikapulver
1 TL geriebener Meerrettich

150 g Doppelrahmfrischkäse
Saft von 1 Zitrone
Frisch gemahlener schwarzer Pfeffer

Den Backofengrill vorheizen. Die Kipper mit Butter einreiben und mit der Haut nach oben 1 Minute grillen. Umdrehen und weitere 4–5 Minuten grillen.

Oder, wenn Sie sich den Fischgeruch in der Küche ersparen wollen, probieren Sie Folgendes: Die Kipper von den Köpfen befreien, zusammenklappen und in einen großen Krug stecken. Mit kochendem Wasser auffüllen, verschließen und etwa 6 Minuten ziehen lassen. Den Fisch abgießen und abtrocknen.

Nach dem Grillen oder Einweichen vorsichtig mit den Fingern die Haut abziehen und sorgfältig die Gräten entfernen. Das Kipper-Fleisch mit dem Paprikapulver, dem Meerrettich, dem Frischkäse, dem Zitronensaft und etwas Pfeffer im Mixer zu einer groben Paste zermahlen.

Die Kipper-Mousse kalt stellen und auf warmem Buttertoast genießen.

POTTED KIPPER

Den Kipper wie oben beschrieben grillen oder einweichen und Haut und Gräten entfernen. Das Fleisch mit dem Saft einer Zitrone und etwas Cayennepfeffer pürieren, in ein kleines Gefäß füllen, einige Kapern darübergeben und mit zerlassener Butter bedecken. Kalt stellen. Auf warmem Buttertoast genießen.

LACHS-PUDDING

Es ist Weihnachten und die Supermärkte sind fast leer geräumt. Ich habe die Wahl zwischen Zuchtlachs oder MSC-zertifiziertem tiefgekühltem Alaska-Wildlachs. Ich entscheide mich für das Tiefkühlregal. Zu Hause haben wir noch ein paar Eismeergarnelen im Kühlschrank. Dieses Gericht basiert auf einem Rezept von Eliza Acton aus dem 19. Jahrhundert – gute alte schottische Küche.

FÜR 3 PERSONEN

400 g Lachsfilet

100 g Semmelbrösel

4 EL Sahne

3 Eier, verquirlt

Salz und Pfeffer

½ TL Paprikapulver

Butter für die Form

200 g gegarte, geschälte Eismeergarnelen

Den Lachs in so wenig Wasser wie möglich etwa 5 Minuten pochieren, sodass er nicht ganz durchgegart ist. Abkühlen lassen.

Den pochierten Lachs zerpflücken und in einer Schüssel mit den Bröseln, der Sahne, den Eiern sowie Salz, Pfeffer und Paprikapulver gründlich vermengen. 30 Minuten kalt stellen.

Den Ofen auf 200 °C vorheizen.

Eine ofenfeste Form leicht ausbuttern und den Boden mit einer Schicht Garnelen bedecken. Die Lachsmasse einfüllen und sorgfältig in die Form pressen. Überschüssige Garnelen in die Masse drücken.

Den Lachspudding 30 Minuten im Ofen backen und heiß oder kalt mit einem Salat genießen.

Abwandlung

Für einen etwas fischlastigeren, weniger festen Pudding verwenden Sie weniger Brösel, nur zwei Eier und lassen die Sahne ganz weg. Statt Garnelen können Sie auch grünen Spargel nehmen.

ATLANTISCHER LACHS
ENGLISCH: *Atlantic salmon, black salmon, grilse, kelt, parr, sea salmon*
Art: *Salmo salar (Linnaeus, 1758)*
FAMILIE: *Salmonidae (Lachsfische)*

Parr: Junglachs vor dem Verlassen des Süßwassers.
Smolt (Sälmling): Junglachs auf dem Weg ins Meer.
Sommerlachs (Grilse): Lachs, der nach einjährigem Aufenthalt im Meer nach dem Winter an seinen Geburtsort ins Süßwasser zurückkehrt.
Kelt: Lachs nach dem Ablaichen.

Biozuchtlachs ist eine gute Alternative zu Wildlachs, solange Zuchtfarmen die Quellen offenlegen, aus denen sie ihr Fischfutter beziehen. Im Gegensatz zum orangeroten Fleisch von Wildlachs fällt Zuchtlachs deutlich blasser aus. Um den Unterschied auszugleichen, wird dem Futter oft Farbstoff beigemengt. Bei Zuchtlachs halte ich nach ungefärbter Bioware von heller Tönung Ausschau; auch geräucherten Schellfisch kaufe ich nur, wenn er nicht gelb eingefärbt ist.

FISCHERORTE

Der Hof der Familie liegt nur etwa acht Meilen von den Wellenbrechern der Nordsee entfernt. Die Küste beschreibt dort nordwärts einen Bogen und ist mit kleinen Dörfern gesäumt. Heute fahren wir nach Macduff und hoffen, dass im Hafen schottische Trawler liegen. Wie eine träge Natter, die sich im Schilfrohr versteckt, schlängelt sich der Ythan in seinem Flussbett. Häuser ducken sich im Wind – Ohrenklappen runter, Mantelkragen hoch. Gelegentlich trotzen vereinzelte Baumgruppen auf einem ungeschützten Hügel wacker dem nie nachlassenden Wind. Und dann ist plötzlich das Meer da. Als wir den steilen Hügel hinunter nach Macduff fahren, erhebt sich vor uns wie eine gigantische Flutwelle der Horizont. Ein hübscher Ort und vom Meer aus bestimmt schwer auszumachen. Im Schutz der Hafenmauer liegt eine kleine Trawlerflotte. Die Konstruktion der mit Körben, Ringwaden oder Schleppnetzen ausgerüsteten Boote ist auf einen einzigen Zweck ausgerichtet – auch extremsten Bedingungen standzuhalten. In der Abteilung für Kombüsenbedarf des Hafenladens werde ich schwach und kaufe eine ovale Edelstahlkelle. Hinter der Werft und der Seenotrettungsstation stoßen wir auf Fischernetze, mit Kalkresten und Muscheln überkrustete Bojen, rostende Scherbretter und das alte Ruderhaus eines ausgemusterten Trawlers.

Am Rande des Hafens liegt gleich einer riesigen Muschelschale das Macduff Marine Aquarium. Doppeltüren halten wie eine Schleuse die Wärme zurück. Wir gehen hinein. Sämtliche lebende Exponate stammen aus dem Moray Firth, dem Meeresarm, der gleich draußen hinter dem Fenster beginnt. In dem Touchpool („Streichelbecken") nur eine Armlänge entfernt wimmelt es von Schellfischen, Lengs, Knurrhähnen und Meerbarben. Der Schellfisch schimmert in zarten Lila- und Blautönen, die roten Knurrhähne erinnern an Miniatur-U-Boote im Art-Déco-Look, ihre Flossen wirken wie angeschnallt. Der Reichtum an Farben und Schattierungen der Fische ist beeindruckend. In der Mitte des runden Gebäudes befindet sich ein rundes, offenes Becken, das mit Meerwasser gespeist wird. Hunderte von Fischen, darunter stattliche Kabeljaus, schwimmen durch den sich wiegenden Seetang. Schellfisch ist leicht an dem schwarzen Punkt über der Brustflosse zu erkennen, der Legende nach Petrus Daumenabdruck. Hannah kauft gerade etwas im Laden, als ich neben der Kasse ein Schild mit der Aufschrift FISCHPREISE entdecke. Ich frage mich, was das zu bedeuten hat, sind es die aktuellen Preise für Fisch auf dem Markt in Peterhead? Nein, es sind die Gebühren für die Übernahme einer Patenschaft. Wir entscheiden uns für die Adoption einer Schellfischfamilie im Hafenbecken und erhalten von nun an den *Strandgut-Newsletter.*

Jeff fragt zwei Maler, die gerade einen Ausstellungsraum streichen, wo es frischen Fisch zu kaufen gibt. Sie empfehlen den *Inshore Fish Supply* gegenüber vom Aquarium. Wir finden das lange weiße Gebäude mit Schornsteinanbau ohne Mühe. Massenweise geräucherter und frischer Fisch, der erst heute Morgen von einem Trawler aus Peterhead angelandet wurde. Schellfisch, Lachs und Krabben, dazu Miesmuscheln und Seewolf, der auch als Katfisch bekannt ist und angeblich das weißeste Fleisch aller Fische liefert. Stuart, der Besitzer, fragt uns, ob wir die Räucherkammer besichtigen möchten. Er öffnet eine der beiden Holztüren in der Wand. In der pechschwarzen Dunkelheit kommen Reihen weißer Schellfischfilets zum Vorschein, die wie gigantische Haizähne in einem klaffenden schwarzen Maul leuchten. Stuart entriegelt eine Leiter, lässt sie geschickt hinab und steigt den Rauchfang hinunter, um die Flammen zu ersticken. Dann verschließt er die Kammer wieder und hinterlässt eine schwelende Glut, in der über Nacht der Fisch geräuchert wird – ein alchemistischer Vorgang. Wir haben Appetit auf ein frühes Abendessen und erkundigen uns nach einem guten *Fish-and-chips*-Laden in der Gegend.

Bei *Chips'n'Things* kaufen wir vier Portionen Schellfisch, sorgsam verpackt in flachen, blauen Schachteln. Kaum aus dem Ort heraus, biegt Jeff in die erste Haltebucht mit Blick aufs Meer ein, wo wir uns die frischesten *fish and chips* schmecken lassen, die man sich vorstellen kann. Knuspriger Teig, saftiger, heißer Fisch und erstklassige Pommes.

Die Namen der Ortschaften entlang der Küste lesen sich wie eine Chronik früher Fischerei-siedlungen, von Cullen am Moray Firth bis nach Fraserburgh und weiter südlich über Peterhead nach Aberdeen. Manche Ortsnamen sind zum Synonym für ihre Fischspezialitäten geworden, wie *Arbroath smokies* (geräucherter Schellfisch), *Cullen skink* (Fischsuppe) und *Finnan haddie* (gebackener Schellfisch). Die Architektur in diesem Landstrich reflektiert das Klima. In Dörfern wie Cairnbulg und Inverallochy reihen sich Zeilen grauer, gedrungener Giebelhäuser, die der kalten Meeresbrise die Stirn bieten. Den am nächsten zum Wasser gelegenen Häusern oblag es, bei Sturm die Boote zwischen die Gebäude zu ziehen.

Ein weiterer Hafen, den wir besuchen, ist Peterhead, ein fast mystischer Ort und der öst-lichste Punkt Schottlands. So viele Daten und Fakten zum Thema Fisch stammen aus diesem kalten, feuchten und sturmgepeitschten Ort – im Volksmund „The Blue Toon" genannt. In Peterhead werden die europaweit größten Mengen an *whitefish* wie Kabeljau, Schellfisch, Wittling, Seehecht und Pollack angelandet. Hinter der Eisfabrik und der Werft liegt Keithinch, das historische Fischerviertel von Peterhead. Doch statt malerische Fischerhütten beherrschen heute gewaltige Gastanks das Straßenbild. Anders als in Keithinch gibt es in Fraserburgh das ursprüngliche Fischerdorf noch – Broadsea. Dort schrieb vor einem Jahrhundert Christian Watt, eine einfache Fischersfrau aus Fraserburgh, die Geschichte ihres außergewöhnlichen Lebens nieder – *The Christian Watt Papers*. Es war ein trauriges Leben, geprägt von Not und Elend, und ein Zeugnis für den Mut und die Tapferkeit der Aberdeener. Broadsea ist ein kleines, unscheinbares Dorf mit einfachen Steinhäusern. In den stillen Straßen auf die kalte Nordsee zu blicken, während in der Ferne ein paar Fischerboote vorüberziehen, ist ein bewegendes Erlebnis. Ich denke an Jean Cowie, ebenfalls eine Fischersfrau aus diesem Ort, die im Jahr 1800 gleich-zeitig ihren Sohn, ihren Mann und ihren Vater verlor, die in einem plötzlichen Sturm ertranken. Geht man an den vielen mit Brettern vernagelten Läden in Fraserburgh vorbei, wird einem bewusst, wie sehr sich die Lage für Fischereigemeinden mit jedem weiteren ausgemusterten Trawler zuspitzt. Ein unzureichendes Fischereimanagement hat nicht nur für Natur und Nah-rungsmittelindustrie gravierende Konsequenzen, im engen sozialen Gefüge von Küstengemeinden hat jedes ausrangierte Boot Folgen für ganze Familien und zahlreiche Betriebe – Netzmacher, Bootsbauer, Maler und fischverarbeitendes Gewerbe.

HERING IN HAFERMEHL

Hering wird hier schon seit Jahrhunderten gegessen und Hafermehl ist ebenfalls in der Esskultur eine feste Größe. Über die Bedeutung des Herings berichtet der Roman *The Silver Darling* von Neil M. Gunn, in dem die Geschichte eines schottischen Fischerdorfs nach den Highland Clearances im 18. Jahrhundert erzählt wird.

EIN TYPISCHES SOMMERGERICHT IM NORD-OSTEN SCHOTTLANDS. MAN KANN RUND UM DIE BRITISCHEN INSELN FAST DAS GANZE JAHR VON HAFEN ZU HAFEN DIE HERINGS-SAISON VERFOLGEN.

Das Kochbuch des *Herring Industry Board* (Fischereibehörde), das 1938 die Bevölkerung ermuntern sollte, mehr Hering zu essen, enthielt „Ein Rezept vom Buckingham Palace" für *Harengs Frits Sauce Moutarde*, gebratener Hering mit einer Senfsauce auf Béchamelbasis. Es verrät auch den Trick, wie man altes Hafermehl durch Rösten auffrischt.

FÜR 4 PERSONEN

100 g mittelfeines oder feines Hafermehl
Salz und Pfeffer
4 gespaltene Heringe

Schmalz oder Pflanzenöl
Gehackte Petersilie
Zitronenspalten

Das Hafermehl in eine große Schale geben und salzen und pfeffern. Die Heringe darin wenden, sodass sie rundherum gut bedeckt sind. Das Mehl fest andrücken.

Die Fische in etwas Schmalz oder Pflanzenöl von der Hautseite 4 Minuten braten, vorsichtig wenden und weitere 4 Minuten braten, bis sie von beiden Seiten gebräunt sind.

Man aß gebratene Heringe gewöhnlich mit einem Schuss Essig, ich empfehle, sie mit gehackter Petersilie und Zitronenspalten zu servieren. Dazu passt knusprig gebratener Speck zum Frühstück oder ein cremiges Kartoffelpüree zum Mittag.

HERING

SIEHE AUCH SEITE 60
ENGLISCH, GÄLISCH: *Filling, full, haflin, mat-full, mattie, nun, seadan, scattan, sgadan, spent, Tom-belly, wine drinkers*
Jungfisch: Shaltoo, shaldoo, shultoo, yaulin'
Weitere Bezeichnungen: Matjeshering (Jungfisch vor Erreichen der Laichreife), Vollhering (vor dem Ablaichen mit Milch und Rogen gefangener Fisch), Ihle, Leerhering (abgelaichter Fisch).
Art: Clupea harengus (Linnaeus)
Familie: Clupeidae (Heringe)

Noch ein paar weitere schottische Namen für den Hering: *Dunbar weddar* (gesalzener Hering), *Glasgow magistrate* (roter Hering), *Jubilee herring* (geräucherter Hering), *Mais* (fünfhundert Heringe), *Peeo* (großer Winterhering)

EINGELEGTER HERING

Zurück vom Markt mit ein paar Heringen in der Tasche hole ich Kochbücher hervor. Ich beginne mit Alan Davidsons *North Atlantic Seafood*, wo ich auf das Rezept für eingelegten Hering von Jimmy Fraser stoße. *The Grampian Cookbook* empfiehlt Lorbeerblätter, Nelken, Cidreessig und eine Prise Muskatnuss. Jimmys Version ist herber.

FÜR 6 PERSONEN

6 Heringsfilets, sorgfältig entgrätet

2 Lorbeerblätter

4 Gewürznelken

6 Pfefferkörner

1 große Prise geriebene Muskatnuss

1 kleine weiße Zwiebel, in feine Streifen geschnitten

150 ml Cidreessig

HERING
SIEHE SEITE 60 U. 93

MAKRELE
SIEHE SEITE 164

Den Ofen auf 190 °C vorheizen. Die Filets vom Schwanz zum Kopfende fest zusammenrollen und mit den Lorbeerblättern, den Nelken und den Pfefferkörnern in eine kleine, flache, ofenfeste Form legen. Mit Muskatnuss bestreuen und die Zwiebelstreifen darüber verteilen. Den Essig und etwa 150 Milliliter Wasser zugießen, sodass der Fisch bedeckt ist.

Den Hering 30 Minuten im Ofen garen. Abkühlen lassen und im Kühlschrank lagern.

Den Hering kalt auf Toast zusammen mit Räucherlachs auf Pumpernickel und geräucherter Makrelen-Mousse auf Hafermehl-Crackern servieren.

GERÄUCHERTE MAKRELEN-MOUSSE

FÜR 8 PERSONEN (1 GEHÄUFTER ESSLÖFFEL PRO PERSON)

300 g geräucherte Makrelenfilets

Saft von 1 Zitrone

150 g fettarmer Frischkäse

2 TL geriebener Meerrettich

Gemahlener schwarzer Pfeffer

Die Filets mit den Fingern sehr sorgfältig von Haut und allen Gräten befreien und in eine Schüssel legen.

Den Zitronensaft, den Frischkäse, den Meerrettich und etwas Pfeffer zugeben und alles mit einer Gabel zu einer Paste zerdrücken oder 30 Sekunden im Mixer pürieren.

Die Mousse kalt stellen und gekühlt servieren.

PFERDEMUSCHEL-SUPPE

Es ist ein ruhiger Sonntag in Peterhead, zwei Fischer sitzen neben der Winsch ihres Trawlers und flicken Netze. Neben dem Boot gerät das Meer in Aufruhr und Hannah sieht plötzlich ein großes, bärtiges Gesicht auftauchen, das einen Fisch mampft – ein grauer Seehund. Mit Geplätscher tauchen sechs weitere dieser schönen Tiere auf und räkeln sich, die Flossen über der Brust verschränkt, faul im Wasser. Die Fischer, die sie gefüttert haben, erzählen, dass Seehunde selten im Hafen zu sehen seien, diese waren dem Boot gefolgt. Zurück zu Hause ist diese Suppe an einem kalten Tag in Schottland genau das Richtige.

FÜR 3 PERSONEN

20 Miesmuscheln	*600 ml trockener Cidre*
1 Stange Staudensellerie, gehackt	*Salz und Pfeffer*
1 weiße Zwiebel, gehackt	*1 EL Butter (nach Belieben)*
½ Stange Lauch, gewürfelt	*1 EL Mehl (nach Belieben)*
2 EL Butter oder etwas Rapsöl	*Petersilie (nach Belieben)*
¼ TL geriebene Muskatnuss	*3 EL Sahne (nach Belieben)*

Die Muscheln gründlich waschen und abbürsten. Etwaige Bärte und Kalkablagerungen entfernen. Beschädigte oder geöffnete Muscheln, die sich bei Berührung nicht schließen, wegwerfen.

Sellerie, Zwiebel und Lauch in der Butter oder Öl weich dünsten. Die geriebene Muskatnuss unterrühren, dann die Muscheln, den Cidre und 200 Milliliter Wasser hinzufügen; salzen und pfeffern. Den Deckel auflegen, den Sud behutsam zum Kochen bringen und die Muscheln einige Minuten garen, bis sie sich geöffnet haben.

Die Muscheln mit einem Schaumlöffel herausheben und das Fleisch auslösen. Einige Muscheln für Garniturzwecke in der Schale lassen. Muscheln, die sich nicht geöffnet haben, wegwerfen.

Den Sud durch ein Sieb in eine Schüssel gießen.

Nun haben Sie die Wahl zwischen zwei Suppen. Sahne kann bei beiden zum Schluss zugegeben werden.

Rustikale Suppe: Den passierten Muschelsud erneut aufkochen. Die Hitze reduzieren, die Muscheln wieder hineingeben, eine Handvoll gehackte Petersilie unterrühren und servieren.

Samtsuppe: In einem Topf einen Esslöffel Butter zerlassen, einen Esslöffel Mehl zugeben und unter Rühren einige Minuten anschwitzen; mit etwa 250 Milliliter Muschelsud ablöschen und unter Rühren aufkochen. Den restlichen Sud zugießen, unter Rühren aufkochen und die Hitze reduzieren. Das Muschelfleisch hineingeben und die Suppe mit dem Stabmixer pürieren. Durch ein Sieb passieren und nach Belieben mit Sahne und gehackter Petersilie vollenden.

PFERDEMUSCHEL

ENGLISCH, GÄLISCH:
Northern horsemussel, clabach dubh, clabbie dubhs
Shetlands: Yaug
ART: *Modiolus modiolus*
(Linnaeus, 1758)
FAMILIE: *Mytilidae*
(Miesmuscheln)

Clabbie dubhs oder *clabdubh* bedeutet auf Gälisch großer, schwarzer Mund.

Laut Wissenschaftsmagazin *Science* bestehen die Byssusfäden von Miesmuscheln, auch Bärte genannt, teilweise aus Eisen, weshalb sich die Muscheln so hervorragend an Felsen oder Schiffsrümpfen festhalten können. Wissenschaftler arbeiten jetzt an einer synthetischen Version, einer innen weichen, elastischen und außen harten, aber dehnbaren Substanz. Anwendungsmöglichkeiten wären etwa Seile, Panzerwesten oder sogar Implantate.

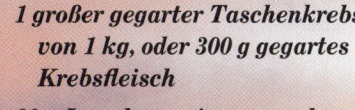

PARTEN BREE

Hier eine Spezialität aus Schottlands Nordosten. *Parten* ist Gälisch und bedeutet Krabbe und *bree* ist Doric, ein in Aberdeenshire gesprochener Dialekt, für Suppe bzw. Sud. Die Suppe wird nach Belieben mit *anchovy essence*, einem pinkfarbenen Sardellenextrakt abgeschmeckt. Sie lönnen die Suppe mit Fischfond noch verlängern.

FÜR 5–8 PERSONEN ALS VORSPEISE

1 großer gegarter Taschenkrebs von 1 kg, oder 300 g gegartes Krebsfleisch

80 g Langkornreis, gewaschen

600 ml Milch

600 ml Fischfond oder 700 ml Wasser

Salz und weißer Pfeffer

½ TL anchovy essence (Sardellenextrakt; nach Belieben)

200 ml Sahne (nach Belieben)

Schnittlauchröllchen oder gehackte Petersilie

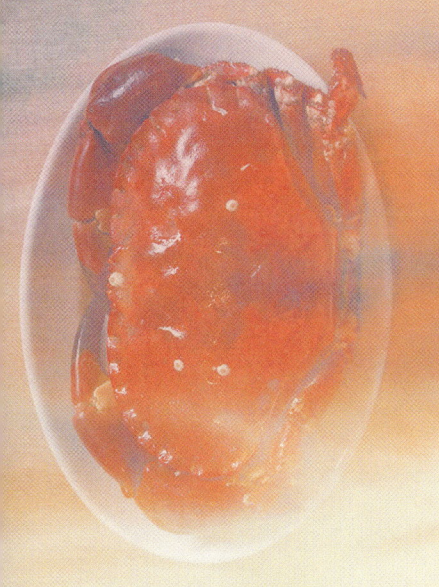

Wenn Sie einen ganzen gegarten Taschenkrebs haben, die Beine und Scheren abdrehen, mit einer Zange und einem Hammer aufbrechen und das Fleisch auslösen. Die Schalen beiseitelegen. Das weiße Fleisch in eine Schale legen. Den Körperpanzer auf den Rücken legen und an der Unterseite aufbrechen. Die weichen grauen Kiemen, den Magensack und die harten Knorpel entfernen und wegwerfen. Mit einem Löffel das braune Fleisch herauslösen. Sämtliche Schalen mit einem Hammer zerkleinern, in einen Topf geben, mit 700 Milliliter Wasser bedecken und zugedeckt 30 Minuten auskochen. Den Fond durch ein Sieb abgießen.

Den Reis in einem Topf mit der Milch und dem Krebs- oder Fischfond bedecken. Zum Kochen bringen und in 15–20 Minuten weich garen.

Den Reis samt Flüssigkeit, das braune Krebsfleisch und die Hälfte des weißen Fleischs in der Küchenmaschine glatt pürieren.

Die Suppe zurück in den Topf geben, würzen, nach Belieben mit Sardellenextrakt abschmecken und eventuell mit weiterem Fischfond oder einer leichten Hühnerbrühe verdünnen. Aufkochen, das restliche weiße Fleisch hineingeben und kurz in der Suppe erhitzen.

Die Hitze reduzieren, unter ständigem Rühren nach und nach die Sahne unterrühren, falls verwendet. Nicht mehr aufkochen. Mit Schnittlauch oder Petersilie garnieren.

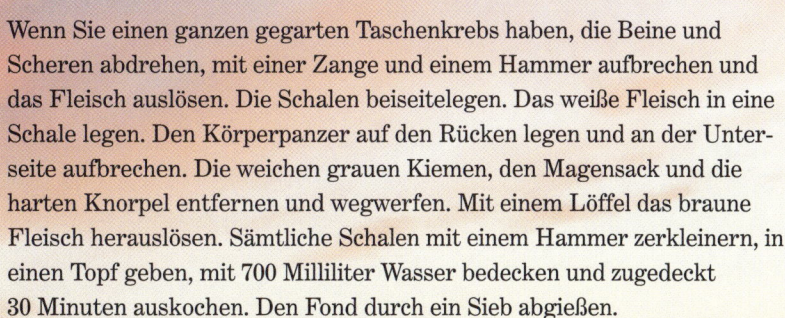

HAM'N' HADDIE

Schottland ist bekannt für sein reichhaltiges Frühstück wie dieses und seinen erstklassigen Räucherfisch. Für dieses Gericht – Schellfisch mit Eiern und Speck – verwendet man *Finnan haddie*, mittelgroßen Schellfisch, der durch das Rückgrat gespalten und über Eichenspänen kalt geräuchert wird. Er sollte strohfarben sein, nicht gelb eingefärbt.
FÜR 3 PERSONEN

150 g geräucherter Schellfisch, in Stücke von der Größe einer Scheibe Speck geschnitten
1 TL Butter
3 große Scheiben geräucherter Speck
3 Eier

Wenn Sie ein großes Stück geräucherten Schellfisch erstanden haben, müssen Sie vor dem Braten eventuell Haut und Gräten entfernen. Dazu legen Sie den Fisch mit der Haut nach unten in eine Pfanne und bedecken ihn nicht ganz mit Wasser. Aufkochen und 4 Minuten leise köcheln lassen, zwischendurch einmal wenden. Den Fisch vorsichtig herausheben, die Haut abziehen und die Gräten entfernen.

Die Butter in einer Pfanne aufschäumen, den Speck von einer Seite bräunen und dann umdrehen. Die Fischstücke auf den Speck legen und zugedeckt bei schwacher bis mäßiger Hitze 5 Minuten garen. Fisch und Speck an den Pfannenrand schieben und die Eier in der Pfanne braten.

Wow, was für ein Frühstück!

SCHELLFISCH
SIEHE SEITE 82

GERÄUCHERTER SCHELL-FISCH
Finnan haddie ist ganzer Schellfisch, der gespalten, in Lake eingelegt und dann kalt geräuchert wird. In Aberdeen befindet sich das Rückgrat nach dem Spalten auf der rechten Seite, beim Londoner Schnitt ist es auf der linken.

Es gibt noch weitere Schellfischspezialitäten: *Golden cutlets* (goldene Koteletts) werden gewöhnlich aus Filetblöcken hergestellt. *Smoked filets* sind einzeln mit Haut geräucherte Filets. *Smokies* wie die berühmten *Arbroath Smokies* sind kleine Schellfische, die paarweise zusammengebunden und kalt geräuchert werden – sie müssen nicht mehr gegart werden.

Finnan haddie ist nach Findon, einem südlich von Aberdeen gelegenen Dorf benannt. Die Namen der Küstenorte dort lesen sich wie das Register einer Fischrezeptsammlung.

FITTIE

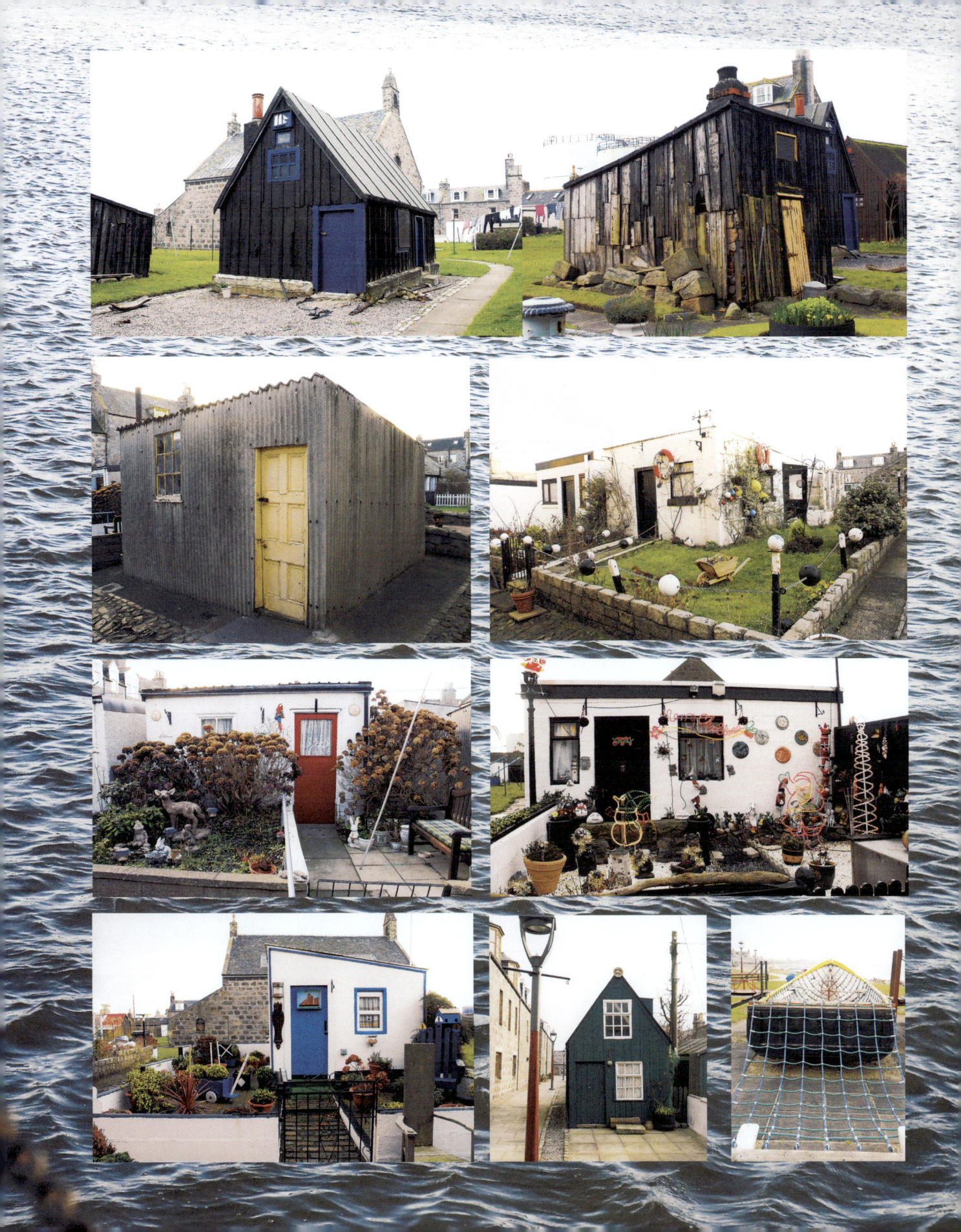

Es ist ein Tag vor Silvester, wir sind am Strand von Aberdeen zwischen den beiden großen Flüssen Don und Dee. Für Hogomany ist Sturm mit Windgeschwindigkeiten bis zu 120 km/h vorhergesagt. Die tief stehende Wintersonne wärmt Hannah, Jeff und mich gerade genug, um den Strand zu erkunden, doch wir bleiben auf der Promenade. Statt in dem gefrorenen Sand Muscheln zu sammeln, spazieren wir zur Mündung des Dee. In der Ferne linsen kleine Dächer über die Promenade, ein seltsamer Anblick so nah am Strand. Vom Strand bis zu ihrer Traufe erhebt sich eine lang gestreckte Betonmauer. Darüber ist ein durchgehendes Giebeldach aus grob gehauenem Schiefer zu sehen, das gleichmütig aufs Meer zu starren scheint. Die zwanzig im Verbund gebauten alten Steinhäuser kehren der Nordsee den Rücken zu, sie sind dem Land zugewandt. Ein schmaler Sandweg führt zwischen dem Wellenbrecher aus Beton und den Häusern entlang. Die ganze Konstruktion muss durch den beständigen Nordseewind enormen Erosionskräften ausgesetzt sein. Dies ist das Fischerdorf Footdee, von den Einheimischen Fittie genannt. Etwa 85 kleine Häuser und Hütten schmiegen sich in einem Netz von Fußgängerstraßen um vier kleine Plätze. Auf dem Gemeinderasen steht eine Kirche. Wie auf der Fischerinsel Burano in Venedig wurden die Haustüren einst in unterschiedlichen Farben gestrichen, damit die heimkehrenden Fischer ihr Zuhause leichter wiederfanden. Zwischen den Steinhäusern trifft man immer wieder auf kleine, blockförmige Hütten, einige sind verputzt, andere aus Holz gebaut, wie aus dem Material alter Schiffe, das an Land neu zusammengesetzt wurde. Viele sind mit nautischem Dekor versehen, andere weihnachtlich geschmückt. Footdee war schon immer von Aberdeen getrennt, früher durch den Schiffbau und die Fischverarbeitung, heute verstellen Gastanks, Schuppen, Kräne, Baracken, Lagerhäuser und der Kai den Blick auf die Stadt. Am Strand von Fittie liegen Millionen kleiner Muschelschalen. Ich denke an die Fischersfrauen und ihre Kinder, die früher ihre Angeln mit Muscheln beköderten. Ich finde größere *yoags* (Pferdemuscheln) und *spoots* (Schwertmuscheln) und stecke eine Schale für Jeff ein.

Hügeliges Ackerland, Sanddünen und felsige Küsten – die Landschaft in Aberdeenshire schöpft aus einer reichen Palette von Farben, die sich mit den Jahreszeiten ändert und mal von glitzerndem Raureif überzogen, mal in flimmernden Nebel gehüllt und mal in kristallklaren Sonnenschein getaucht wird. Während ich auf dem Fischerboot sitze und die Papageitaucher auf ihrem Flug verfolge, denke ich an die Makrelen und Kabeljaus, die tief unten im Meer durch den Seetang streichen, und werde mir bewusst, wie sehr Land und Meer eine wechselseitig vernetzte Einheit formen. Das Land hört nicht etwa am Strand auf, es ist Teil eines umfassenderen Ökosystems. Klippen und Hügel gleiten ins Meer, wo sich unter Wasser ihre Farben, Formen und Muster fortsetzen. Schwer zu sagen, wo Aberdeenshire endet, vermutlich irgendwo da draußen in der Nordsee.

Es war faszinierend, Nordseefisch hautnah zu erleben, ob in einem Aquarium oder zappelnd am Haken einer Angel. Es hat mir die Augen für die Schönheit dieser Fische und ihren Platz in der Natur geöffnet. Wenn ich auch kein Mitleid habe, wenn sie auf meinem Teller liegen, so weiß ich doch um ihre Bedeutung für unser aller Ökosystem.

WIR HABEN DIE RANDZONEN DER KOMMER-
ZIELLEN FISCHINDUSTRIE BEREIST, TRAWLER,
SCHMUCKLOSE HÄFEN, ZERRISSENE NETZE
GESEHEN UND DEN ABGLANZ ALTER FISCHER-
DÖRFER ERLEBT. MEINE FISCHEXPEDITION
SCHEINT MEHR ZU VERLANGEN, ALS NUR EINE
GEWISSE SCHEU VOR GRÄTEN ABZULEGEN.
JEDER FISCHTELLER ERWEIST SICH ALS EIN
HAIFISCHBECKEN AUS SÜNDEN DER FISCH-
INDUSTRIE UND UMWELTKATASTROPHEN.
MEIN KULINARISCHER WEG HAT MICH UND
MEINE FAMILIE BISHER VON EINER LAGUNE
AN ZWEI KÜSTEN DER NORDSEE MIT EINER
GEMEINSAMEN SEEFAHRTSGESCHICHTE
GEFÜHRT – JETZT WILL ICH EINEN OZEAN
SEHEN.

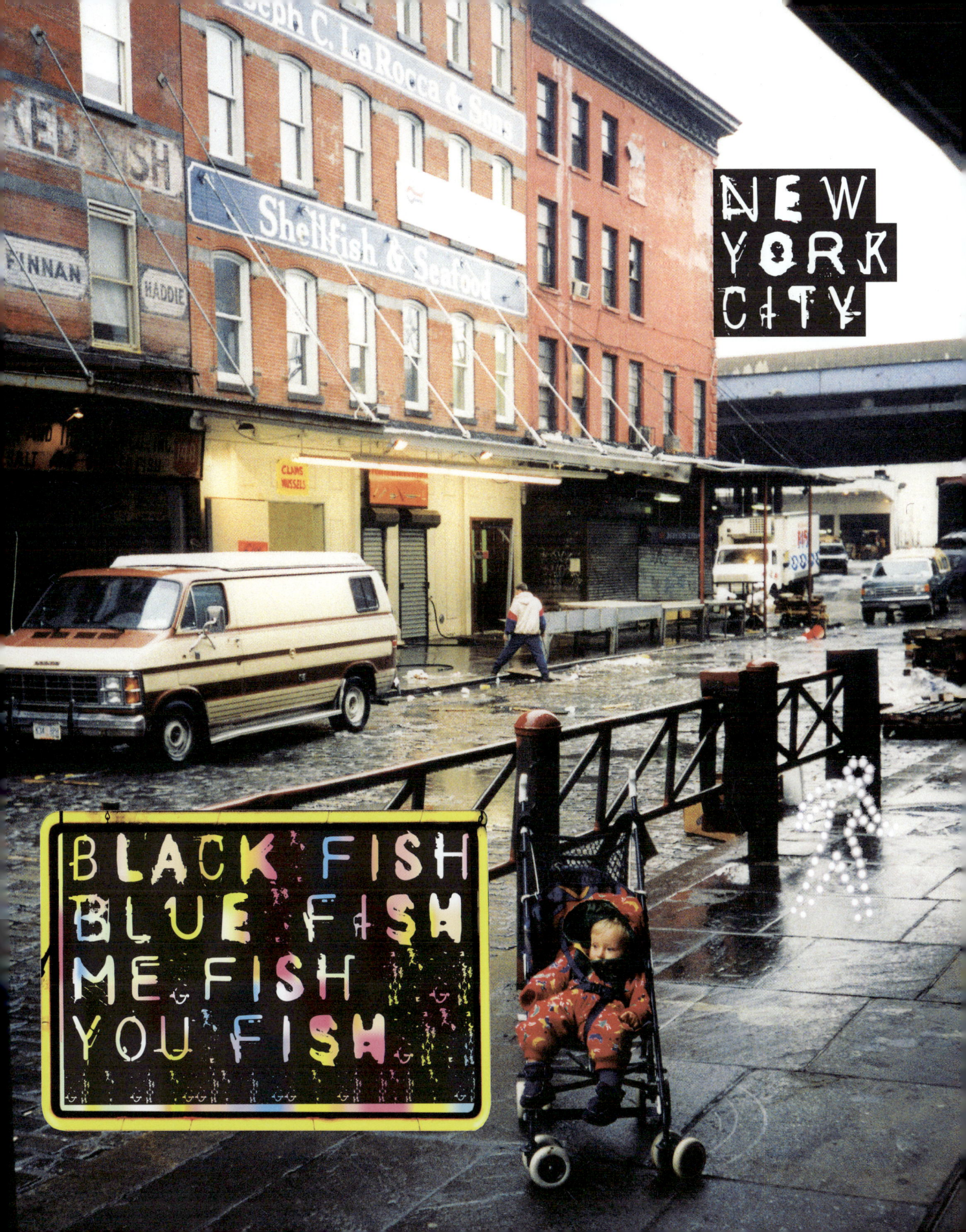

DOWNTOWN

MEINE WACHSENDE BEGEISTERUNG FÜR FISCH HAT SICH BISLANG AUF EINE LAGUNE UND DIE NORDSEE BESCHRÄNKT. EINE GESCHÄFTSREISE FÜHRT UNS JETZT NACH NEW YORK. WO KAUFEN DIE NEW YORKER IHREN FISCH? MACHT SICH AUF DEM TELLER DIE NÄHE DES ATLANTIKS BEMERKBAR? ICH MUSS HERAUSFINDEN, WAS ES DORT FÜR SEAFOOD GIBT.

HOT DOGS COLD BEACH

Vor zwanzig Jahren fuhren mein Freund Adam und ich zur Feier seines 30. Geburtstags in einem Mietwagen kreuz und quer durch die Stadt, ein seltenes Vergnügen. Nur wenige meiner New Yorker Freunde hatten 1988 ein Auto, und wenn, dann waren es alte, rostige Mühlen, die keiner mehr klaute. Nachdem wir eine Weile in Lower Manhattan herumgekurvt waren, fanden wir uns in Coney Island am äußersten Ende Brooklyns wieder.

Kaum zu glauben, aber es war das erste Mal, dass ich am Rand eines Ozeans stand. Allerdings war es keine dieser malerisch geschwungenen Küsten. Ich stand auf einem drei Meilen langen hölzernen Boardwalk, in der einen Hand einen Hot Dog von *Nathan's Famous*, in der anderen eine Schachtel Fritten. Charles Feltman erfand hier 1867 den Hot Dog, *Nathan's* eröffnete erst 1916. Unseren aßen wir, während wir auf den Atlantik blickten.

Die verblühten Attraktionen des Vergnügungsparks wie der Fallschirmsprung und die Thunderbolt-Achterbahn überragten mit ihren maroden Metallkonstruktionen den Ozean wie rostende Dinosaurierskelette. Der Boardwalk war zugleich ein Wall gegen die Natur, so konnten wir der Brandung zuschauen, ohne unsere Stadtschuhe mit Sand zu verunstalten. Der eisige Wind machte es fast unerträglich, sich dem Atlantik zuzuwenden, schließlich hielten wir es nicht mehr aus und wagten uns auf den kalten, leeren Strand hinunter ans Wasser. Graues Eis überzog die dunklen Felsen im Meer. Ich suchte den Horizont ab, keine Spur von Fischerei oder Fisch. Der Ozean wirkte ganz anders auf mich als die anderen Meere, die ich kannte. Vielleicht lag es auch nur am Wissen um seine unermessliche Größe.

Zwanzig Jahre später, 37.000 Fuß über der Erde in einer 747 mit Jeff und Hannah an meiner Seite, hat meine Begegnung mit dem Atlantik eher familiären Charakter. Als die Maschine Richtung Ostküste schwenkt, überfliegen wir die Neufundlandbank. In ihren Tiefen ruhen die Gebeine von Generationen von Fischern aus Gloucester, Saint John und Halifax. Hier wurde auch der Kabeljau zu Grabe getragen, eine Mahnung, wie Raubbau und wissenschaftliche Irrtümer ganze Fischgründe vernichten können. 1992 wurde die Fischerei in dem Gebiet ausgesetzt – auf unbestimmte Zeit.

Meine Bordlektüre hat sich über die Jahre den Plänen angepasst, die ich in *New York* verfolgte. Heute lese ich gedankenversunken in *North Atlantic Seafood* von Alan Davidson. Es wird mir auf der anderen Seite des Atlantiks von großer Hilfe sein, denn es war eines der ersten Kochbücher, das sich einem ganzen Ozean mit seinen unzähligen Stränden widmete. Die meisten Bücher beschränken sich auf einen Küstenstrich, der dazu noch durch eine Landesgrenze wie zwischen Spanien und Portugal willkürlich verkürzt wird, statt darzustellen, wie unterschiedliche Kulturen denselben Fisch zubereiten. Bei Davidson sind die Rezepte nach Ländern geordnet, da jede Nation andere Arten derselben Gewässer bevorzugt. Manche Arten werden gemieden, weil man sie mit Armut assoziiert, wie Miesmuscheln in Schottland, die nicht gegessen, sondern als Köder verwendet wurden. Meine Ausgabe ist gespickt mit Randnotizen – wo ich welchen Fisch gekauft habe, was er gekostet hat und wie ich ihn zubereitet habe. Bei jüngeren Ergänzungen fielen diverse Arten und ganze Gruppen von Meerestieren dem Rotstift zum Opfer, wie große Raubfische, die zu selten sind, um sie zu essen. Da Davidsons Buch die meisten essbaren Arten im Atlantik enthält, findet man sogar Rezepte mit Fischen, die 1979, als das Buch erschien, auf den Fischmärkten gar nicht angeboten wurden. Heute werden sie von Köchen neu entdeckt. Erfreulicherweise gibt es auch Anlass zu einigen positiven Notizen, sei es über Wolfsbarsch von der Angel, mit Fallen gefangenen zertifizierten Hummer, Zuchtmuscheln oder verschiedene Arten, deren

CLAM CHOWDER

Befischung als relativ nachhaltig eingestuft wird. Bei der Frage, welches Angebot an regionalem Fisch mich erwartet, habe ich mich an Freunde gewandt, Blogs wie Ed Levines *Serious Eats: New York* und Nina Lallis *Eat For Victory* besucht und einige alte Artikel aus der *New York Times* gelesen. Jetzt habe ich eine Liste. Bei *blackfish* und *bluefish* ist Vorsicht geboten, da sie selten eindeutig beschrieben werden und zweifelsfrei zu identifizieren sind. *Black sea bass* (Schwarzer Sägebarsch) wird auch *blackfish* genannt, hinter dem sich wiederum der Tautog verbergen kann. *Weakfish* (auch *gray trout* genannt) und *fluke* (*summer flounder*) sehen ebenfalls interessant aus, obwohl *fluke* keine Saison hat. Und dann gibt es ja noch diese *clams*, in Amerika eine Bezeichnung für alle möglichen Muscheln, darunter *cherrystone, littleneck, cockles* und wie sie alle heißen. Hannah widmet sich ebenfalls einer maritimen Beschäftigung – sie schaut *SpongeBob*.

Schließlich landen wir in New York JFK. Ein frostiger Wind weht vom Atlantik herüber. Der Weg im Taxi vom Flughafen nach Manhattan führt an vertrauten Punkten vorbei: das Lincoln Inn Motel, das einem Jim-Jarmusch-Film entsprungen sein könnte, ein Wasserturm, eine grüne Stahlüberführung, holzverschalte Häuser wie jenes, in dem der Künstler Joseph Cornell lebte, und überall Graffitis und Müll. Dann steigt die mehrspurige Schnellstraße an und durchschneidet ärmere Gegenden. Heruntergekommene Häuserblocks mit Stahlreklametafeln auf den Dächern, die in besserem Zustand sind als die Gebäude, die sie tragen. Das Taxi passiert das Shea Stadium mit seinen riesigen Baseball-Spielern, die an die gezähmten Skulpturen eines Bruce Nauman erinnern. Im Radio läuft Sonic Youth. Die blinkenden Umleitungsschilder lesen sich wie Installationen von Jenny Holzer. Eine absolut stimmige Szenerie. Wie sollte man diese Stadt nicht im Licht ihrer Kunst des 20. Jahrhunderts sehen, sie schwitzt sie förmlich aus. Die Fahrt über die Queensboro Bridge setzt die näher rückende Skyline von Manhattan perfekt in Szene. Das winterliche Abendlicht vermittelt einen flächigen Eindruck, metallisch blauer Himmel über einer umbrafarbenen Silhouette von Gebäuden, die getupft sind mit Abertausenden Fenstern, glitzernd wie Zitronensorbet. Das elegante Empire State Building trägt Weihnachtsbeleuchtung.

Nun, da meine Fischphobie mehr und mehr einer unstillbaren Neugier weicht, wird mir klar, was mir all die Jahre entgangen ist. Das Schöne am Kochen besteht auch in einer gewissen Komplizenschaft zwischen Generationen von Köchen. Und sei es nur, dass man zum Hörer greift, um Freunde zu fragen, was es bei ihnen heute gibt, wie man einen Fasan brät oder was man mit Wild anfängt. Stehe ich heute vor der Aufgabe Fisch zuzubereiten, fühle ich mich mit den Jägern und Sammlern unserer fernen Vorfahren verbunden. Das Fischen selbst ist ein zutiefst archaischer Akt. In Schottland ist mir bewusst geworden, wie sehr es das Land und Leben der Menschen entlang der Küste geformt hat. Dieser Geist lebt in der Küche fort.

Für Puristen ist Seafood aus lokalem Wildfang das Top-Produkt schlechthin. Importiertes Getreide, Geflügelfarmen, Viehzucht, fast überall auf dem Planeten ist eine Mahlzeit aus rein heimischen Zutaten längst die Ausnahme. Wer sich für regionale Produkte interessiert, findet bei frischem Wildfisch einen guten Ausgangspunkt.

Im Rückblick erwiesen sich unsere kulinarischen Exkursionen bislang voller Überraschungen. Aberdeenshire und Schweden atmeten das Erbe einer langen Seefahrtsgeschichte. In New York gab es immer zu viele andere Ablenkungen, über die Grenzen der Stadt hinaus habe ich nie geblickt. Die zahlreichen Fischerhäfen an der Küste künden auch hier von einer langen Seefahrtstradition. Der größte ist Montauk, das Peter Benchley zu seinem später verfilmten Roman *Der Weiße Hai* inspirierte und dessen Wurzeln als Fischerdorf Peter Matthiessen in seinem unvergessenen Buch *Men's lives* bis zu den Algonkin, den Ureinwohnern Nordamerikas, zurück-verfolgt. Ich bin gespannt, ob das lokale Fischereigewerbe und seine Geschichte auch bis in die Avenuen New Yorks, einer Acht-Millionen-Metropole, vorgedrungen sind.

Es weckt mich ein Heizkörper, der sich geräuschvoll mit einem anderen Heizkörper im Neben-raum unterhält. Sie klicken, dröhnen und schnaufen abwechselnd um die Wette. Wir wohnen Downtown bei unseren Freunden Peter, Linda und ihrem Sohn Ronnie. Draußen wirbelt der Schnee im Aufwind gegen den Wohnblock.

Ich krame ein weiteres Fischbuch hervor, überfliege meine Liste der regionalen Fischsorten und frage mich, welche man wohl reinen Gewissens essen kann und wo man sie findet. Monatelang habe ich im Internet Fischereiberichte und wissenschaftliche Veröffentlichungen gelesen, umgeben von stapelweise Büchern und Seafood-Führern aus aller Welt. Zwei habe ich mitgenommen. Das erste ist der *Monterey Bay Aquarium North East Seafood Guide*, den ich an mein Reisetagebuch geheftet habe, er richtet sich an einheimische Kunden. Das andere ist das Seafood Choice Alliance Sourcing Seafood Book für Köche und Gastronomen.

Wer in einem kleinen Fischerort lebt, verfügt über genügend Informationen und Sachver-stand, um an der Ladentheke die richtige Wahl zu treffen, doch wir Stadtmenschen brauchen gewöhnlich Beistand. Manche Hilfe steht in Form von Internet-Widgets oder Apps zur Verfügung, die man als interaktive Ratgeber aufs Handy herunterladen kann. Auch im Restaurant sind sie nützlich, da die Herkunft des Fischs auf der Karte selten angegeben, sondern hinter nichtssagen-den Formeln wie „Fangfrischer Fisch vom Markt" verhüllt wird. Vielleicht ist die Gastronomie zu sehr in den konservativen und allzu berechenbaren Erwartungen ihrer Gäste gefangen – Thun-fisch, Lachs, Garnelen. Einige Fischkochbücher jüngeren Datums lesen sich zum Teil wie flam-mende Plädoyers einer ökologischen Mission, nur um gleich darauf Rezepte für Blauflossen-Thun-fisch und Räucheraal anzubieten.

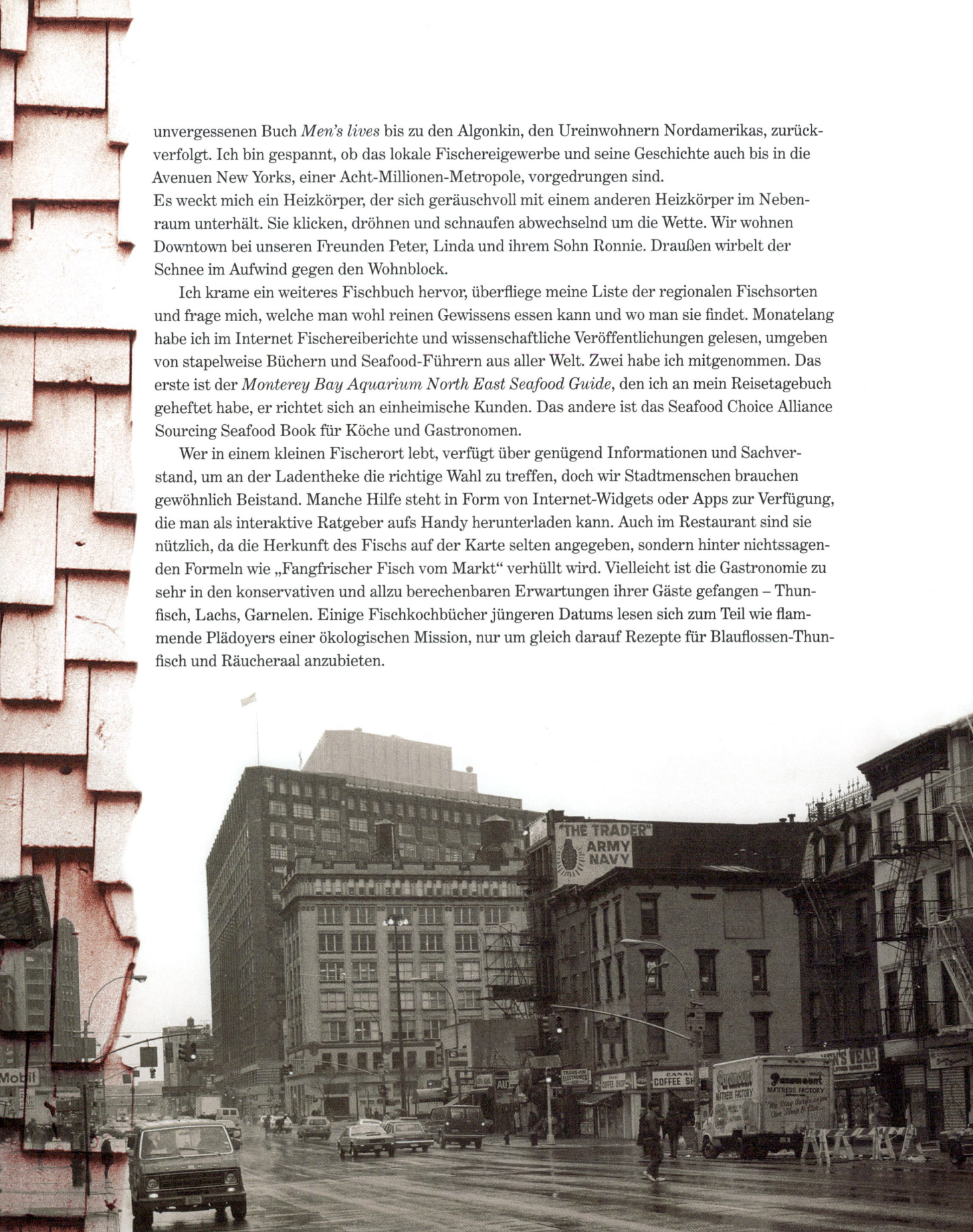

BAKED BLUE

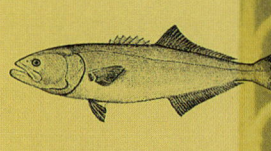

Über eine Online-Suchmaske von *Field & Streams*, einem Magazin für Jäger und Angler, stoße ich auf *bluefish* – Blaufisch, den man in Venedig verwirrenderweise pesce bianco – „Weißfisch" nennt. Jane Grigsons *Fish* erwähnt ein Rezept aus *The Long Island Cook Book*, doch hier in New York werde ich eines aus Alan Davidsons *North Atlantic Seafood* ausprobieren. Es gibt noch andere Versionen mit Rosmarin, Estragon oder Pilzen. Wie Makrele wird Blaufisch mit kräftigen Aromen spielend fertig. Der Parmesan wird manchmal mit Semmelbröseln vermengt, um Fisch zu panieren oder knusprig zu überbacken. Hier sorgt er für Substanz und Würze.

FÜR 6 PERSONEN

1 großes Stück Butter

1 TL frisch gehackter Thymian

4 Blaufischfilets mit Haut

4 EL gehackte glatte Petersilie

1 Glas trockener Weißwein

20 g Parmesan, frisch gerieben

Den Ofen auf 220 °C vorheizen.

Die Butter in eine flache Auflaufform legen, in der die Filets nebeneinander Platz haben. Für einige Minuten in den Ofen schieben, bis die Butter braun zu werden beginnt.

Die Hälfte des Thymians in der Form verteilen und nebeneinander mit der Haut nach oben die Blaufischfilets einlegen. Mit dem restlichen Thymian und der Petersilie bestreuen und 5 Minuten im Ofen backen.

Die Form aus dem Ofen nehmen. Den Fisch mit dem Weißwein übergießen, mit dem Parmesan bestreuen und je nach Dicke der Filets erneut etwa 5 Minuten garen. Falls vorhanden, den Fisch unter dem heißen Grill noch etwa 1 Minute knusprig überbacken.

Die Filets vorsichtig aus der Form heben und mit der Garflüssigkeit servieren.

BLAUFISCH, BLAU-BARSCH

ENGLISCH, AMERIKANISCH: *Bluefish, sea wolf, chopper, elf, fatback, Haterras blue, horse mackerel, rock salmon, skipjack, slammer, taylor*
KLEINE FISCHE: *Snappers, snapper blues*
MITTELGROSSE FISCHE: *Harbour blues, cocktail blues*
ART: *Pomatomus saltatrix (Linnaeus, 1766)*
FAMILIE: *Pomatomidae (Blaubarsche)*

Der Blaufisch oder Blaubarsch ist ein unbarmherziger Räuber und erbitterter Kämpfer, was ihn zu einer begehrten Beute für Sportfischer macht – 65 Prozent der zulässigen Gesamtfangmenge gehen auf das Konto von Anglern. Der auch als „Gangster der Meere" verschriene Blaufisch tritt in großen, gierigen Schwärmen auf – wie Piranhas der Meere.

Blaufisch verdirbt schnell und sollte daher frisch gegessen werden. Er wird auch geräuchert angeboten.

TILAPIA MIT ORANGEN-INGWER-SAUCE

Peter kocht eine reduzierte Orangen-Ingwer-Sauce, sie braucht zwei Stunden – und schmeckt hervorragend zu fast jedem weißfleischigen Fisch! Inzwischen bereite ich Reis zu. Dazu Lauch und Karotten, die ich zweimal verkochen lasse und schließlich mit geriebenem Parmesan rette. Ein Gast aus Skandinavien erzählt uns, der Dill in Finnland würde viel kräftiger schmecken, weil er weiter nördlich wächst und der Salzgehalt der Ostsee sei so gering, dass man darin sogar Hecht fangen könne. Fischer finden dort in ihren Netzen häufig Süßwasserfische.

FÜR 2 PERSONEN

1 kleine Zwiebel, fein gehackt	*3 cm frischer Ingwer, geschält*
3 Knoblauchzehen, zerstoßen	*1 TL frisch geriebener Ingwer*
1 EL Olivenöl	*Sonnenblumenöl*
Saft von 5 Orangen	*4 Tilapiafilets*
Saft von 1 Zitrone	

In einem Topf mit schwerem Boden die Zwiebel und den Knoblauch in dem Olivenöl glasig schwitzen. Den Orangen- und Zitronensaft und das Stück Ingwer zugeben und bei ganz schwacher Hitze etwa 1 Stunden köcheln lassen, bis die Sauce um ein Drittel reduziert ist.

Kurz vor dem Servieren den geriebenen Ingwer in die Sauce geben und kurz erhitzen.

In einer großen, beschichteten Pfanne die Tilapiafilets in Sonnenblumenöl bei mittlerer Hitze von jeder Seite etwa 2 Minuten braten.

Den Fisch mit der Orangen-Ingwer-Sauce servieren.

TILAPIA

ENGLISCH: *Blue tilapia, Mozambique tilapia, Nile tilapia, St Peter's fish, izumidai, cherry snapper, lemon snapper, kurper bream, largemouth kurper, Java tilapia, wami tilapia*
ART: *Oreochromis, darunter: O. niloticus (Linnaeus, 1758), O. mossambicus (Peters, 1852), O. aureus (Steindachner, 1864) und O. urolepis hornorum (Trewavas, 1966)*
FAMILIE: *Cichlidae (Buntbarsche)*

Der Tilapia ist ein Pflanzenfresser, der sich ohne den Einsatz von Fischmehl züchten lässt. Anders als Thunfisch und Lachs produzieren die Fische mehr Eiweiß, als ihre Zucht erfordert.

Es gibt Pläne für die Entwicklung biologischer Tilapia-Kulturen zur Zucht des Fischs in geschlossenen Systemen an Land, sodass die Fische nicht ins Meer entweichen und zur Bedrohung für andere Arten werden können.

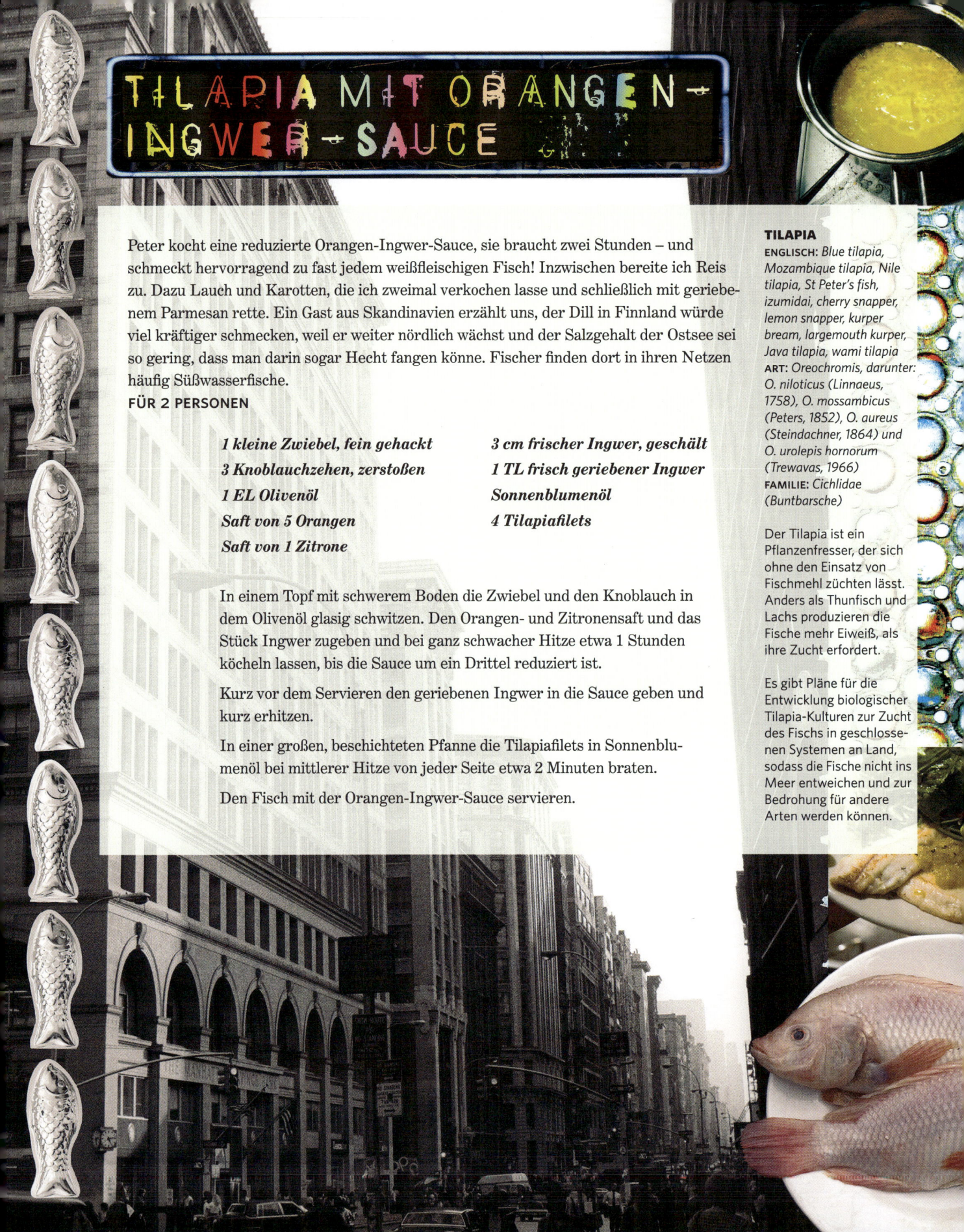

LACHSBÄLLCHEN MIT DILL

BUCKELLACHS

ENGLISCH: *Pink salmon, humpback salmon*

ART: *Oncorhynchus gorbuscha (Walbaum, 1792)*

FAMILIE: *Salmonidae (Lachsfische)*

Fischklöße brate ich schon seit geraumer Weile, doch im Ofen gebacken sind sie viel leichter zu servieren. Danke, Hannah, für die Idee, sie mit Spinat und Rote-Bete-Salat zu servieren.

FÜR 4 PERSONEN

- *2 Dosen (je 200 g) Alaska-Wildlachs*
- *3 kleine Kartoffeln, gekocht und grob zerstampft*
- *2 EL Mayonnaise*
- *1 EL körniger Senf*
- *1 Handvoll fein gehackter Dill*
- *2 EL Schnittlauchröllchen*
- *3 Frühlingszwiebeln, fein gehackt*
- *Schwarzer Pfeffer*
- *Olivenöl*

Sämtliche Zutaten außer dem Olivenöl in einer Schüssel vermengen und mit einer Gabel zerdrücken.

Den Ofen auf 200 °C vorheizen und ein Blech einölen.

Mithilfe zweier befeuchteter Löffel die Masse zu eiförmigen Klößen formen. Dazu einen Löffel Farce aufnehmen und mit dem anderen Löffel übernehmen. Diesen Vorgang mehrfach wiederholen, bis der Kloß in etwa die Form eines Eis angenommen hat. Die Klöße vorsichtig auf das Blech setzen. Das Blech nicht ruckartig bewegen, die Klöße sind empfindlich.

Die Fischbällchen mit etwas Olivenöl beträufeln und 30 Minuten im Ofen backen.

Mit Rote-Bete-Salat (siehe unten) und blanchiertem Spinat servieren.

ROTE-BETE-SALAT

FÜR 4 PERSONEN

- *1 Zwiebel, fein gehackt*
- *Olivenöl*
- *5 mittelgroße Rote Beten, geschält und gerieben*
- *3 TL gemahlener Kreuzkümmel*
- *½ TL gemahlene Muskatnuss*
- *4 EL Balsamicoessig*

In einer großen Pfanne die Zwiebel in etwas Olivenöl glasig schwitzen.

Die Rote Bete, den Kreuzkümmel, die Muskatnuss und einen weiteren Schuss Olivenöl zugeben und einige Minuten pfannenrühren. Den Essig zugießen und alles unter Rühren einige Minuten behutsam garen. Mit halb aufgelegtem Deckel weitere 20 Minuten garen; gelegentlich umrühren.

Den Rote-Bete-Salat kalt servieren.

JONAHKRABBE

ENGLISCH: *Jonah crab, rock crab, Atlantic Dungeness crab, white crab*
ART: *Cancer borealis (Stimpson, 1859)*
FAMILIE: *Cancridae (Taschenkrebse)*

Verbreitungsgebiet ist die Atlantikküste Nordamerikas.

STEINKRABBE

ENGLISCH: *Stone crab, Florida stone crab, Gulf stone crab*
ART: *Menippe adina und Menippe mercenaria (Say, 1818)*
FAMILIE: *Xanthidae (Rundkrabben)*

Geschlechtsreife Steinkrabben laichen bis zu 13 Mal pro Jahr. Ihr Lebensraum erstreckt sich über den westlichen Atlantik von North Carolina bis nach Belize und in den Golf von Mexiko über Kuba und die Bahamas bis nach Texas. Sie werden zumeist bereits gegart angeboten.

Dieses göttliche Rezept stammt von Peter, entstanden aus seinen manchmal genussvollen, manchmal leidvollen Erfahrungen, die er bei Restaurantbesuchen gesammelt hat. Jedoch ist das Braten etwas tückisch. Die Jonahkrabbe macht das Rennen, sie hält besser zusammen und ist aromatischer als die Steinkrabbe.

FÜR 4 PERSONEN

IM ZEICHEN UNSERER SPURENSUCHE NACH REGIONALEM MARINEM LEBEN PROBIERT PETER ZWEI KRABBENSORTEN FÜR UNSERE KÜCHLEIN AUS.

1 weiße Zwiebel, fein gehackt

1 kleine Knolle Fenchel, geraspelt

1 Karotte, gerieben

1 Bund Estragon, von Stielen befreit und fein gehackt

3 EL körniger Senf

4 EL fettarme Mayonnaise

4 EL Semmelbrösel, plus Brösel zum Panieren

1 TL scharfes geräuchertes Paprikapulver (nach Belieben)

Saft von 1 Zitrone

680 g stückiges Krabbenfleisch

Olivenöl

Sämtliche Zutaten außer dem Krabbenfleisch und dem Olivenöl gründlich vermengen. Das Krabbenfleisch unterheben, die Mischung sollte fest, aber nicht trocken sein. Eventuell noch etwas Mayonnaise unterziehen. Die Masse zugedeckt mindestens 45 Minuten kalt stellen.

In einer großen Pfanne eine dünne Schicht Olivenöl erhitzen. Aus der Masse mit den Händen ein acht Zentimeter großes und drei Zentimeter dickes Küchlein formen. Dazu das Küchlein abwechselnd von einer Handfläche auf die andere geben und behutsam drücken. Das Küchlein rundherum in Semmelbröseln wenden und sachte in die Pfanne legen.

Das Küchlein bei mittlerer Hitze sanft braten – es muss langsam garen, damit es nicht verbrennt. Bei Bedarf weiteres Öl zugießen. Sobald sich der untere Rand goldbraun gefärbt hat, ist das Küchlein bereit zum Wenden. Das dauert 8–10 Minuten.

Die Küchlein sind zartbesaitet, darum haben Sie nur eine Chance, sie zu wenden. Mit dem Pfannenwender vorsichtig darunterfahren, zum Fixieren die andere Hand auflegen und das Küchlein behutsam umdrehen; erneut 8–10 Minuten braten, bis es rundherum goldbraun ist. Fällt es beim Wenden auseinander, vor dem Formen weiterer Küchlein noch etwas Semmelbrösel unter die Masse mengen.

Auf diese Art sämtliche Küchlein formen und braten. Die Pfanne nicht zu voll füllen, lieber in zwei Durchgängen arbeiten.

Peter serviert dazu einen grünen Salat mit geriebenen Äpfeln und Mayonnaise zum Dippen.

GEDÄMPFTE DORADE AUF CHINESISCHE ART

Ein Besuch in Chinatown erinnert mich an diese ebenso simple wie schmackhafte Zubereitungsart. Besonders gefällt mir der allerletzte Akt, in dem die Frühlingszwiebeln mit siedend heißem Öl übergossen werden. Ist genug Platz in Ihrem Dämpftopf, können Sie über dem Fisch noch Pak-Choi oder frischen Spinat mitgaren.

FÜR 3 PERSONEN

6 Champignons, in dünne Scheiben geschnitten

1 kleines Stück Ingwer, in dünne Scheiben geschnitten

6 Frühlingszwiebeln, in lange dünne Stücke geschnitten

2 ganze Goldbrassen (Dorade royale), geschuppt und ausgenommen

1 EL helle Sojasauce

2 Scheiben ungeräucherter Speck, in feine Streifen geschnitten

2 EL Erdnuss- oder Pflanzenöl

Eine flache, hitzebeständige Platte in den Dämpfeinsatz stellen. Je die Hälfte der Champignons, des Ingwers und der Frühlingszwiebeln darauf verteilen und die Fische darauflegen. Mit dem Rest Ingwer und Champignons bedecken, mit der Sojasauce beträufeln und den Speck darüberstreuen.

Den Einsatz über kochendem Wasser in den Topf hängen, den Deckel auflegen und den Fisch 20 Minuten dämpfen, bis er durchgegart ist.

In einer Pfanne das Erdnussöl erhitzen.

Die restlichen Frühlingszwiebeln auf dem Fisch verteilen und mit dem sehr heißen Öl übergießen.

GOLDBRASSEN, DORADE ROYALE

ENGLISCH: *Sea bream, gilthead sea bream, silver sea bream*
ART: *Sparus aurata (Linnaeus, 1758)*
FAMILIE: *Sparidae (Meerbrassen)*

Wie Tilapia lassen sich Goldbrassen in ufernahen, geschlossenen Systemen züchten, sodass durch biologisch verträgliche Zuchtmethoden die Folgen für anderes Leben im Meer minimiert werden können.

FELSENBARSCH MIT MEERRETTICHSAUCE

Felsenbarsch ist an der Ostküste der USA bei Sportfischern beliebt, wird aber auch kommerziell gefangen und gezüchtet. Mein ziemlich abgenutzter *Fishing Guide* vom Flohmarkt beschreibt die Fische als temperamentvoll – Angler fangen sie oft vom Strand aus in der Brandung. Heute habe ich einen großen Fisch zum Filetieren ergattert. Die Sauce, falls etwas übrig bleibt, schmeckt auch kalt.

FÜR 3 PERSONEN

20 g Butter	Salz und Pfeffer
4 Tomaten, gewürfelt	3–4 Felsenbarsch- oder
2 EL Sauerrahm	Wolfsbarschfilets ohne Haut
2 EL Meerrettich	10 Basilikumblätter
	Olivenöl

Für die Sauce die Butter in einem Topf zerlassen. Die Tomaten zugeben und zugedeckt bei mäßiger Hitze garen, bis sie weich sind; dann in der Küchenmaschine oder abseits der Kochstelle mit dem Stabmixer ganz fein pürieren.

Den Sauerrahm und den Meerrettich unterrühren, mit Salz und Pfeffer würzen und noch einmal aufkochen. Die Sauce vom Herd nehmen und warm stellen.

Den Grill vorheizen.

Sehr lange Filets in der Mitte durchschneiden, damit sie sich beim Grillen leichter wenden lassen. Die Filets mehrfach schräg einschneiden und ein Basilikumblatt in jeden Einschnitt stecken. Den Fisch mit Olivenöl bestreichen.

Die Filets bei mäßiger Hitze von jeder Seite etwa 3 Minuten grillen.

Auf jedem Teller einen Saucenspiegel auftragen, den Fisch darauf anrichten und mit weiterer Sauce überziehen. Mit Vollkorncouscous und gedämpften Zucchini servieren.

Abwandlungen

Statt Basilikum können Sie auch Estragon verwenden. 150 Gramm gelbes oder weißes Maismehl leicht würzen und zusammen mit den Filets in einen Gefrierbeutel geben. Schütteln, bis die Filets rundherum gut bedeckt sind, und in der Pfanne knusprig braten.

BLACK&BLUE

Langsam bekomme ich ein Auge für frischen Fisch und ein Gespür dafür, wie man ihn verarbeitet, doch zu erkennen, ob er gar ist oder nicht, muss ich noch lernen. Fisch ist gar, heißt es, wenn die Hitze bis zur Mittelgräte vorgedrungen ist – klingt einfach. Das Fleisch lässt sich dann ganz leicht ablösen und ist weißlich. Zum Testen kann man die Gräte mit einem Spieß oder einem spitzen Messer etwas freilegen. Bei frischen Garnelen kann man den Garprozess beobachten – sie färben sich rosa. Ähnliches sieht man bei Fisch, der mit Zitronensaft gesäuert oder in Essig mariniert wird, wie bei *ceviche*, *escabeche* oder auch bei eingelegtem Hering. In vom Meer geprägten Küchen gibt es Dutzende Beispiele dafür. Meerbrassenwürfel, die eben noch glasig waren, werden in Zitronensaft innerhalb von Minuten opak – man kann förmlich zusehen, wie die Säure den Fisch gart. Ich habe mal erlebt, wie ein Fischcarpaccio versehentlich auf einem heißen Teller angerichtet wurde, es dauerte keine zehn Sekunden und der Fisch sah milchig aus.

FÜR 4 PERSONEN

Saft von 1 Limette

Salz und Pfeffer

2 Blackfish-Filets (Tautog), in kleine Würfel geschnitten

2 Bluefish-Filets (Blaufisch, Blaubarsch), in kleine Würfel geschnitten

1 Handvoll fein gehacktes Koriandergrün

1 Tomate, fein gewürfelt

30 Minuten vor dem Servieren den Limettensaft in einer Schüssel mit etwas Salz und Pfeffer verrühren. Die Fischwürfel hineingeben und mit den Fingern gleichmäßig in der Marinade wenden. Zugedeckt für 20 Minuten in den Kühlschrank stellen. Der Fisch soll nur leicht anziehen, bis er rundherum nicht mehr glasig ist.

In einer zweiten Schüssel das Koriandergrün und die Tomate vermengen. Den Fisch und ein wenig von seiner Marinade untermischen und servieren.

TAUTOG
ENGLISCH: *Blackfish, tautog, white chin, chinner, tog, black porgy*
ART: *Tautoga onitis (Linnaeus, 1758)*
FAMILIE: *Labridae (Lippfische)*

Dieser dunkle Vertreter der Lippfische wird oft mit dem Schwarzen Sägebarsch (Centropristis striata) verwechselt, der im Englischen ebenfalls unter dem Namen *black-fish* firmiert. In North Carolina nennt man den *blackfish* auch *chub* oder *oyster fish*.

YOUR
NUMBER
WHEN CALLED
IT'S YOUR TURN
FOR SERVICE
GLOBE TICKET CO.
PRINTED IN U.S.A.

CAPONATA MIT FELSENBARSCH

FELSENBARSCH
SIEHE SEITE 121

Der süßsaure Charakter von *caponata* passt gut zu Felsen- oder Wolfsbarsch. Sie wird entweder zu dem gegrillten Fisch serviert oder wie hier mit dem Fisch in der Folie gegart. Komisch, mitten in Manhattan muss ich an Sizilien denken, wo die *caponata* zu Hause ist. *Caponata* schmeckt auch gut mit gebackenen ganzen Meerbarben oder Knurrhähnen.

FÜR 4 PERSONEN

500 g Auberginen, in kleine Würfel geschnitten

Olivenöl

2 Stangen Staudensellerie, gewürfelt

1 weiße Zwiebel, gehackt

400 g (1 Dose) gehackte Tomaten

100 g entsteinte grüne Oliven, in Scheiben geschnitten

Salz und Pfeffer

30 ml Rotweinessig

1 TL Zucker

3 EL gehackte Kapern

1 Handvoll gehackte glatte Petersilie

1 EL Zitronensaft

*2 Felsenbarsch- oder Wolfsbarschfilets, in
    4 Portionen zerteilt*

Für die *caponata* in einem Topf die Auberginen in etwas Olivenöl bei mäßiger Hitze 20–30 Minuten sanft schmoren; ab und zu umrühren. Sie sollen ganz durchgaren. Die Auberginen herausheben, falls nötig kurz auf Küchenpapier abtropfen lassen und zum Abkühlen in ein kaltes Gefäß legen.

Weiteres Öl in den Topf gießen und Sellerie und Zwiebel darin 5 Minuten anschwitzen. Die Tomaten und Oliven zufügen, mit Salz und Pfeffer würzen und 15 Minuten garen.

Den Rotweinessig und den Zucker unterrühren und alles erneut 10 Minuten garen. Zuletzt die Auberginen und Kapern untermischen, die *caponata* vom Herd nehmen und abkühlen lassen. Falls erforderlich, können Sie die *caponata* über Nacht in den Kühlschrank stellen. Sobald sie abgekühlt ist, die gehackte Petersilie und den Zitronensaft untermengen.

Den Ofen auf 220 °C vorheizen.

Den Fisch würzen. Ein großes Stück Alufolie oder Backpapier auf ein Backblech legen, einölen und zwei Esslöffel *caponata* darauf verteilen. Die Filets darauflegen und mit weiterer *caponata* bedecken. Die Folie oder das Papier locker über dem Fisch zusammenschlagen und die Ränder versiegeln. Den Fisch 25 Minuten im Ofen backen, bis er durchgegart ist.

FISCHEN UNTER DER BRÜCKE

Londons Seafood-Einkaufsmöglichkeiten sind mir ein Rätsel, da scheint New York ein gutes urbanes Trainingslager. Bekannte Adressen sind *Eli's Vinegar Factory* und *Citarella*, und bei meinen eigenen Recherchen stieß ich noch auf *The Lobster Place* und *Wild Edibles*.

Ich verzichte bewusst auf einen Abstecher zum *New Fulton Fish Market* in Hunts Point in der südlichen Bronx, ich spüre den New Yorker Fisch lieber als Otto Normalverbraucher in den Straßen der Stadt auf. Als der Großmarkt aus Manhattan in die Bronx zog, kappte er seine Verbindungen zur regionalen Fischereiwirtschaft. Es gibt andere, unkonventionellere Adressen, dem Geist einer Stadt nachzuspüren – ihre Flohmärkte und Secondhandläden. Oft ist es interessanter zu beobachten, was eine Stadt ausrangiert als das, was sie sich neu zulegt, um es später einmal auszurangieren. Bevor ich also Fisch kaufen gehe, besuchen wir den *Annex Fair & Flea Market* in der 25th Street und 6th Avenue. Ein Teil des Markts, die sogenannte *Antiques Garage*, hat sich in einem mehrgeschossigen Parkhaus, West 25th Street, breit gemacht, wo sie Schutz vor dem Schnee findet. In dem dichten Gedränge suche ich nach maritimen Objekten, aber kein ausgestopfter Fisch weit und breit. Ich finde ein kleines Buch über die Fischerei an der Ostküste, auch *bluefish* und *blackfish* werden darin erwähnt. *Blackfish* sei ein edler Fisch aus New Jersey, heißt es, der sich unter Molen und um Wracks aufhält, ein erstklassiger Speisefisch. Ein ganzes Kapitel widmet sich dem „unerbittlichen *bluefish*", der in räuberischen Schwärmen sein grausames Unwesen treibt, doch kein Wort darüber, ob er schmeckt. Am nächsten Stand entdecke ich doch noch einen aus Holz geschnitzten Schwertfisch und einen zerschlissenen Stoffhummer, ähnlich jenen, die ich in Schweden gekauft habe. Ein anderer Stand bietet Bedarf für Sportfischer, Dutzende alter Angelruten und Spulen, interessant anzuschauen, aber ohne Nutzen für mich. Der Ozean fühlt sich weit weg an. In einem nahen Küchenladen kaufe ich ein Austernmesser, ein Thermometer und zehn Mini-Bratenspritzen.

Mit unserem vietnamesischen Fischladen in London vor Augen mache ich mich auf den Weg durch die kalten Straßen New Yorks in Richtung Chinatown, um mir das nichtheimische Seafood-Angebot einmal anzuschauen. Jeff und Hannah zieht es stadtaufwärts. Als ich in die fantastischen Auslagen der Läden in der Mott Street nördlich von Canal Street schaue und einen Blick in die Souterrain-Shops am East Broadway unter der Manhattan Bridge werfe, bekomme ich einen Anfall von Reizüberflutung, eine Art aquatischen Schock. Viele Köche aus der Fremde lassen ihre heimische Küche an neuer Stelle wiederaufleben. Oft haben sie ihre Marktkultur und die Bewohner ihrer Meere gleich mitgebracht. Carl von Linné wird mir hier keine Hilfe sein, auch mit Englisch kommt man nicht weit. Das Angebot ist weder saisonal noch macht es überhaupt den Versuch, sich den Anschein regionaler Herkunft zu geben. Mehr als 95 Prozent müssen auf dem Luftweg hierher gelangt sein. In den Straßen und Läden herrscht das typische bunte Treiben asiatischer Märkte – blaue Schwimmerkrabben in geflochtenen Körben, Fischköpfe, Bleche mit sich windenden Aalen und alle möglichen Trockenprodukte von Austern bis Tintenfisch. Eimer mit lebenden Fröschen, Becken mit lebenden Fischen, andere liegen in Styroporkisten. Berge von gesalzenem Fisch sehen aus wie Herbstlaub und die getrockneten Kraken erinnern an bleiche Gespenster. Viele Arten kenne ich überhaupt nicht, vor allem die Schalentiere und die zahlreichen Garnelenarten. Ein Meeresbiologe käme jetzt recht. Abgesehen vom Preis ist der Fisch überwiegend nicht etikettiert, als Kunde muss man wissen, was man will.

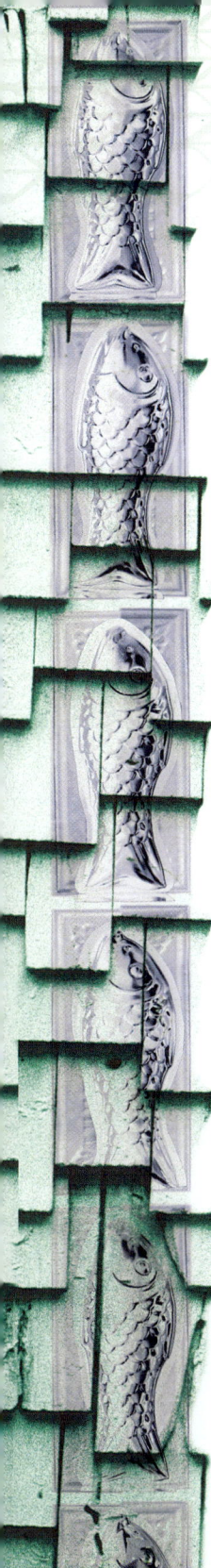

Noch immer auf der Suche nach Fisch für den Kühlschrank beginne ich, die großen Supermarktketten abzugrasen. Überall stoße ich auf einen globalen Mix aus Wildfischen: heimischer Atlantik, heimischer Pazifik, Golf von Mexiko, Alaska, Hawaii, Neuseeland, Europa und sogar ein bisschen Nordsee. Den Zuchtfisch dazugerechnet und mir wird schon wieder schwindelig. Ich suche auf meiner Liste nach Fischhändlern, die Ware aus nachhaltigem Fang anbieten, und nehme unterwegs noch den einen oder anderen Seafood-Laden am Wegesrand mit. Der Erste ist *Chelsea Market*. Das Innere des großen, rechteckigen Komplexes gleicht einem verzweigten Netz aus niedrigen, in Fels gehauenen Schächten. Eine imposante Höhle voller kulinarischer Schätze. Die Gänge sind mit Läden und Ständen gesäumt, die frische Erzeugnisse und fertige Speisen verkaufen. Die Weihnachtsdekoration und das schwache weiße Licht verstärken die grottenartige Atmosphäre. Mein Ziel ist *The Lobster Place* mit seiner petersiliengerahmten Eislandschaft aus frisch abgekochtem Hummer und den auf schmale Bleche drapierten zarten Filets – Kabeljau, Seezunge, Seehecht, *black cod* (Kohlenfisch), Flunder und Blaufisch. Dazu bieten sie eine Riesenauswahl an *clams*, Austern und Jakobsmuscheln in Holzkörben. Ich entscheide mich für Kabeljau, Blaufisch, Herzmuscheln, *little-neck-clams* (Quahog-Muscheln) und eine Kühltasche, um meine Beute auf dem Heimweg frisch zu halten. Mein Seafood-Führer attestiert *The Lobster Place* ein ökologisch unbedenkliches Angebot, doch nirgends ist ein Hinweis zu sehen, ob der Fisch aus nachhaltiger Quelle stammt. Der Fisch in diesen Läden ist sichtbar frisch, fest und von guter Qualität.

Nicht weit vom *Westside Market* stoße ich auf einen kleinen *Wild-Edibles*-Stand, anschließend besuche ich die Filiale am Grand Central. *Wild Edibles* bietet die meisten Informationen zum angebotenen Fisch. Zwar fehlen die wissenschaftlichen Namen, doch findet man verschiedene Angaben über den Zustand der Bestände, die Fangmethoden und mögliche Folgen für die Umwelt. Die Hinweise bei *Wild Edibles* erinnern mich an die Etikettierungslust anderer New Yorker Feinkostläden – informativ, langatmig und manchmal auch lustig. Obwohl es eigentlich nichts zu lachen gibt, wenn es um den Zustand einiger Fischarten geht, denn ein Satz mit dem Wort „Raubbau" hat keine witzige Pointe. Meist konzentrieren sich die Informationen auf Geschmack und Zubereitungstipps und das in möglichst mundwässerndem Jargon: delikates Aroma, feinblättrig, sehr geringer Fettgehalt, fleischig, fest, saftig, feinwürzig mit einem Hauch von …, reich an Omega 3, nach altem Hausrezept, zartschmelzend usw. … Ich muss unbedingt zu *Citarella*. Dort kaufe ich *Blackfish*-Filet, *cherrystone clams* (mittelgroße Quahog-Muscheln) sowie Schnittlauch und Thymian. Leider ist mein Rucksack bereits gut gefüllt, als ich in *Eli's Vinegar Factory* in der 91. Straße aufschlage und das appetitliche Angebot an frischem Fisch bestaune. Es fehlt nur noch Estragon auf meiner Liste. Das nächste Mal werde ich hier beginnen.

Was stellen die New Yorker mit ihrem Fisch an? Ich frage mich, ob es spezielle Kochbücher gibt, die mir helfen könnten, und mache einen Abstecher nach Greenwich Village zu einer meiner Lieblingsadressen – *Bonnie Slotnick Cookbooks*. Ich erkläre Bonnie mein Problem und sie empfiehlt mir ein paar Bücher über die Fischküche der Ostküste. Antiquariate haben den Vorteil, dass sie nicht nur die Topseller der letzten Monate bieten. Stattdessen kann ich aus einem ganzen Jahrhundert von Büchern schöpfen, darunter *Sensational Shellfish, The Best of The North Fork, The Taste of Gloucester, A Fisherman's Wife Cooks, Long Island Cook Book, The Complete Seafood Cookbook, New England Cookbook* und viele mehr. Die meisten beschäftigen sich mit Regionalküche, die in Long Island fast zu 100 Prozent aus Fischrezepten und wenigen Wildgerichten besteht. Die meisten Rezepte sind mit Wolfsbarsch, *blackfish*, *bluefish*, *clams*, Kabeljau, Krabbe, Aal, Flunder, Schellfisch, Heilbutt, Hummer, Makrele, Miesmuscheln, Austern, Jakobsmuscheln, Garnelen oder *weakfish*. In einem Buch finde ich allein unglaubliche 125 Rezepte für Austern, 70 für Clams und 48 für Flunder! In seinem exzellenten Fischbuch träumt Hugh Fearnlay-Whittingstall mit Nick Fisher von einem Lieferdienst für Süßwasserfisch nach dem Vorbild der Biogemüsekisten. Etwas Besseres existiert bereits in Maine – ein wöchentliches Abo für Meeresfisch. In der *Washington Post* schreibt die Kochbuchautorin Nancy Harmon Jenkins über den *Port Clyde Fresh Catch*. Wie die anderen 200 Abonnenten des Lieferservices erhält sie im Sommer jede Woche fünf bis sechs Kilo Frischfisch, das Kilo für fünf bis sechs Dollar. Sie gibt nicht nur nützliche Tipps, was man mit dem wöchentlichen Mix aus Kabeljau, Schellfisch und Seehecht alles anstellen kann, sie verweist auch auf die wachsende Kooperation von Fischern und Verbrauchern. Die Fischerei in Port Clyde, Maine, erlaubt mit Billigung der Behörden den Fischern, ihren Fang selbst zu vermarkten und direkt an Privatkunden zu verkaufen, wie die kleinen rosa Wintergarnelen. Wie die Autorin erklärt, fühlen sich die Fischer ihren Ressourcen ganz anders verbunden als die großen, kommerziellen Trawler, die im Dienste einer anonymen Industrie unterwegs sind. Die Fischer von Port Clyde verwenden hochgesetzte Grundschleppnetze, um den Beifang und die Folgen für Umwelt gering zu halten. Auch andere Fischereikommunen setzen verstärkt auf umweltfreundliche Fangmethoden und nehmen Vermarktung und Schutz der Bestände selbst in die Hand. Ziel ist, weniger Fisch von besserer Qualität zu fangen, der einen höheren Preis erzielt.

Bevor ich den sicheren Boden unserer Küche in Manhattans Stadtteil TriBeCa ansteuere, lande ich vor der *Spring Lounge* in der *Mulberry Street*. Zeit für einen Drink, um den Fischgeruch zu verscheuchen. Die Bar ist wie ein Fragezeichen geformt. Ich bestelle ein *Smuttynose Portsmouth* und nehme das Bier mit zu einem schmalen Holztisch am Fenster. Die Lokalität ist auch als *shark bar* – Haifischbar – bekannt, ein passender Ort, den Tag zu beschließen, und eine Erinnerung daran, was mich zu dieser Expedition veranlasst hat. Natürlich hängen da ausgestopfte Haie, zu dieser Jahreszeit sind sie mit Lametta geschmückt. Im Fenster steht unter einer US-Flagge das Foto eines Hais, der dort wirkt, als sei er eine lokale Berühmtheit.

Zurück in TriBeCa packe ich in der Küche meinen Fisch aus. Zwischen meinen Fischeinkäufen und der Suche nach dem einzigartigen *Economy Candy* für Hannah ist es mir gelungen, einen ganzen Koffer voll Dosenfisch und Süßigkeiten zusammenzutragen, der jetzt geräuschvoll klappert. Zu wissen, welcher Fisch dort hinter den Wolkenkratzern im Ozean schwimmt, war an der Fischtheke von großem Nutzen. So konnte ich eingeflogene Ware und die notorischen Pyramiden aus Thunfisch, Lachs und Garnelen oder Riesengarnelen, Schwertfisch und Seeteufel gezielt umschiffen. Stattdessen war ich in der Lage, saisonale und regionale Fischsorten aufzuspüren, die auf keiner roten Liste stehen, sie alle schmeckten hervorragend. Langsam entwickle ich mich zum versierten Fischkäufer – und das in einer Metropole aus Glas und Stahl.

Littleneck CLAMS 70.0 D/Z

DER HERAUSGEBER EINES
NEW YORKER MAGAZINS HAT
MICH BEAUFTRAGT, ÜBER EINE
BEVORSTEHENDE REISE NACH
AUSTRALIEN ZU SCHREIBEN,
WO JEFF EINE AUSSTELLUNG
HAT. DAS FÜHRT UNS AN DAS
ÄUSSERSTE ENDE DES GRÖSSTEN
OZEANS DIESER WELT, DEN
PAZIFIK.

IN EINEM ZAUBERHAFTEN LAND

SYDNEY & DAS GREAT BARRIER REEF, AUSTRALIEN

DER PAZIFIK LOCKT. WIR MIETEN EIN FISCHERHAUS IN SYDNEY UND MACHEN UNS AUF DEN WEG AUF DIE SÜDSEITE DES ÄQUATORS.

JEFF HAT EINE AUSSTELLUNG IN DER LIVERPOOL STREET GALLERY IN SYDNEY, SO BESCHLIESSEN WIR, FÜR EINEN MONAT NACH AUSTRALIEN ZU GEHEN. SIE HAT UNS EINEN RESERVEKOFFER ZUM VERSTAUEN UNSERER KULINARISCHEN BEUTE BESORGT UND HANNAH HAT IM INTERNET EINEN PASTETEN-LADEN GEFUNDEN, DER HANNAH'S PIES HEISST. MICH ZIEHT ES AUF KULINARISCHE SPURENSUCHE IN SYDNEYS VORORTE UND ZUM GREAT BARRIER REEF.

歡迎光臨
WELCOME

WATSONS BAY

LIFEJACKET
INSIDE

SPECIAL
$13·95
$14·95

SYDNEY

In den zugigen Straßen des herbstlichen New Yorks spürte ich die hüben wie drüben empfundene enge Verbundenheit mit dem „großen Teich". Entstanden ist sie aus einer gemeinsamen Geschichte der Karavellen, Galeonen und Klipper, der Entdeckungen, der Fischerei, der Kriege und Schlachten, fiktionalisiert und romantisiert in Kinderbüchern und Filmen. Auf dem Grund des Atlantiks liegen die Wracks der Titanic, der HMS Hood, der Bismarck und zahlloser Fischerboote wie der Andrea Gail, einem Langleinen-Schwertfischfänger aus Gloucester.

Der Pazifik und Australien scheinen ein ungleich exotischeres Ziel zu sein, trotz der konstitutionellen Bande mit Großbritannien. Als Fan der Kartografie wuchs ich mit einem eurozentrischen Bild von der Erde auf, nach dem Vorbild der Mercator-Projektion von 1569, die den Atlantik im Zentrum zeigt. Erst später geriet diese Sichtweise durch andere Weltkarten ins Wanken, sei es durch die wunderbare Karte der Surrealisten mit dem Pazifik in der Mitte oder Buckminster Fuller's *AirOcean World Map* (Luftozean-Weltkarte, 1954), der die Welt auf einen Ikosaeder (Vielflächner) projizierte, mit den Ozeanen in der Mitte und den Kontinenten rundherum. Jetzt habe ich ein paar *Food-Maps* von Sydney angefertigt und Routen und potenziell lohnende kulinarische Ziele eingezeichnet. Das Ofenthermometer ist verstaut, der Seafood-Führer bestellt, wir sind startbereit. Unsere Bleibe wird ein Fischer-Cottage in Watsons Bay am South Head, der äußeren Hafeneinfahrt Sydneys, sein. An der Meeresseite kracht die Brandung gegen die schmale Landzunge, an der anderen, dort, wo das berühmte Fischrestaurant *Doyles* einen traumhaften Blick auf *Sydney* bietet, schwappt friedlich das seichte Wasser der Bucht an den Strand.

Nach unserer Ankunft bleibt keine Zeit für einen Abstecher zu einem Biomarkt oder dem berühmten *Sydney Fish Market*, doch es muss rasch etwas Essbares her, bevor uns der Jetlag ausknockt. Der Bus der Linie 325 bringt uns nach Double Bay zu einem großen Woolworth, in Australien ein Supermarkt. Zwischen den vertrauten Lebensmitteln und Marken finden wir auch landestypische Produkte wie *Lamington cakes,* benannt nach *Baron Lamington*, der im späten 19. Jahrhundert Gouverneur von Queensland war. Es sind kleine, rechteckige Biskuits mit Schokoladenüberzug und Kokosstreuseln. Dazu Produkte wie *Vegemite, Armott's biscuits, Keen's mustard, Cherry-Ripe*-Schokoriegel, festen Hüttenkäse in Blöcken aus New South Wales, Känguru-Steaks und schmackhaften Haloumi. Eine Fischtheke vermittelt einen Hauch von Ahnung, was da draußen im Pazifik schwimmt. Das erste Abendessen auf Reisen ist meist ein improvisiertes. Müde stolpern wir zurück zu unserem idyllischen Fischerhäuschen. Ich experimentiere mit Känguru-Steaks und Tamarindenmark, die heutigen Reserven für den Notfall bestehen aus Lammwürsten in türkischem Fladenbrot und gebratenem Haloumi in Balsamico.

Nachdem das ohrenbetäubende nächtliche Gezeter der Beutelratten endlich verstummt ist, weckt uns in der Morgendämmerung der urzeitliche Gesang der Vögel. Loris, Gelbhaubenkakadus, Weißstirn-Schwatzvögel und Silberkopfmöwen krächzen, schnattern, schreien und fiepsen um die Wette. Scharlachrote Pennantsittiche verschmelzen mit den feuerroten Blüten der kargen, knorrigen Flammenbäume. Die Fenster der hellen, holzgetäfelten Küche lenken den Blick auf Mangos, Avocados und Palmen. Es ist ein exotisches, audiovisuelles Fest der Sinne.

Watsons Bay war die erste Anlegestelle innerhalb der Bucht zum Hafen von Sydney, ähnlich anderen Fischereigemeinden, wie Footie in Aberdeen oder Santa Marta in Venedig, ein abgelegener Fleck am seewärts gewandten Rand der Stadt. Bereits 1790 besetzt, zählt es zu den ältesten europäischen Siedlungen in Australien und war der erste Fischerort, der bei der Versorgung der

Kolonisten half. Die einfachen Holzhäuser stehen noch heute. Das türkisfarbene Wasser im Hafen ist erstaunlich klar und wir stolpern um viertel vor zwei am Nachmittag auf die Fähre zum Circular Quay in Sydney.

Sydney ist eine faszinierende Stadt. Beeindruckende Architektur, verlockendes Essen, freundliche Menschen, doch strahlt ihre natürliche Umgebung eine untergründige Schönheit aus, urwüchsig und fremdartig, die sich erst auf den zweiten Blick erschließt. Mich beschleicht das Gefühl, die Metropole könnte sich jeden Moment zurück in einen Urwald verwandeln. Riesige Kolonien von Flughunden bevölkern die prächtigen Eukalyptusbäume, ein ferner Gruß aus der Urzeit einer unergründlichen Landschaft. Die majestätischen Moreton-Bay-Feigenbäume wiegen sich im kalten, feuchten Wind. Ihre vom Regen freigelegten Brettwurzeln ragen aus der grünen Parklandschaft hervor wie gigantische Stahlblechscherben.

Die gastronomische Landkarte Sydneys ähnelt dem Great Barrier Reef von einem Helikopter aus gesehen, Hunderte kleiner Riffs von jeweils ganz eigenem Charakter. Die Stadtteile formen und verändern sich mit jeder neuen Volksgruppe, die samt ihrer Kultur und Küche angespült wird, ein Integrationsprozess, der sich vor allem in den Vorstädten, den 'burbs (suburbs) wie die Einwohner Sydneys sagen, vollzieht, ein Nährboden der Multi-Kulti-Küche.

Sich dem Zentrum Sydneys vom Wasser aus zu nähern, ist ein spektakuläres Erlebnis. Als unsere Fähre das *Sydney Opera House* passiert und in die Bucht von Sydney Cove einbiegt, rücken nach und nach die Wolkenkratzer im Zentrum ins Blickfeld und hinter einer Fähre nach *Manly* kommt das *Museum of Contemporary Art* zum Vorschein. Wie in Venedig liegen am Circular Quay Boote und Fähren aller Größen und Bestimmungsorte. Ich kann es kaum erwarten, den Fischmarkt zu besuchen, also melde ich mich freiwillig zum Einkaufen. Eine Fähre nach Darling Harbour setzt mich an der Pyrmont Bay nahe dem Industriehafen und Fischmarkt ab. Man erreicht den Markt über einen großen Parkplatz am Kai, der von Fischständen gesäumt ist. Leider ist der Bereich für Großkunden und Wiederverkäufer für Besucher nicht zugänglich, nur eine morgendliche Besichtigungszone verströmt das Flair eines Hörsaals. Wenn die Atmosphäre auch den merkantilen Charme der Fischmärkte am Mittelmeer missen lässt, das Fischangebot ist eindrucksvoll, ein Feuerwerk der Farben. Bemerkenswert sind die Schal- und Krustentiere: leuchtende Grünschalmuscheln, Sydney-Felsenaustern, schneller geöffnet, als man sie schlürfen kann, Spanner- und Mangrovenkrabben, die aussehen, als trügen sie einen Bleipanzer. Die Hauptaktivität der Marktbesucher ist Essen. An die Auktionshallen grenzt ein Food-Court, der alle Sorten von Fisch und Meeresfrüchten, serviert auf jede erdenkliche Weise, bietet – roh, eingelegt, geräuchert, gedämpft, gebraten, gegrillt, frittiert oder gebacken. Man kann sich ein komplettes Picknick zum Mitnehmen zusammenstellen, es gibt auch einen Bäcker, einen Getränkemarkt, einen Feinkostladen und einen Lebensmittelhändler. Das Seafood bei *Christie's* sieht vielversprechend aus, ich entscheide mich für einen bunt gemischten Teller aus Mini-Oktopus mit Chili, Austern Mornay, Jakobsmuscheln, Calamari und gebratenem Barramundi. Bevor ich mich auf den Weg nach Pyrmont zur Fähre nach Hause mache, kaufe ich bei *De Costi* noch einen großen Barramundi aus hiesigen Gewässern und einen Balmain Bug (Bärenkrebs).

Ein anfänglicher Stolperstein auf meiner Fischexpedition war das Durcheinander der Fischnamen. In Australien hat man sich dieses Problems in der Erkenntnis angenommen, dass eine einheitliche Bezeichnung der Fische im Sinne der Verbraucher ist. Als Sprachliebhaber bekümmert mich das ein wenig und ich hoffe, dass neben den offiziellen Standardnamen auch die früheren Beinamen zu ihrem Recht kommen. Der Australian *Fish Names Standard* (Fischnamen-Richtlinie) schreibt für jede in Australien gefangene oder vertriebene Art eine Normbezeichnung vor – alles in allem 4.500. Seit 2008 wird sämtlicher auf dem Markt angebotene Fisch nach diesem Schema benannt. Zurück zu Hause packe ich den fremdartigen Fisch aus – der Barramundi schaut mich grimmig an.

Die einzigen Haie, die ich gesehen habe, waren aus Plastik und hingen vor Souvenir-Shops, und einer zierte ein großes Warnschild am Strand vor dem Restaurant *Bathers' Pavilion*, wo ich eine Pizza mit Lammnacken, Pecorino, Auberginen, Minze und Knoblauch gegessen habe. Bevor wir Sydney verlassen, finden wir gegenüber vom *Powerhouse Museum* in Ultimo tatsächlich *Hannah's Pies* und essen dort einen Curry Tiger – eine pikante Fleischpastete mit Kartoffelpüree, Erbsenmus und Bratensauce. Es schmeckte köstlich. Auch sonst kommen wir in der Stadt kulinarisch voll auf unsere Kosten: *Bill's* Ricotta-Pfannkuchen und die besten Muffins, die ich je gegessen habe, oder die fantastischen Bärenkrebse im *Sean's Panorama* am Bondi Beach. Beeindruckt von Sydneys kulinarischer Erfindungsgabe und gastronomischer Vielfalt kommen wir uns vor wie auf einem nicht enden wollenden Food-Festival. Es ist Flut, als wir in Watson Bay im Mondschein den Strand entlang nach Hause schlendern. In der Ferne bietet Sydney einmal mehr einen sehenswerten Anblick – ein Wald weihnachtlicher Lichterbäume im silbernen Nebel. Zu Hause heißt es Koffer packen, denn morgen reisen Jeff, Hannah und ich mehr als tausendfünfhundert Kilometer nordwärts in das tropische Queensland, zum Barrier Reef und in eine weitere Küche.

GRATINIERTE MUSCHELN AUF DREIERLEI ART

Zu den Attraktionen des Fischmarkts in Sydney gehören ein Feinkostgeschäft und der Obst- und Gemüseladen. Ich schlendere eine Weile zwischen den Fischständen hin und her und schaue dann nach dem Gemüse. Gibt's hier Brunnenkresse? Zurück zum Fisch. Finde ich im Feinkostladen Schafskäse? Zurück zum Fisch. Schließlich habe ich alles. Gegrillte Miesmuscheln sind eine vortreffliche Basis für alle möglichen Beläge.

FÜR 3 PERSONEN

10 Miesmuscheln
10 Grünschalmuscheln
1 Glas Weißwein

Belag 1:
2 EL Schafskäse, zerkrümelt
1 TL gehackte Pinienkerne
2 EL gehackte Minze
2 EL Semmelbrösel

Belag 2:
½ Zwiebel, fein gehackt

1 frische rote Chilischote, fein geschnitten
2 EL gehacktes Koriandergrün
2 EL Semmelbrösel

Belag 3:
1 EL gehackte Macadamia-Nüsse
2 Knoblauchzehen, in feine Streifen geschnitten
2 EL gehacktes Koriandergrün
2 EL Semmelbrösel

Die Muscheln in einer Schüssel mit kaltem Wasser bedecken. Geöffnete Muscheln, die sich bei Berührung nicht schließen, wegwerfen. Die Muscheln gründlich waschen, abbürsten und von den Bärten befreien.

Die Zutaten für die Beläge in drei separaten Schüsseln vermengen.

Die Muscheln in dem Weißwein zugedeckt einige Minuten dämpfen, bis sie sich geöffnet haben. Nicht übergaren, sonst werden sie zäh. Muscheln, die sich nicht öffnen, wegwerfen.

Die Deckelschalen abtrennen und beiseitelegen. Der aromatische Sud ist zu schade zum Weggießen. Sie können damit die Mischungen zum Gratinieren ein wenig benetzen.

Den Grill auf mittlerer Stufe vorheizen.

Die Muscheln in ihren Schalenhälften auf ein Blech legen und mit den verschiedenen Belägen zum Gratinieren bedecken. Etwaige Reste vom Belag in die leeren Schalen füllen, mit Muschelsud beträufeln und ebenfalls aufs Blech legen.

Die Muscheln unter dem heißen Grill in etwa 4 Minuten goldbraun gratinieren.

MIESMUSCHEL, PFAHLMUSCHEL
ENGLISCH: *Mussel, blue mussel, black mussel, common mussel*
ART: *Mytilus edulis (Linnaeus, 1758)*
FAMILIE: *Mytilidae (Miesmuscheln)*

GRÜNSCHALMUSCHEL
ENGLISCH: *Green mussel, green lip mussel, greenshell mussel, kuku, kutai (Maori)*
ART: *Perna canaliculus (Gmelin, 1791)*
FAMILIE: *Mytilidae (Miesmuscheln)*

Miesmuscheln gehören zu den ökologisch am wenigsten umstrittenen Meeresfrüchten und schmecken dazu noch gut. Zuchtmuscheln haben meist dünnere Schalen als die wilden Bestände, da sie gewöhnlich in ruhigem Wasser kultiviert werden.

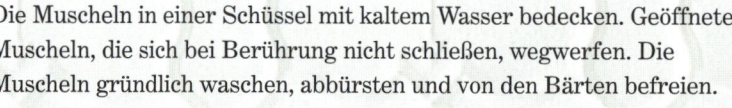

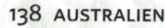

FLATHEAD MIT SESAM

TIGER FLATHEAD

ENGLISCH: *Deep sea flathead, flathead, king flathead, spiky flathead, toothy flathead, trawl flathead*

ART: *Neoplatycephalus richardsoni (Castelnau, 1872)*

FAMILIE: *Platycephalidae (Plattköpfe)*

In den australischen Gewässern leben mehr als 40 verschiedene Plattkopf-Arten.

Wir sind hundemüde, kaum in der Lage einzukaufen. Die Parkdauer vor Coles in Edge-cliff ist auf eine Stunde beschränkt. Ich kaufe einen Beutel Sesam und bei dem ausgezeichneten Fischhändler draußen in der Einkaufspassage ein paar Flathead-Filets – sie sind ganz schmal und dünn und sollten im Handumdrehen fertig sein. Das Rezept mutet fast ein bisschen zu einfach an, gemessen an dem großartigen Geschmack. Das nussige Aroma des knusprigen Sesams passt wunderbar zu dem saftigen, lockeren Fischfleisch. Das Rezept funktioniert mit jedem dünnen Filet.

FÜR 3 PERSONEN

1 Ei	3 EL Sesam
120 ml Milch	500 g Flathead-Filets ohne Haut
50 g Mehl	Olivenöl
1 TL Salz	

In einer Schüssel das Ei und die Milch verquirlen.

Das Mehl, das Salz und den Sesam auf einem Teller vermengen.

Die Flathead-Filets zuerst in die Eiermilch tauchen und dann in dem Sesammehl wenden, bis sie rundherum gut bedeckt sind.

Eine beschichtete Pfanne erhitzen und etwas Olivenöl hineingießen.

Die panierten Filets in die Pfanne legen und bei mäßiger Hitze goldbraun braten; zwischendurch einmal wenden. Die Filets sind so dünn, dass sie nur wenige Minuten brauchen.

Abwandlung

Je drei Esslöffel Tahin (Sesampaste), Olivenöl und Wasser verrühren und einen Esslöffel Zitronensaft untermengen. Die Filets darin marinieren und anschließend braten oder backen.

SCHWIMM-KRABBENSUPPE MIT KRESSE

Krabbensuppe hat einen einzigartigen Geschmack. Vollmundig, vielschichtig – einfach unwiderstehlich. Dieses Rezept ist von einer alten Ausgabe von *Women's Weekly*, einer Frauenzeitschrift, inspiriert, die ich in den Blue Mountains in einem Secondhandladen fand. Zur geschmacklichen Intensivierung können Sie beim Fond mit etwas Safran oder sogar mit Fisch nachhelfen.

FÜR 3 PERSONEN

2 lebende Pazifische Schwimm-krabben (oder andere mittel-große Krabben)

2 TL Butter

1 Karotte, gehackt

2 Knoblauchzehen

1 weiße Zwiebel, gehackt

1 Stange Staudensellerie, gehackt

1 Lorbeerblatt

50 ml trockener Weißwein

50 g Brunnenkresse

50 ml Sahne

Salz und Pfeffer

Mehlschwitze:

30 g Butter

30 g Mehl

Die Krabben in sprudelnd kochendes Wasser gleiten lassen – sie sind innerhalb weniger Sekunden tot – und kalt abschrecken. Das Fleisch aus den Körpern und Scheren auslösen, das graue Gewebe wegwerfen.

Für den Fond die Butter in einem Topf zerlassen. Die Krabbenschalen, die Karotte, den Knoblauch, die Zwiebel und den Sellerie darin 5 Minuten anschwitzen. 1,5 Liter Wasser und das Lorbeerblatt zugeben und unbedeckt 30 Minuten köcheln lassen. Durch ein Sieb passieren, die festen Rückstände wegwerfen.

Die Butter für die Mehlschwitze aufschäumen und das Mehl einrühren. Nach und nach eine Tasse Fond zugießen und rühren, bis das Mehl bindet. Den Wein und zwei weitere Tassen Fond zugeben. Dann den restlichen Fond, die Brunnenkresse und das Krabbenfleisch unterrühren und 5 Minuten köcheln lassen, bis das Krabbenfleisch gar ist.

Vom Herd nehmen und die Suppe im Mixer glatt pürieren. Eventuell dabei portionsweise vorgehen.

Die Suppe noch einmal kurz erhitzen, jedoch nicht aufkochen. Die Sahne unterrühren und mit Salz und Pfeffer abschmecken.

GROSSE PAZIFISCHE SCHWIMMKRABBE
ENGLISCH: *Blue swimmer crab, blue crab, blue manna, blue swimmer, bluey, brown mud crab, sand crab, sandy*
ART: *Portunus pelagicus (Linnaeus, 1758)*
FAMILIE: *Portunidae (Schwimmkrabben)*

peter's fish market
GREEN BLUE SWIMMER CRABS
PRODUCT OF AUSTRALIA
$11.99 kg

BARRAMUNDI IN KOKOS-MILCH

Wir sind eine Weile in Sydneys Vorstädten herumgefahren, auf der Suche nach kulinarischen Strömungen aus aller Welt. Die libanesischen Läden in Bankstown erinnern mich an ein Rezept für *samak bi tahini*, ein in Sesampaste gebackener ganzer Fisch, das ich in einem libanesischen Kochbuch aus dem Jahr 1960 gefunden habe. Wir haben die Sauce auch mit Wittlingsfilets ausprobiert, die äußerst sorgfältig von Gräten befreit werden müssen, da die Sauce die vergessenen gut versteckt. Asien hatte und hat großen Einfluss auf die australische Küche. Der *Thai-Kee*-Supermarkt in Chinatown, wo ich einige Dinge für dieses Rezept mitnehme, scheint auf jede erdenkliche asiatische Küche eingestellt zu sein.

FÜR 3 PERSONEN

2 Knoblauchzehen, in feine Scheiben geschnitten

3 cm Ingwer, geschält und in dünne Scheiben geschnitten

1 weiße Zwiebel, in feine Streifen geschnitten

Olivenöl

3 kleine Barramundi-Filets

170 ml Kokosmilch

1 Handvoll gehacktes Koriandergrün

Den Knoblauch, den Ingwer und die Zwiebel in Olivenöl glasig schwitzen.

Die Barramundi-Filets einlegen und von jeder Seite etwa 1 Minute anbraten. Die Kokosmilch zugießen und den Fisch weitere 5 Minuten behutsam garen.

Mit Koriandergrün garnieren und mit Reis servieren.

Abwandlung
Geben Sie mit der Kokosmilch 200 Gramm abgetropfte Cannellini-Bohnen aus der Dose zu.

BARRAMUNDI

ENGLISCH: *Barramundi, silver barramundi, giant perch, palmer perch, barra, Asian sea bass*
ART: *Lates calcarifer (Bloch)*
FAMILIE: *Centropomidae (Snooks)*

Der Name Barramundi bedeutet in der Sprache der Aborigines „Flussfisch mit großen Schuppen" Die Aborigines wickelten den Fisch traditionell in die Blätter der wilden Ingwerpflanze und backten ihn in heißer Asche.

Das Verbreitungsgebiet des Barramundi reicht vom Persischen Golf über den Indischen Ozean und den Süden Chinas bis nach Japan und südlich von Neuguinea bis nördlich von Australien. Gelegentlich wird er fälschlicherweise als Nile Perch (Nil-Barsch) bezeichnet.

LEATHERJACKET COMMON
WEITERE NAMEN: *Ocean jacket*
ART: *Nelusetta ayraudi* (Quoy & Gaimard, 1824)
FAMILIE: *Monacanthidae* (Feilenfische)

Es gibt mehr als 60 verschiedene Leatherjacket-Arten in australischen Gewässern. Ihren Namen – Lederjacke – verdanken sie ihrer zähen Haut, die entfernt werden muss – gewöhnlich nach dem Garen.

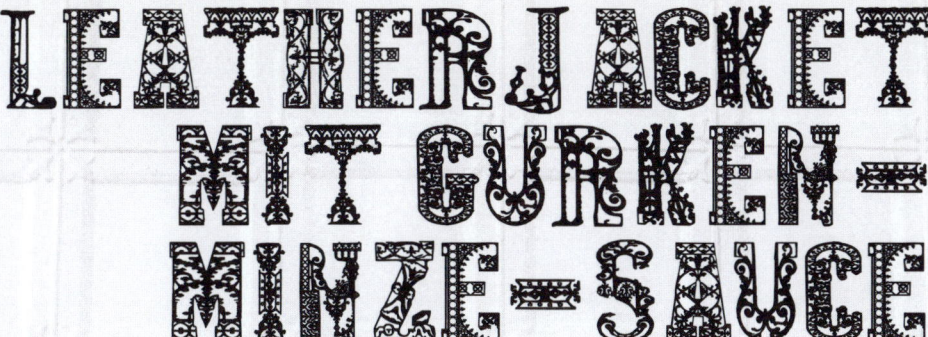

LEATHERJACKET MIT GURKEN-MINZE-SAUCE

Ich bin wieder auf dem Fischmarkt von Sydney und suche nach Fisch für das Abendessen. Die Wahl des richtigen Händlers, um Fisch für Jeff, Hannah und Nick, ein Freund aus London, der hier arbeitet, zu kaufen, erfordert Rat von unabhängiger Seite. Ein Küchenladen namens *Rosie's* macht ganz den Eindruck, als könnte man ihn dort bekommen. Ich habe nie zuvor so viel Barbecue-Zubehör gesehen wie hier, exklusiv für Fisch. Ich wähle eine kleine Zange. Der Besitzer empfiehlt entweder *Peter's* in der Markthalle oder *De Costi* draußen, wo ich ein paar prächtige Leatherjackets erwerbe. Das Rezept funktioniert auch mit anderen kleinen Fischen wie Meerbrassen.

FÜR 2 PERSONEN

¼ Salatgurke, geschält und in Scheiben geschnitten

200 ml Fischfond oder Gemüsebrühe

3 EL gehackte frische Minze

1 Leatherjacket oder Meerbrassen (z. B. Dorade royale), Kopf entfernt und ausgenommen

Rapsöl

Die Gurke in dem Fond oder in der Brühe 10 Minuten sanft köcheln lassen.

Die Mischung im Mixer pürieren, zurück in den Topf gießen und weiter einkochen.

Die Sauce von der Kochstelle nehmen, mit der Minze verrühren und warm stellen.

Den Fisch in etwas Rapsöl von jeder Seite etwa 5 Minuten braten und mit der Sauce servieren

Abwandlung

Die Leatherjackets auf ein großes Stück Alufolie oder Backpapier legen und mit der Sauce übergießen. Die Folie locker darüberschlagen, sodass ein luftiges Paket entsteht, und versiegeln. Im 200 °C heißen Ofen ungefähr 30 Minuten backen, bei kleineren Fischen etwas kürzer.

Seafood

MEERESFRÜCHTE-SALAT MIT AVOCADO

Der Schlüssel zum Erfolg liegt bei diesem Salat in der tadellosen Qualität der Zutaten. Falls Sie keine Langusten oder Balmain Bugs (eine Art Bärenkrebs) finden, nehmen Sie eine Mischung aus Hummer und ein paar Kaisergranaten, es geht um die Mischung verschieden großer Krustentiere, zum Beispiel Hummer, Kaisergranat und Garnelen. Avocados sind eine elegante Methode, die nicht ganz billigen Meeresfrüchte etwas zu strecken.

FÜR 2 PERSONEN

1 gegarte Languste
1 gegarter Balmain Bug (oder ein anderer Bärenkrebs)
6 gegarte Garnelen von mittlerer Größe, geschält und in 3 Stücke geschnitten
½ große reife Avocado, in kleine Würfel geschnitten
2 EL gehackte Macadamia-Nüsse
1 EL flüssiger Honig
1 EL Zitronensaft
4 EL Olivenöl
1 EL Weißweinessig
1 TL Dijonsenf

Das Fleisch der Languste und des Bärenkrebses sorgfältig auslösen, in mundgerechte Stücke schneiden und in einer Schüssel mit den Garnelen, der Avocado und den Nüssen vermengen.

Für das Dressing die restlichen Zutaten in ein sauberes Glas mit Schraubdeckel geben, verschließen und kräftig schütteln. Über den Salat gießen und zugedeckt für etwa 1 Stunde kalt stellen.

Mit frischem Brot und einem gekühlten australischen Weißwein servieren.

Abwandlung
Schmeckt auch mit gegartem festem, weißfleischigem Fisch. Sie können den Salat auch mit roter Paprika oder ein wenig Blattsalat strecken, allerdings geht damit ein Teil seiner Raffinesse verloren.

BALMAIN BUG
WEITERE BEZEICHNUNGEN: *Butterfly lobster, flapjack, Péron's Ibacus crab, prawn-killer, sand crayfish, sand lobster, southern bay lobster, southern shovel-nosed lobster, squagga, bug, slipper lobster, flying saucer*
ART: *Ibacus peronii (Leach, 1815)*
FAMILIE: *Scyllaridae (Bärenkrebse)*

In Australien gibt es zwei Bärenkrebsarten. Der Breitkopf-Bärenkrebs, *Moreton Bay bug* genannt, ist schlanker und hat die Augen ganz vorn am Kopf, beim Balmain Bug hingegen liegen sie etwas weiter zur Mitte hin.

AUSTRALISCHE LANGUSTE
ENGLISCH: *Western rock lobster, Western Australian crayfish, Western cray, Australian spiny lobster*
ART: *Panulirus cygnus (George, 1962)*
FAMILIE: *Palinuridae (Langusten)*

OSTAUSTRALISCHE LANGUSTE
WEITERE BEZEICHNUNGEN:
AUSTRALIEN: *Eastern rock lobster, Australian crayfish, common crayfish. Common Sydney crayfish, Eastern crayfish, green cray, green crayfish, marine crayfish, New South Wales spiny lobster, sea crayfish, Sydney crayfish*
NEUSEELAND: *Packhorse crayfish, green crayfish, green lobster, packhorse lobster, smooth-tailed crayfish, pawharu (Maori)*
ENGLISCH: *Green rock lobster*
ART: *Jasus verreauxi (H. Milne-Edwards, 1851)*
FAMILIE: *Palinuridae (Langusten)*

DAS RIFF AM REGENWALD

Fast zweitausend Kilometer nördlich von Sydney. Wir landen in Cairns. Etwa eine Stunde noch weiter nördlich, tief in den Tropen, liegt Port Douglas, der letzte größere Ort, bevor nördlich des Daintree-Rivers der Regenwald beginnt.

Port Douglas wurde für das große Geschäft gegründet, nicht als Siedlung – ein in den Regenwald geschlagener Hafen aus der Pionierzeit, um das 1873 entdeckte Golderz am Palmer River zu verschiffen. Ein Ort, zusammengehalten von Segeltuch, Wellblech, Planen und Kerosinlampen. Hundert Jahre zuvor war Captain Cook mit der Endeavour an dieser einsamen Küste entlanggesegelt und auf das Great Barrier Reef gelaufen, sein Schiff „schlug auf und steckte sofort fest". Es war ein undurchdringlicher, von Moskitos beherrschter Dschungel mit Flussläufen voller Krokodile, wo Ochsen die beladenen Wagen durch ein trügerisches Dickicht zogen, ihre Achsen tief im Schlamm. Nach dem Goldrausch verlegte man sich auf Zinn, Zedern, Seegurken und dann auf den Zuckerrohrbau. Heute bringen Dieselloks das Zuckerrohr von den Plantagen zur Fabrik in Mossman.

Wenn ich glaubte, Sydney verströme die unterschwellige Aura einer urzeitlichen Wildnis, die jederzeit durch das urbane Gefüge hervorbrechen kann, dann ist Queensland ein Vulkan aus dem Jura. Eine dünne Fassade aus Beton und Asphalt versucht den Dschungel in Schach zu halten. Der Regenwald wuchert explosionsartig und erobert jeden freien Flecken. Trotz Fernsehen waren wir nicht auf die atemberaubende Schönheit dieses Ortes vorbereitet, an dem sich zwei Naturwunder von Weltruf, das Great Barrier Reef und der Daintree-Regenwald, der mit mehr als 135 Millionen Jahre älteste seiner Art, die Hand reichen.

Die uns großzügigerweise überlassene Villa hat ein tropisches Ambiente mit Fensterläden, Deckenventilator und Blick auf Pandanuspalmen. Sie ist hermetisch von der tropischen Wildnis abgeriegelt und das ist vielleicht auch gut so. Schreitet man über den gepflegten Rasen in den Palmenhain, weicht das üppige, weiche Gras vertrockneten Palmwedeln, Samenschoten, herabgefallenen Kokosnüssen und buschigem Gestrüpp. Dahinter liegt der Four Mile Beach. Ich blicke über den weiten Ozean und denke an Haie. Schilder warnen vor Würfelquallen. Für den Fall, dass man mit ihren hochgiftigen Nesseln in Berührung kommt, halten die meisten Strände mit Essig gefüllte Plastikflaschen bereit, die auf Pfählen in einem Stück Rohr deponiert sind. Wir wandern am Strand entlang, den Dschungel im Hintergrund, sammeln Muscheln und blicken aufs Meer in Richtung Riff. Als der Nachmittag zu Ende geht, stürzen sich Loris in torkelnden Geschwadern kreischend von Baum zu Baum, Geckos huschen über Mauern und ein stattlicher Ibis pickt in einer Mülltonne herum – nichts, was ich von einem Vogel erwartet hätte, den ich gewöhnlich mit anmutigen Skulpturen oder Hieroglyphen in Verbindung bringe. Mit dem Abend kommen auch die größten Moskitos, die ich je gesehen habe. Wir brauchen gar nicht auf ihr helles Sirren zu lauschen, man sieht sie schon aus der Ferne. Wie der Wirbelwind brechen wir auf zu einem IGA-Supermarkt außerhalb des Ortes am Captain Cook Highway. Ein schwerer Geruch liegt in der feuchten Luft der einsetzenden Nacht. Später, als wir die sich windende Straße entlang und durch die vielen mit Palmen gesäumten Rondells von Port Douglas fahren, kurbel ich das Wagenfenster herunter, der Geruch ist noch intensiver geworden. Schließlich komme ich drauf – gärender Hopfen! Oder verströmt der fruchtbare Urwald diesen Duft? Spät am Abend kehren wir zurück, Wellen brechen sich im Mondschein an den Kokospalmen und lassen kaum genug Strand zum Laufen. Unermesslich weit scheinen Ozean und Sternenhimmel. Eidechsen flitzen herum, Reinwardthühner rascheln in dem trockenen Laub und scheinen größer, als sie sind. In der Dunkelheit entdeckt Hannah ein paar spärlich beleuchtete Stufen, die über den Golfrasen zurück zur Villa führen.

MARINE STINGERS ARE PRESENT IN THESE WATERS DURING SUMMER MONTHS

VINEGAR

FOR USE ON MARINE STINGS POUR ON – DO NOT RUB SEEK MEDICAL ATTENTION

REDTHROAT-EMPEROR MIT ORANGEN-BRUNNEN-KRESSE-SALAT

REDTHROAT EMPEROR
WEITERE BEZEICHNUNGEN:
Sweetlip emperor, emperor, lipper, redthroat, red-throat, sweetlip, tricky snapper, gueule, trumpet emperor
ART: *Lethrinus miniatus (Forster, 1801)*
FAMILIE: *Lethrinidae (Großkopfschnapper)*

19 verschiedene Emperor-Arten leben in den australischen Gewässern. In Queensland nennt man sie auch *sweetlip emperors* oder schlicht *sweetlips* – Süßlippen.

Die tropischen Obstplantagen in Queensland liefern eine überwältigende Auswahl exotischer Früchte, darunter Schwarze Sapoten, Durian, Rambutan, Brotfrüchte, Jackfrüchte, Mangostanen, Sapodillas, Guanabanas, Zimtäpfel und Abiu. Bananenbäume säumen die üppigen Ananasfelder, gleich daneben befindet sich eine Teeplantage. Ein paar Autominuten weiter oben auf dem Plateau verwandelt sich die Landschaft in eine Savanne schimmernder Eukalyptusbäume mit Termitenhügeln und Kängurus. Hinter einem Zitrushain halten wir an einer Kaffeeplantage, wo Jeff eine riesige, frisch vom Baum gepflückte Papau kauft. Wir probieren auch die reifen roten Beeren der Kaffeepflanze. Für dieses Rezept habe ich ein paar der hiesigen Orangen verwendet, es funktioniert mit jedem festen, weißfleischigen Fisch.

FÜR 3 PERSONEN

1 Pak-Choi, längs geviertelt

500 g Filet vom Redthroat Emperor oder Dorade royale ohne Haut

1 rote Chilischote, längs in Streifen geschnitten und von den Samen befreit

2 Frühlingszwiebeln, gehackt

5 knackige Salatblätter

1 Bund Brunnenkresse, grob gehackt

2 Orangen, geschält, von den Kernen befreit und in Scheiben geschnitten

4 EL Olivenöl

1 EL Weißweinessig

1 TL Dijonsenf

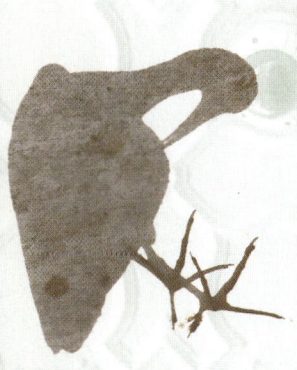

Die Pak-Choi-Stücke auf einen Bogen Alufolie legen, die Fischfilets darauf arrangieren und mit dem Chili und den Frühlingszwiebeln bestreuen.

Die Folie über dem Fisch locker zusammenschlagen und das Paket in einen Dämpfeinsatz legen. Zugedeckt 15 Minuten im Dampf garen.

Aus dem Blattsalat, der Brunnenkresse und den Orangen einen Salat bereiten. Das Olivenöl, den Weißweinessig und den Senf in ein sauberes Glas mit Schraubdeckel geben, dieses verschließen und kräftig schütteln. Das Dressing über den Salat gießen.

Den Fisch aus der Folie wickeln und auf dem Salat anrichten. Den Pak-Choi mit dem Chili und den Frühlingszwiebeln getrennt dazu servieren.

BARRAMUNDI MIT GRÜNEM PFEFFER & KRÄUTERN

BARRAMUNDI
SIEHE SEITE 142

Queensland vereint eine exotische Mischung klimatischer Zonen, von der tropischen Küste bis zum trockeneren Tafelland, die alle eine beneidenswerte Vielfalt an Früchten, Gemüse, Kräutern, Nüssen und Gewürzen hervorbringen. Ein Blick auf die Karte erinnert mich daran, dass wir gerade mal 500 Kilometer von Papua-Neuguinea entfernt sind. Auf dem Markt gibt es eine beeindruckende Auswahl an Kräutern und Gewürzen: frische Kurkuma, Büschel von grünem Pfeffer und eine mir unbekannte Basilikumart, die in Geschmack und Aussehen an Thai-Basilikum erinnert.

FÜR 2 PERSONEN

2 EL frischer grüner Pfeffer

2 Knoblauchzehen, in feine Scheiben geschnitten

1 TL Olivenöl

2 kleine Barramundi-Filets

Saft von ½ Zitrone

3 Frühlingszwiebeln, gehackt

4 große Handvoll Thai-Basilikum oder eine Mischung aus Basilikum und Salbei

In einer Pfanne Pfeffer und Knoblauch einige Minuten in dem Olivenöl braten.

Die Barramundi-Filets einlegen und von jeder Seite 5–6 Minuten braten. Den Zitronensaft und die Frühlingszwiebeln zugeben und den Fisch weitere 30 Sekunden garen. Das Basilikum zufügen und nur kurz zusammenfallen lassen.

Das Resultat sollte knusprig gebräunter Knoblauch und Pfeffer, saftiger, fester Fisch und aromatisch duftende Kräuter sein.

KAISERSCHNAPPER, EMPEROR

WEITERE BEZEICHNUNGEN.
Red emperor, emperor red snapper, government bream, king snapper, queenfish, red kelp
ART: *Lutjanus sebae* (Cuvier, 1816)
FAMILIE: *Lutjanidae* (Schnapper)

ROT & GRÜN

Es ist spät und es muss ganz schnell etwas zu essen her. Wenn Sie den Fisch braten, während Sie sich gleichzeitig um die Salsa kümmern, benötigen Sie für dieses Gericht keine 15 Minuten vom Startschuss bis zum Zieleinlauf. Bei uns gab es dazu Brot und Salat. Zu der Kräutersalsa passt jeder feste weißfleischige Fisch.

FÜR 3 PERSONEN

600 g Kaiserschnapperfilets
Olivenöl
Kräutersalsa:
3 Frühlingszwiebeln, gehackt
1 Handvoll gehackte glatte Petersilie
1 Handvoll gehackte Minze

1 Handvoll gehacktes Thai-Basilikum oder eine Mischung aus Salbei und Basilikum
2 Knoblauchzehen, gehackt
1 EL Zitronensaft
Pfeffer
5 EL Olivenöl

Sämtliche Zutaten für die Salsa in der Küchenmaschine grob zermahlen. Damit es kein Püree wird, können Sie die ganz grob zerkleinerte Salsa auch auf ein Brett geben und mit einem großen Messer fertigstellen.

Die Schnapperfilets in einer Pfanne in etwas Olivenöl von jeder Seite einige Minuten braten.

Die gebratenen Filets mit der Kräutersalsa servieren.

HAI-VERSEUCHTE GEWÄSSER

Das grelle Licht des Pazifiks weckt mich. Noch am späten Morgen ist der Golfplatz dicht mit Tau bedeckt. Man sollte sich hier vor *salties* in Acht nehmen – Salzwasserkrokodile. Sie sind Lauerjäger – kein angenehmer Gedanke. Am Pool kursieren Gerüchte über einen mehr als drei Meter langen Burschen, der am dritten Loch lauern soll, und ein fünf Meter langes Krokodil treibt sich angeblich am zehnten Loch in der Nähe der Sports-Bar herum, Warnschilder wurden aufgestellt. Wir fragen jeden, den wir treffen, wo es frischen Fisch aus der Gegend zu kaufen gibt, einige empfehlen den Fischladen in Craiglie, andere eine Adresse in Port Douglas. In der Nachmittagshitze fahren wir nach Craiglie. Früher wäre vielleicht besser gewesen, viel frischen Fisch gibt es jedenfalls nicht, ein paar Barramundis, Leopard-Forellenbarsche und Goldmakrelen sowie gegarte Garnelen und Bärenkrebse. Ein anderer Laden bietet ein paar Redthroat Emperors, *red emperors* (Kaiserschnapper) und appetitlich aussehende Barramundis.

Wir kamen auch an ein paar kleineren Garnelenfarmen vorbei, die ihr Wasser direkt dem Ozean entnehmen. Man unterscheidet zwischen Warm- und Kaltwassergarnelen. Die Warmwassergarnelenzucht hat sich zu einem typischen Problem des 21. Jahrhunderts ausgewachsen. Liegt ein Produkt plötzlich weltweit im Trend, verkümmert es vom Luxusgut zur Massenware, die man auf jedem x-beliebigen Sandwich erwartet, wie Warmwassergarnelen. Mitte der 90er-Jahre überstieg die Nachfrage das Angebot aus dem Wildfang. Mangroven wurden abgeholzt, Teiche ausgehoben und mit Brackwasser gefüllt, unrentable Farmen hinterließen verseuchtes, versalzenes Land. Nördlich des Daintree-Rivers spazierten wir durch bezaubernde Mangroven und lauschten den Fröschen, sie sind wie Regenwälder des Meeres, hochempfindliche, Jahrmillionen alte Ökosysteme. Mehr als 50 Prozent der Mangroven sind weltweit bereits verschwunden, die Hälfte infolge der Garnelenzucht. Supermärkte stellen diese Farmen mit Hinweisen wie „Garnelenfarm gewöhnlich frei von Mangroven-Populationen" als unbedenklich hin. Das ist, als würde man sagen, jemand ist gewöhnlich nicht schwanger. Kaltwassergarnelen bereiten dem umweltbewussten Koch weniger Kopfzerbrechen, wenn sie auch nicht ganz frei von Schuld sind. Also lasse ich die heimischen Garnelen liegen. Bevor wir zum Essen nach Hause fahren, buchen wir bei *Wavelength* einen Tagesausflug zum Great Barrier Reef. Es war das erste Unternehmen, das Touren zum Riff anbot und man setzt dort auf den sanften Tourismus.

In der Küche kümmert sich Jeff um unsere tropischen Früchte. Auf dem Erzeugermarkt haben wir gelbe Kürbisse, rosa Grapefruits, Passionsfrüchte, Mandarinen, Kiwis, getrocknete Mangos, Tangelos und Avocados, Kaffee von hiesigen Plantagen, Akaziensamen, Schwarze Sapoten, *ice cream beans (Inga edulis)* und Taro aus der Gegend von Dimbulah gekauft. Hannah untersucht die Schwarzen Sapoten, auch Puddingfrüchte genannt – sie haben schwarzes Fruchtfleisch – und stellt begeistert fest, dass *ice cream beans* tatsächlich nach Eiscreme schmecken. Angeregt von den köstlichen tropischen Drinks der Saftbars macht sie neuerdings Dips als Vorspeise. Heute gibt es Four-Mile-Beach-Guacamole mit Basilikum und Limette. Ich kümmere mich um den Redthroat Emperor und den Barramundi.

Am nächsten Tag gehören wir zu einer 29-köpfigen Gruppe auf dem Boot. Vanessa von der Crew bittet uns, die Schuhe in einer Plastikkiste auf dem Holzsteg zu verstauen, bevor wir an Bord gehen. An Bord versorgen sich die Leute mit Kaffee, Tee und Pillen gegen die Seekrankheit. Ich nehme zwei und stöbere in der Kiste mit Schwimmflossen und Taucherbrillen. Ich suche Flossen

mit der Aufschrift „groß". Der Skipper witzelt, dass große Flossen die Haie besonders anlocken. Jeff und Hannah finden das lustig.

Fast zwei Stunden später wird es Zeit, die Neoprenanzüge anzulegen. In der Ferne sehen wir das erste Riff auftauchen. Das Wasser ist relativ flach, ideal für die ersten Schnorchelversuche. Allerdings hatte ich ein von Riffen eingefasstes, sicheres Gebiet erwartet, in dem Taucher nach mir Ausschau halten – und nach Haien. Doch nichts als endlose Kilometer offenes Meer, so weit das Auge reicht. Etwas besorgt sitze ich mit Brille und Schnorchel auf dem hinteren Laufbrett, dann lasse ich mich in den Pazifik gleiten. Zuerst trifft mich die Kälte, doch als der Kopf unter Wasser ist, vergesse ich alles andere, fast. Ich halte ständig nach Hannah Ausschau, und nach spitzen Flossen. Die Wasseroberfläche reflektiert die Korallen in der Tiefe, ein Himmel voller Bäume. Ein planloses Netz von Formen, Farben und Strukturen. Kein Fisch weit und breit. Eine Strömung erfasst das wirre Bild und als hätte jemand das Licht angeknipst, klärt es sich plötzlich und die Formen nehmen Gestalt an. Schwärme winziger, leuchtend blauer Fische schweben bewegungslos in der Nähe der Korallen und erscheinen jetzt gestochen scharf. Größere Fische schlängeln sich ins Blickfeld. Den Blick nach unten gerichtet lassen wir uns treiben.

Nachdem ich 15.000 Kilometer gereist bin, um diesen Ozean zu erleben, kommt mir eine Erklärung der Vereinten Nationen in den Sinn, wonach die Weltmeere nicht den Regierungen und Fischereibetrieben gehören, sondern den Menschen. Sie dienen nicht nur als Nahrungsquelle, sondern auch, um uns zu erfreuen. Wie die langsam verschwindenden Regenwälder ist die Unterwasserwelt ein komplexes Netz aus wechselseitigen Beziehungen, über das wir wenig wissen. Immer häufiger werden Forderungen nach Meeresschutzgebieten laut. In Neuseeland gibt es No-Take-Schutzzonen, in denen nicht nur das Fischen, sondern jede Art von menschlichem Eingriff verboten ist, auch die Förderung von Öl.

Während wir zum Riff hinüberschwimmen, sind wir angehalten, im tieferen Wasser zu unserer Linken nach Thunfischen oder Haien Ausschau zu halten. Am wahrscheinlichsten sind die relativ scheuen Weißspitzen-Riffhaie, aber auch größere Arten wie Tiger- oder Bronzehaie könnten auftauchen. Papageifische gleiten aus dem Schatten und verschwinden wieder, schillernde Schwärme silberner Fische ziehen vorbei, blau geränderte Muscheln leuchten wie Neon in der Tiefe. Weit weg zu unserer Linken dümpelt gemächlich das Boot. Ich spucke einen Schwall Salzwasser aus, das Kinn über die Schaumkronen gereckt. Es dunkelt, ein plötzliches Stechen an Armen und Kopf. Das Schlimmste befürchtend halte ich hektisch nach den Tentakeln einer Würfelqualle Ausschau, doch es sind Hagelkörner, die auf mich und das Wasser einschlagen. Ein eigenartiger, klimpernder Ton ist zu hören, als wäre die Wasseroberfläche aus Marmor. Langsam und bedächtig setzt Regen ein.

In haiverseuchten Gewässern haben wir ein einzigartiges Schauspiel der Natur erlebt, von den tropischen Regenwäldern des Daintree bis zu den Fischgründen des Barrier Reef. Jeglicher Rest von Ichthyophobie in mir hat sich verflüchtigt, an ihre Stelle ist eine wachsende Sorge um die Fischwelt und ihren Lebensraum getreten.

EINE UNERWARTETE KUNST- UND
STUDIENREISE VERSCHLÄGT UNS IN DAS
HERZ DER SEAFOOD-MASCHINERIE –
JAPAN. WER WEISS, VIELLEICHT SIND DIE
STRASSEN TOKIOS JA MIT FISCHSCHUPPEN
GEPFLASTERT.

EIN FISCH IN
DER MASCHINE

TOKIO

AUF DEM KÜCHENTISCH LIEGEN
DREI FLUGTICKETS NACH TOKIO, IN
DAS HERZ DER SEAFOOD-WELT.
EIN KUNSTPROJEKT ZUM THEMA
AALE UND EINE KERAMIKAUSSTELLUNG
FÜHREN UNS NACH JAPAN, WO
30 PROZENT DES WELTWEIT GEFAN-
GENEN THUNFISCHS UND JEDER
ZEHNTE FISCH GEGESSEN WERDEN.

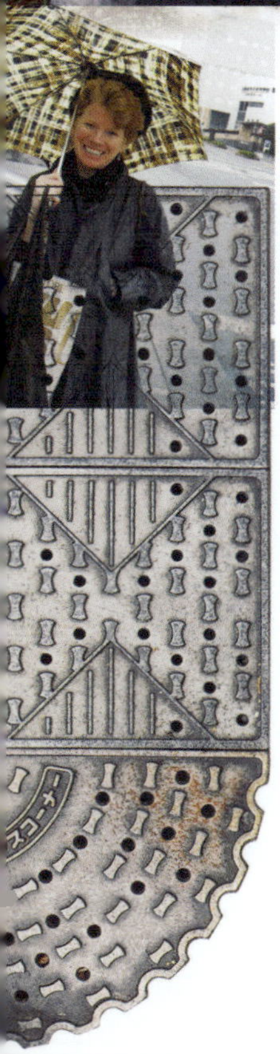

Eine in Rot uniformierte Dame am Check-in in Heathrow fragt mich, ob ich meine Tasche selbst gepackt habe. „Übernehmen Sie irgendwelche Verantwortungen für die ökologischen Folgen Ihres Fluges auf das Ziel Ihrer Reise?", fragt sie. „Wer im Besitz eines umweltfreundlichen Beteiligungsportfolios ist, erhält 20 Prozent Preisnachlass; auch im Shuttle-Bus sparen Sie zehn Prozent. Und wenn Sie den Bus nehmen, bekommen Sie noch einmal 20 Prozent Rabatt auf Ihre Hotelrechnung sowie eine kostenlose Tour zum Museum für Landwirtschaft und Fischerei." Ich erwache aus meinem Tagtraum, und nach elf Stunden in der Beengtheit eines Jumbos landen wir an einem kalten Februartag in Tokio-Narita.

Tokios architektonische Schichten aus alten und neuen Gebäuden sind faszinierend. Meine erste Begegnung mit der Stadt hatte ich auf der Kinoleinwand 1967 als Kind, *James Bond – Man lebt nur zweimal* sei Dank. Mit einem Schulfreund besuchte ich einmal die verlassene Vulkankulisse in den Pinewood Studios westlich von London. Wir spielten allein in der wackelig zusammengezimmerten Scheinwelt. Dieses Erlebnis inspirierte mich später zu meinen Dioramen der typischen Süd-Londoner Eckläden. Den Hintergrund bildeten riesige, von Hand gestaltete japanische Werbeplakate, zu denen mich Ridley Scotts Film *Der Blade Runner* angeregt hatte. Nach diesem Film musste ich unbedingt nach Tokio. Er fängt das Klima der technologischen Infiltration, das Gefüge und Sprachengemisch Tokios, in dem die zeitgenössische Welt auf die alte prallt und in einmaliger Weise assimiliert wird, hervorragend ein. Obwohl die Stadt in *Der Blade Runner* Los Angeles sein soll – Einblendungen des verlassenen Bradbury Buildings und bauliche

Zitate Frank Lloyd Wrights legen es nahe, ist die Atmosphäre ganz Tokio, bis hin zu den Radfahrern, die auf den Gehsteigen die Vorfahrt haben.

Unsere Vorliebe für kleine Shops und Tante-Emma-Läden hat uns in ein altes Tokioter Viertel verschlagen, wo die Leute die Besitzer ihrer Stammläden noch mit Namen kennen. Müde stolpern wir in Nippori nordöstlich von Tokio aus dem *Keisei Limited Express* hinein nach Yanaka, selbst hier ist die Stadt ein Kulturschock. Meine Google-Earth-Karte erweckt den Anschein einer übersichtlich angeordneten Gegend – sie könnte nicht falscher liegen. In dem scharfen, strahlenden Licht der Februarsonne ist die Fülle der Details erdrückend, ein Fall von Reizüberflutung. Ein dumpfes Rattern ist zu hören, der Wind rüttelt an langen Brettern, die auf einem Friedhof an den Grabsteinen lehnen und mit japanischer Kalligrafie verziert sind. Jeff führt uns eine schmale, gewundene Gasse hinunter. Auf den ersten Blick wirkt sie wie ein Blumenmarkt auf einem Hinterhof. Dicht an dicht reihen sich die Topfpflanzen vor den Häusern. Doch nicht nur Blumen verlängern die Häuser der Familien und Ladenbesitzer, auch alle möglichen anderen Habseligkeiten werden draußen deponiert. Kein Millimeter bleibt ungenutzt – hängende Besen, Plastikkannen, Klappstühle, Bambusblenden, Kochutensilien, Leitern und versenkbare Wäscheleinen. Kahle Bäume verschmelzen mit dem Kabelgewirr der Leitungen, die wie Fischernetze kreuz und quer die Straße überziehen.

Yanaka ist ein typisches *shitamachi*, ein Viertel der „Unterstadt". Die Vorkriegswohngegend überlebte sowohl das Kantō-Erdbeben von 1923 als auch die Bombardierungen des Zweiten Weltkriegs. Die Mischung der Baustile vereint eine breite Palette an Materialien mit einer ausgeprägten Liebe zum Detail, egal ob gestern gebaut oder vor 200 Jahren. Eigenheiten scheinen durch, geformt von Lüftungsgittern, Automatiktüren, allen erdenklichen Elektrogeräten, herabbaumelnden Wäscheleinen und Straßenschildern. Eine über Jahrhunderte entstandene urbane Collage von unnachahmbarer Atmosphäre. Um unsere Augen weiter einzugewöhnen, besuchen wir das Shitamachi-Museum in Ueno und das Edo-Tokio Tatemono En, ein Freilicht-Architekturmuseum im Koganei-Park außerhalb von Tokio.

Nach 15 Jahren wieder in Japan zu sein, ist, als würde man einen Schleier lüften. Plötzlich wird mir bewusst, wie sehr die japanische Kultur all die Jahre unser Leben in London beeinflusst hat. Vom grünen Tee über den Bambus und die sorgsam angeordneten Steine in unserem Garten bis zu einer Schwäche für schöne Verpackungen. Keine billige Imitation, eher willige Integration. In unserem Vorgarten finden sich Anklänge jener collagenartig improvisierten Gestaltung, wie sie auch hier in Yanakas Gärten zu sehen ist. Ein Ort zum Verwahren schöner Dinge, angehäuft neben Topfpflanzen, Holzscheiten, Krebsschalen, Bündeln von getrocknetem Lorbeer und dem Plastikkasten eines Gaszählers – ein typische Hinterhofatmosphäre in Tokio.

Wir verbringen die Tage damit, durch die schmalen Straßen zu schlendern und die Läden zu erkunden. Nach einer Woche in Yanaka zieht es uns zu den hellen Lichtern und Boulevards in Ginza, wo wir in einem *ryokan* (Gasthaus) namens Yoshimizu Quartier beziehen, das in Fußnähe zum größten Fischmarkt auf diesem mit Ozeanen gesegneten Planeten liegt – Tsukiji, der zentrale Großmarkt der Präfektur Tokio.

食品サンプル

FOOD MODELS

GEKOCHTE MAKRELE

Eine verblüffend einfache Zubereitungsart für Makrele – Fettfische erst zu blanchieren, hält den Fischgeruch im Zaum. Dieses Rezept geht schnell und liefert eine dicke, süßliche Sauce, ideal zu Reis und grünem Gemüse. In der japanischen Küche wird viel blanchiert, beispielsweise auch Hähnchenstücke, um überschüssiges Fett auszuschwemmen.

FÜR 3 PERSONEN

2 Makrelen

2 EL Sake

1 TL Zucker

½ TL Sojasauce

1 EL Mirin (japanischer Reiswein)

1 TL rotes Miso

3 cm Ingwer, in feine Streifen geschnitten (nach Belieben)

1 weiße Zwiebel, in dünne Streifen geschnitten (nach Belieben)

Jede Makrele in drei gleich große Stücke schneiden und beidseitig kreuzweise einritzen. In einem Topf Wasser zum Kochen bringen, die Fischstücke hineingeben und 2 Minuten blanchieren. Herausheben und in kaltem Wasser abschrecken.

175 Milliliter Wasser mit dem Sake und Zucker in einem Topf verrühren, in dem sämtlicher Fisch nebeneinander Platz hat. Zum Kochen bringen, den Fisch einlegen und die Sojasauce zugeben. Mit einem *otoshi buta* (einem hölzernen „Falldeckel") oder einem passgenauen runden Stück Backpapier zudecken. (Man findet diese Holzdeckel in fast jeder japanischen Küche. Sie passen genau in den Topf, aber schließen diesen nicht hermetisch ab, sodass am Rand Dampf entweichen kann.) Den Fisch insgesamt 10–15 Minuten behutsam garen, dabei nach 5 Minuten wenden. Beim Wenden folgende Mischung zugeben:

Den Mirin, das Miso und ein paar Esslöffel des Garsuds verrühren, bis sich die Miso-Paste aufgelöst hat. Die Mischung über den Fisch gießen und nach Belieben den Ingwer und die Zwiebel zugeben.

Den Fisch auf einer vorgewärmten Platte anrichten. Die Sauce ein wenig einkochen lassen und, falls nötig, vor dem Servieren durch ein Sieb passieren. Mit Klebreis und gedämpftem grünem Gemüse servieren.

ATLANTISCHE MAKRELE
JAPANISCH: *Marusaba, hirasaba, saba*
ART: *Scomber scombrus* (Linnaeus, 1758)
FAMILIE: *Scombridae* (Makrelen und Thunfische)

JAPANISCHE MAKRELE
JAPANISCH: *Hirasaba honsaba, ma-saba, matsuwasaba, saba*
WEITERE BEZEICHNUNGEN: *Blasenmakrele, Pazifische Makrele, Mittelmeer-Makrele*
ART: *Scomber japonicus* (Houttuyn, 1782)
FAMILIE: *Scombridae* (Makrelen und Thunfische)

MEERESALGEN

Die Japaner verwenden in der Küche mindestens 21 verschiedene Arten Seetang, quer durch alle Bereiche der Kochkunst. Die drei Hauptarten des essbaren Meeresgemüses sind Kombu *(Laminaria)*, Nori *(Porphyra)* und Wakame *(Undaria pinnatifida)*

Kombu

Kombu ist eine olivgrüne Riesentangart und wichtiger Bestandteil der Dashi, einer Brühe aus getrocknetem Bonito und eben dieser Alge. Das in getrockneter Form angebotene Seegras wird eingeweicht und in Bänder geschnitten auch als Einlage in Suppen und Eintöpfen verwendet.

Wakame

Wakame wird gewöhnlich in getrockneter Form angeboten und für Suppen und Salate verwendet. Sie ist aber auch frisch erhältlich. Beim Einweichen quillt die Alge auf; sie hat ein feines, süßliches Aroma und kann etwas zäh sein. In Suppe gegart benötigt sie gerade mal 1 Minute.

Nori

Das aus der Rotalge *Porphyra* gewonnene Nori ist vermutlich die bekannteste Meeresalge der japanischen Küche, weltberühmt geworden als Sushi-Zutat. Die dünnen, getrockneten Nori-Platten werden auch als Hülle für Reisbällchen und als Einlage oder Garnitur für Suppen und Nudelgerichte eingesetzt. Leichtes Rösten vor der Verwendung intensiviert das Aroma.

NORI-KARTOFFEL-KÜCHLEIN

1 Nori-Blatt von etwa 21 x 21 cm	1 EL Mirin
200 g Kartoffeln, gekocht und zerstampft	1 EL Sojasauce
1 TL Sesamöl	1 EL weißer Sesam, geröstet

Das Nori-Blatt in sieben Zentimeter große Quadrate schneiden. Auf jedes Quadrat einen kleinen Esslöffel Kartoffelpüree häufen.

Das Sesamöl in einer Pfanne erhitzen. Die Quadrate mit den Kartoffeln nach unten in die Pfanne legen und goldbraun braten. Wenden und noch kurz von der Nori-Seite braten.

Die gebratenen Nori-Kartoffel-Küchlein mit der Algenseite nach oben anrichten.

Den Mirin und die Sojasauce verrühren und über die Küchlein träufeln. Mit dem Sesam bestreuen und servieren.

KYURI TO WAKAME NO SUNOMONO
GURKEN-MEERES-ALGEN-SALAT

Dieser köstliche Salat wird auch als Würzbeigabe zu Reis und Fisch serviert. Es ist so eine Art Stegreif-Pickles oder -Relish. Manche Köche kochen die *Sanbaizu*-Sauce auf und geben sie erst nach dem Abkühlen über die Gurken. Der Salat hält sich im Kühlschrank einige Tage.

FÜR 4 PERSONEN

2 EL getrocknete Wakame
1 Salatgurke, in feine Scheiben gehobelt
1 TL Salz

Sanbaizu-Sauce:
4 EL Reisessig
1 EL Sojasauce
1 EL Zucker

Die Wakame in einer Schüssel in kaltem Wasser einweichen. Sie wird ihr Volumen innerhalb von 10 Minuten vervierfachen.

Die Gurkenscheiben in eine Schüssel legen. 50 Milliliter Wasser und das Salz zugeben und 15 Minuten ziehen lassen.

Die Gurkenscheiben abtropfen lassen und behutsam ausdrücken. Die eingeweichte Wakame abspülen und ebenfalls ausdrücken. Von etwaigen harten Rippen befreien und in mundgerechte Stücke schneiden; beides in eine Schüssel geben.

Für die *Sanbaizu*-Sauce den Reisessig, die Sojasauce und den Zucker verrühren, bis sich der Zucker aufgelöst hat. Die Sauce über Gurken und Wakame gießen. Vor dem Servieren 1 Stunde durchkühlen lassen.

WAKAME

Wakame-Braunalge
JAPANISCH: *Wakame, ito-wakame, kizami-wakami, nambu wakame, precious seagras*
ART: *Undaria pinnatifida (Harvey), (Suringar, 1873)*
FAMILIE: *Alariaceae*

Undaria pinnatifida zählt zu den Top 100 der *Global Invasive Species*, der weltweit aggressivsten invasiven Arten. Als Ballast von Schiffen gelangte die Alge nach Frankreich, Großbritannien, Spanien, Italien, Argentinien, Australien. Neuseeland, Süd-Kalifornien und in die Bucht von San Francisco.

Wakame wird in unterschiedlicher Form angeboten:

HOSHI WAKAME: Getrocknete *Undaria pinnatifida.*

SARASHI WAKAME: In Süßwasser gewässerte und anschließend getrocknete *Undaria.*

NARUTO WAKAME: Durch Bestreuen mit Asche getrocknet, anschließend gewaschen und erneut getrocknet. Häufig in der Präfektur Tokushima produziert.

NAMBU WAKAME: In den Präfekturen Iwate und Miyagi geerntete Wakame.

キュウリと
ワカメの酢のもの

MEERESALGEN-FELSENKEKSE

IN LONDON BIN ICH MITGLIED DES KEKS-KOMITEES, EINER KLEINEN GRUPPE, DIE VIERTELJÄHRLICH FÜR EINEN GEMEINNÜTZIGEN ZWECK FÜR TEE-PARTYS BACKT.

Für das Keks-Komitee, dessen Motto „Backen mit Leidenschaft, Besessenheit, Verrücktheit und Können" lautet, sollte es etwas Besonderes sein, inklusive der Verpackung. Wir waren gerade aus Tokio zurück, mit einem Päckchen Wakame von bester Qualität im Gepäck. Seetang und Kekse, eine Kombination wie füreinander geschaffen.

ERGIBT 12 FELSENKEKSE

WAKAME
SIEHE SEITE 166

10 g Wakame

110 g Butter

225 g Mehl, vermischt mit 2 TL Backpulver

70 g grober Kristallzucker

1 Ei

2 EL Milch

Den Ofen auf 190 °C vorheizen.

Die Wakame 5 Minuten in kaltem Wasser einweichen. Eventuell haben Sie nachher mehr, als Sie benötigen, das hängt ganz von der Wakame ab. Etwa eine Handvoll eingeweichte Wakame in kleine Stücke schneiden.

In einer Schüssel die Butter und das Mehl verreiben. Den Zucker und die Wakame zugeben. Das Ei mit der Milch verquirlen, dazugießen und mit einer Gabel untermischen. Mit der Gabel Teighäufchen auf ein gefettetes Blech setzen; etwas Abstand zwischen ihnen lassen, da sie noch aufgehen.

Die Felsenkekse etwa 12 Minuten im Ofen backen.

JAKE TILSON

ワカメ・ロックケーキ

SEAWEED ROCK CAKES

文京区千駄木三丁目
BUNKYO CITY SENDAGI 3-CHOME
44
44-11

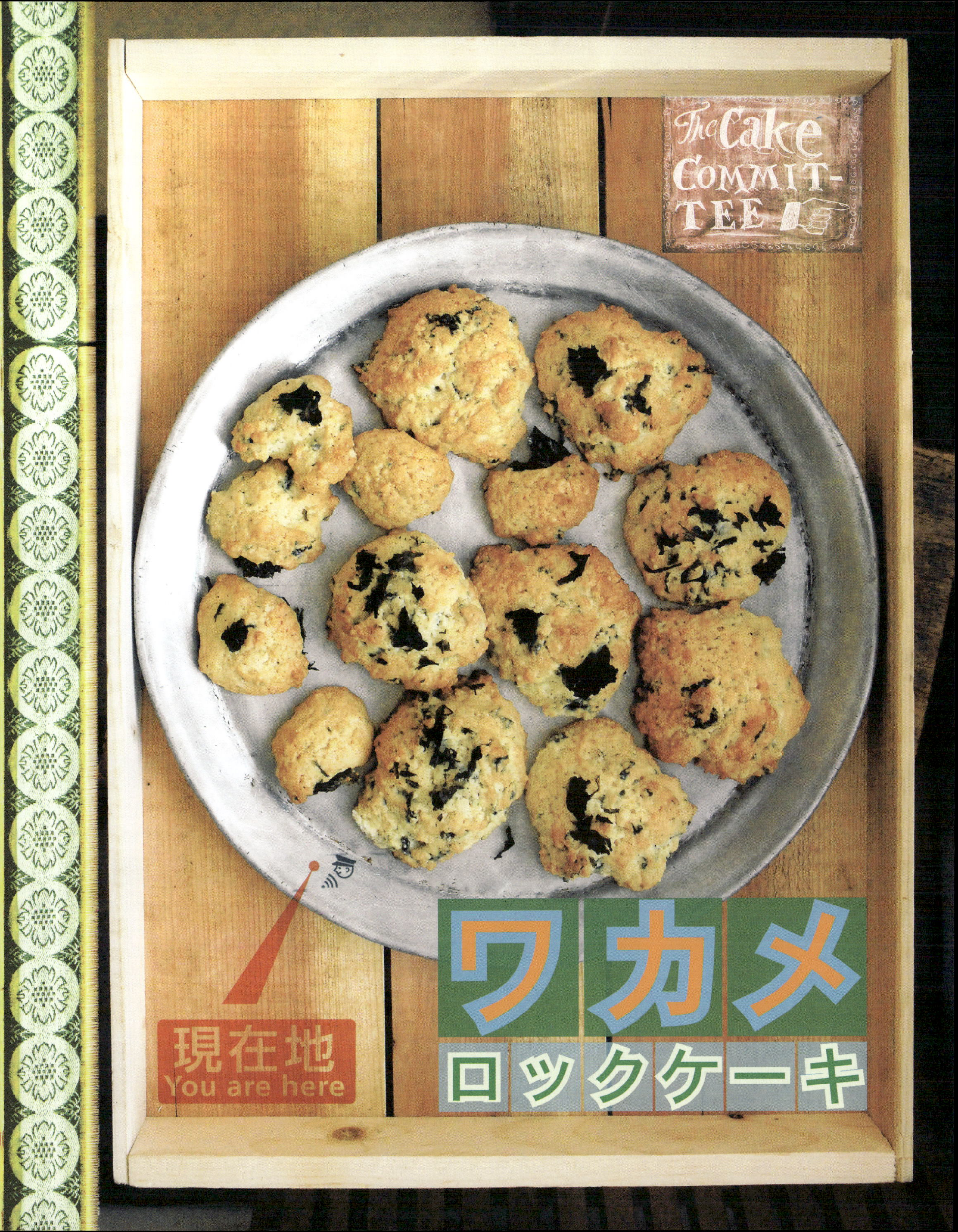
The Cake COMMIT-TEE
現在地
You are here
ワカメ
ロックケーキ

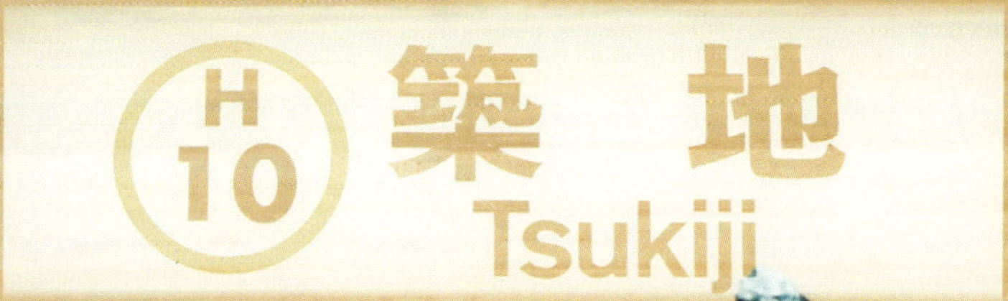

H 10 築地
Tsukiji

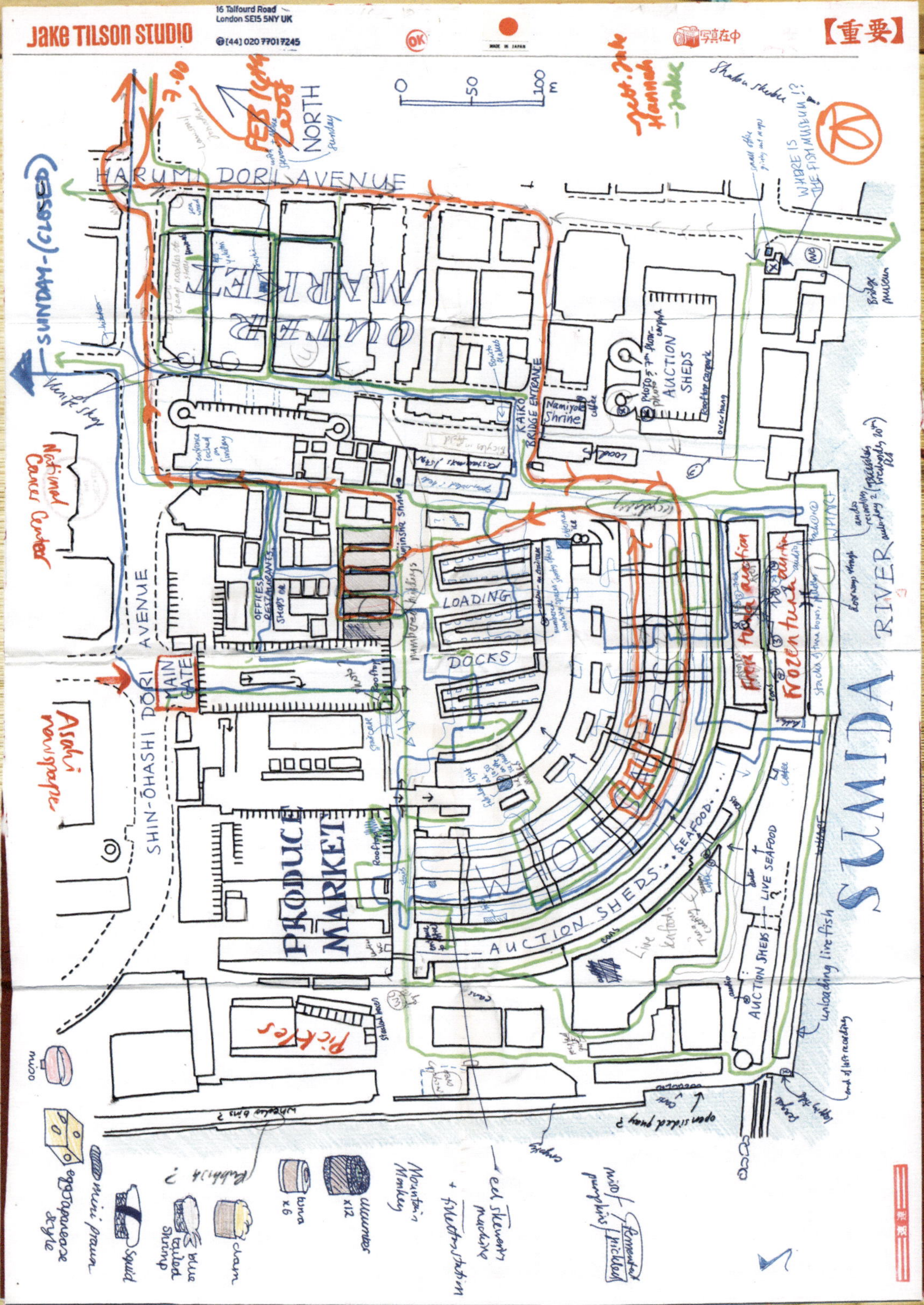

JAKE TILSON STUDIO
16 Talfourd Road
London SE15 5NY UK
☎ [44] 020 7701 7245

OK · MADE IN JAPAN · 写真在中 · 【重要】

0   50   100 m

NORTH

HARUMI DORI AVENUE

OUTER MARKET

SUNDAY—CLOSED (SHUT)

National Cancer Center

SHIN-ŌHASHI DORI AVENUE

MAIN GATE

Asahi newspaper

PRODUCE MARKET

LOADING DOCKS

AUCTION SHEDS

KAIKO BRIDGE ENTRANCE

Namiyoke Shrine

SUMIDA RIVER

AUCTION SHEDS · SEAFOOD · LIVE SEAFOOD

unloading live fish

Pickles

ERSTER KONTAKT

Der Tsukiji-Fischmarkt wurde vor 73 Jahren, im Februar 1935, auf neu aus der Bucht von Tokio gewonnenem Land gebaut. Tsukiji bedeutet wörtlich „erbautes Land". Es ist nicht allzu früh, etwa fünf Uhr. In Hausschuhen nehmen wir den winzigen Fahrstuhl hinunter in die ruhige Lobby. Unsere Straßenschuhe warten unten, fein säuberlich aufgereiht neben dem Schuhwerk der anderen Gäste. Die Straße hinter dem sanft schaukelnden Bambus ist noch ruhig. Jeff dreht am Riegel der Schiebetür und wir treten hinaus in den kalten Morgen. Abseits der Hauptverkehrsadern von Ginza weicht die globale Großstadtarchitektur allmählich lokaleren Zügen, alte Holzhäuser schmiegen sich in den Schatten hoher Wolkenkratzer.

Als wir Ginza hinter uns lassen, hören wir unseren ersten Marktbewohner, dann sehen wir ihn. Ein Mann, der einen großen, orangefarbenen Abfalleimer vor sich her zu tragen scheint, auf dem eine Taschenlampe festgeschnallt ist, rast mit unglaublicher Geschwindigkeit auf uns zu. In Wirklichkeit steht er auf einem motorisierten Plattformwagen mit drei Rädern, *taretto* (Kanzel) genannt, und rattert die Shin-Ohashi Dori hinunter. Das Vorderrad wird von einer rostigen Metallschürze verdeckt, sodass das Vehikel zu schweben scheint. Als der Mann an dem wie ein Mülleimer geformten Motordeckel dreht, biegt das Ding scharf ab und verschwindet in den leeren Straßen.

Der nächste Vorbote des Marktes ist der Geruch von kochendem Kraken, der aus der dünnen Blechtür eines kleinen Lagers in einer Seitenstraße hervorquillt. Rechteckige Drahtkörbe, gefüllt mit Oktopus, senken sich zischend in Bottiche mit sprudelnd kochendem Wasser, Tentakeln kräuseln sich und erstarren zu einer letzten vielarmigen Grimasse. Ein Stückchen weiter nehmen wir den süßlichen Duft von *tamago yaki*, Sushi-Omelett, wahr.

Der Blick durch die riesigen Tore des Haupteingangs zum Tsukiji-Markt trifft uns völlig unvorbereitet. Jeder Schritt erweist sich als gefährlich, als wir versuchen, dem anarchischen Verkehr auszuweichen, der kreuz und quer von allen Seiten über jeden Zentimeter des glitschigen Asphalts auf uns einstürmt. Wir wagen einen flüchtigen Blick auf das lange, geschwungene Gebäude zu werfen, das an einen Sackbahnhof erinnert und 1.700 Großmarkthändler beherbergt. Hinter der Stahlkonstruktion am Kai befinden sich die langen Schuppen, in denen die Auktionen u. a. für Thunfisch stattfinden. Aus dem Hauptkomplex ragen wie viktorianische Landungsstege drei Laderampen für den Lieferverkehr heraus, mit Kühllastern, Trucks, Motorrädern, Rollern, Handkarren, Fahrrädern und allen Arten von Gefährten, die teils seltsam anmuten, wie sie da im Morgenlicht durch die Gegend poltern.

Die scheppernde Mechanik des Treibens erinnert an eine gigantische, vielarmige, düstere und rätselhafte Maschine, die gerade aus dem Meer gekrochen ist und von 26.000 Arbeitern langsam mit Bergen von Styroporkisten gefüttert wird. Die pockennarbigen Betonmauern und gepflasterten Durchgänge werden mit Unmengen Frisch- oder Salzwasser durchgespült und abgespritzt. Ständig müssen wir Arbeitern ausweichen, den hin und her rasenden *taretto*, den sirrenden Rollern und den gefährlich geräuschlosen Holzkarren auf zwei Rädern, *neko* (Katzen) genannt. Zaghaft bahnen Jeff, Hannah und ich uns den Weg von einem lärmenden Getöse ins nächste – ein dichtes Netz von Ständen im brandenden Verkehr. Und da liegt er, still und stumm, der Fisch. Fast wirkt er verloren in diesem hektischen Betrieb, wie fein säuberlich in Kisten verpackte exotische Edelsteine.

Wir sind drei von 50.000 Besuchern am heutigen Tag und schreiten die sanft geschwungene Halle in ihrer ganzen Länge ab. Wir mustern das verzweigte Gestänge des Matalldachs, an dem die Standschilder hängen, und natürlich den Fisch – fast 1.200 Arten werden Tag für Tag angeboten. Laut Organisation für Ernährung und Landwirtschaft der Vereinten Nationen wird jeder

zehnte weltweit gefangene Fisch in Japan verzehrt. Eine unglaubliche Zahl, doch angesichts dieses Angebots an Fisch wohl zutreffend. Unser Mini-Markt in Ginza bietet Dutzende abgepackter Seafood-Snacks, darunter getrockneten Tintenfisch, kleine Salzfische, Sushi-Platten und etliche weitere Fischprodukte. Ein kleiner Supermarkt in Tokio mag 30 Arten Fisch und Meeresfrüchte vorrätig haben, die größeren 50, darunter auch lebende und alle von makelloser Qualität und Frische. Selbst in der Sprache spiegelt sich die Fischliebe der Japaner: die kleinen dreieckig geformten Serifen an den Schriftzeichen nennt man *uroko* – Schuppen. Im Bewusstsein der Probleme einer Nation mit derart hohem Fischkonsum wirkt es beruhigend, dass der Marine Stewardship Council (MSC) 2006 in Japan ein Kennzeichnungssystem für nachhaltiges Seafood eingeführt hat. Ein steiler Anstieg der Nachfrage ist zu erwarten, im Großraum Tokio leben mehr als 22 Millionen Menschen. Bleibt zu hoffen, dass sich ihre Vorliebe für Fisch mit der Sorge um seine Zukunft paart. Unterstützen die japanischen Verbraucher das MSC-Programm, könnte dies den weltweiten Fischmarkt revolutionieren.

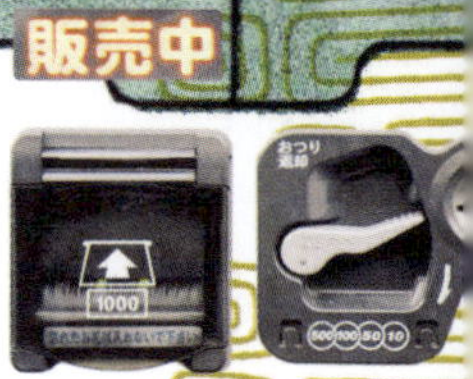

Der Transport von Fisch auf dem Luftweg nahm hier seinen Anfang. Als Ausgleich für die Fehlmengen der japanischen Fischereiflotte, die den großen Bedarf an heimischen Arten nicht mehr decken konnte, musste Fisch aus fernen Meeren eingeflogen werden. Außerdem erwarten die Kunden bestimmte Standards, allen voran die *kata* eines Produkts, seine Idealform, gilt als artentypische Blaupause. Die Händler von Tsukiji suchen bei ihrer Wahl nach Fisch, der diesem Ideal entspricht.

Während wir uns nach einem Imbiss umschauen, werfe ich einen Blick zurück über meine Schulter, da wäre noch viel zu entdecken, doch muss es wohl bis nächste Woche warten. Jeff und Hannah finden allerlei bedruckte Zettel auf dem Boden und geben sie mir – ein improvisiertes Geburtstagsgeschenk. Nach dieser Überdosis Fisch erholen wir uns mit einem Abstecher in einen Laden für Töpferbedarf in Ikebukuro, wo Jeff Mineraloxide kauft, deren Zusammensetzung ähnlich den wissenschaftlichen Fischnamen einer globalen Sprache gehorcht. Und dann geht es zu einem 100-Yen-Laden für Hannah nach Sunshine City, wo wir alle eine Kleinigkeit kaufen. Ich nehme eine rechteckige Omelettpfanne für Sushis und einen rechteckigen Rost zum Grillen über einem Gasbrenner. Mein Geburtstagskuchen ist ein *taiyaki*, ein mit süßer Adzuki-Bohnenpaste gefüllter Kuchen von der Form eines Meerbrassens. Brassen sind glückliche Fische in Japan – eine gute Wahl.

ICHIBAN DASHI
ERSTE DASHI-BRÜHE

Um eine glasklare Suppe zuzubereiten, benötigt man eine Dashi – einen japanischen Fischfond auf Algenbasis. Der Kombu lässt sich anschließend für *tsukudani*, eine traditionelle Würzbeigabe, weiterverwenden (siehe unten). Falls Sie nur eine kleine Menge Dashi benötigen, können Sie auch zu einem Instant-Produkt, *dashi-no-moto* genannt, greifen.
ERGIBT 1 LITER

30 g Kombu
30 g getrocknete Bonitoflocken

Einen Liter kaltes Wasser in einen Topf gießen, den Kombu zugeben und bei schwacher Hitze etwa 10 Minuten ziehen lassen, aber nicht sprudelnd kochen, bis er in der Mitte weich ist. Den Kombu herausnehmen und beiseitelegen.

Die Bonitoflocken einstreuen und den Topf vom Herd ziehen. Sobald die Flocken nach etwa 30 Sekunden auf den Boden sinken, die Dashi durch ein Mulltuch passieren (am besten ein Metallsieb zu Hilfe nehmen).

Diesen Fond nennt man *ichiban dashi* (erste Brühe), er wird für Saucen und Suppen verwendet. Dashi hält sich im Kühlschrank einige Tage.

Niban Dashi

Für *niban dashi*, die zweite Brühe, die Bonitoflocken und den Kombu der ersten Brühe in 1,5 Liter Wasser geben und unbedeckt auf großer Stufe erhitzen. Kurz bevor das Wasser aufwallt, die Hitze etwas herunterstellen und das Wasser köcheln lassen, bis ein Drittel der Flüssigkeit verdampft ist; das dauert etwa 20 Minuten. Vom Herd nehmen und weitere 15 Gramm Bonitoflocken hineingeben. Warten, bis sie auf den Boden gesunken sind und die Dashi vor der Weiterverwendung passieren. Den Kombu für *tsukudani* verwenden.

TSUKUDANI

FÜR 2 PERSONEN

30 g Kombu, gegart und in dünne
  Streifen geschnitten (siehe oben)
1 EL Sojasauce
1 TL Reisessig

2 EL Mirin
1 EL Zucker
1 TL weißer Sesam

Kombu, Sojasauce, Essig, Mirin und Zucker in einem Topf vermengen und bei mittlerer Hitze 15 Minuten garen, bis der Kombu weich und der Großteil der Flüssigkeit verkocht ist. Den Sesam einrühren, in eine Schüssel füllen und kalt stellen. Gekühlt servieren. Statt Kombu eignet sich auch Nori; die Garzeit verkürzt sich dann auf 5 Minuten.

BONITO
JAPANISCH: *Hongatsuo, katsuo, katsuwo, magatsuwo, mandagatsuwo, mandara*
WEITERE BEZEICHNUNGEN: *Echter Bonito, Gestreifter Thun*
ART: *Katsuwonus pelamis (Linnaeus, 1758)*
FAMILIE: *Scombridae (Thunfische und Makrelen)*

KOMBU, ZUCKER-RIEMENTANG
JAPANISCH: *Makombu, ebisume, habariko-kombu, hirome, minmaya-kombu, moto-kombu, oki-kombu, powdered kombu, shinori kombu, uchi-kombu, umiyama-kombu*
ARTEN: *Saccharina japonica (Areschoug, 1851) C. E. Lane, C. Mayes, Druehl & G. W. Saunders, 2006. Laminaria japonica (Areschoug, 1851)*
FAMILIE: *Laminariaceae*

Kombu wird in Japan in vielen Formen und Güteklassen angeboten:

ORI-KOMBU: Gestreckt, getrocknet und dann auf eine einheitliche Länge gefaltet.
OBORO-KOMBU: In Essig eingeweicht, getrocknet und in lange, dünne Bänder gehobelt.
TORORO-KOMBU: In Essig eingeweicht, getrocknet und in dünne Bänder oder Flocken gehobelt.
KOBUMAKI: In getrockneten Kombu eingewickelter Fisch, der mit Gewürzen gegart wird.
FUNMATSU-KOMBU: Getrocknet und zu Pulver zermahlen.
AOITA-KOMBU: In Essig getaucht, in Salzwasser gekocht, manchmal blau eingefärbt und dann getrocknet.
SU-KOMBU: In gesüßtem Essig eingeweicht und dann getrocknet.

Die hauptsächlich verwendete Kombu-Art ist *Saccharina japonica*, doch werden in Japan noch acht bis elf weitere Arten gegessen.

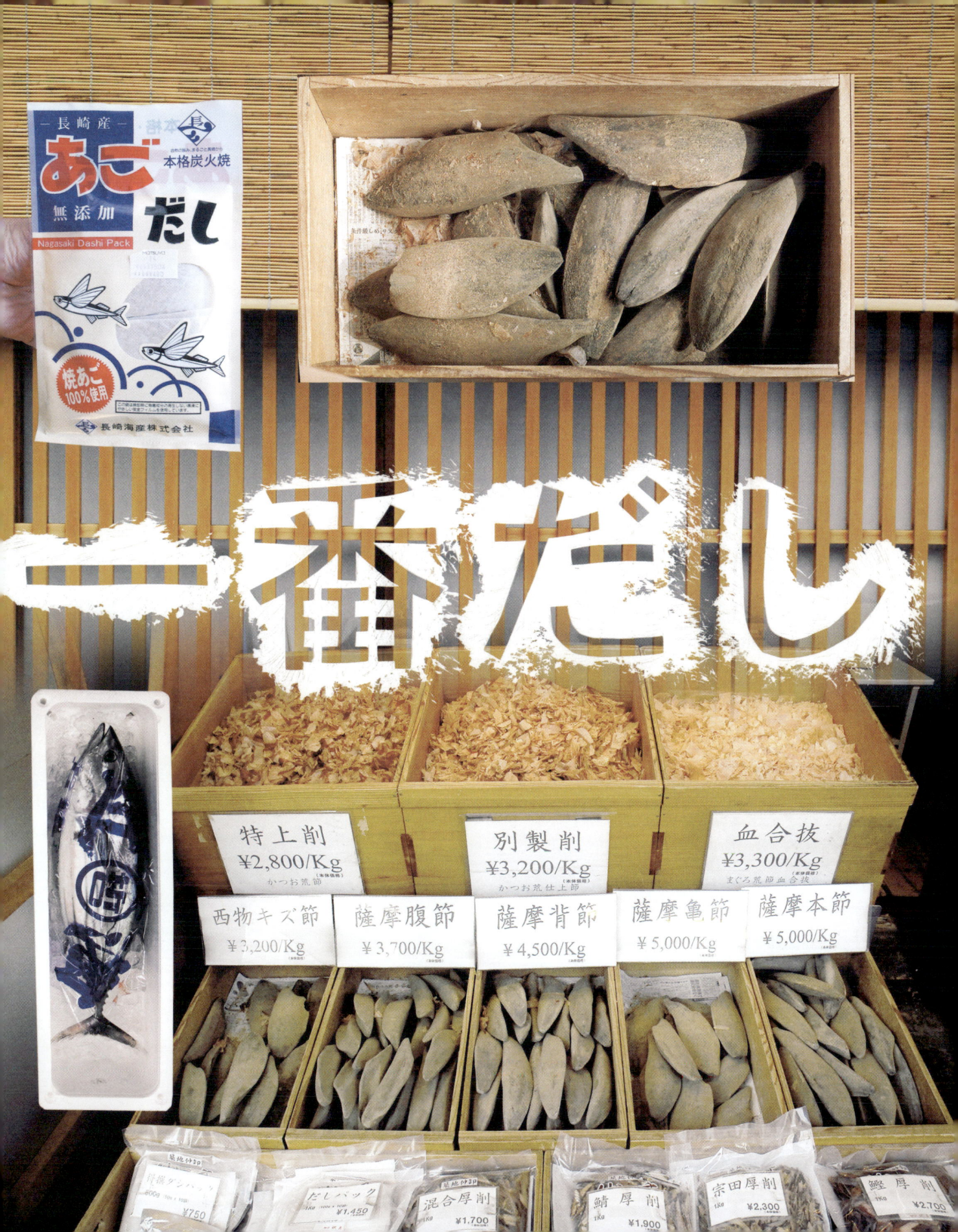

ハマグリのお吸いもの
KLARE MUSCHELSUPPE

In New York bin ich mit einem Beutel Quahogs, die ich wie kleine Venusmuscheln zubereitet hatte, auf die Nase gefallen. Also suchte ich ein Rezept für große Clams – in *ichiban dashi* gegart (siehe Seite 174), liefern sie eine delikate Suppe. Hier kommt auch *mitsuba* zum Einsatz, eine Art wilder japanischer Kerbel. Yuzu ist eine Zitrusfrucht, die geschmacklich irgendwo zwischen Zitrone und Limette liegt.

FÜR 4 PERSONEN

12 Clams (Quahog-Muscheln; etwa 370 g)

1 l ichiban dashi (Seite 174)

½ TL Sojasauce

1 Spritzer Sake

6 Würfel fester Tofu (je 2 x 2 cm)

5 Stängel mitsuba, in 4 cm lange Stücke geschnitten

Abgeriebene oder dünn abgeschälte Yuzu-, Limetten- oder Zitronenschale

Die Clams gründlich waschen, offene, tote Muscheln aussortieren. Geöffnete Clams sollten sich schließen, wenn man daraufklopft.

Die Dashi in einem Topf zum Kochen bringen. Die Hitze reduzieren, die Clams hineingeben und etwa 5 Minuten garen, bis sie sich geöffnet haben. Nicht übergaren, sonst werden sie zäh.

Die Sojasauce, den Sake und den Tofu unterrühren, noch einmal kurz aufkochen und vom Herd nehmen.

Die Suppe in Schalen schöpfen und vor dem Servieren mit *mitsuba* und Zitrusschale garnieren.

Abwandlung

Sie können als Einlage auch zu Schleifen gebundenen, gekochten Kombu in die Suppe geben: Den Kombu 15 Minuten in kaltem Wasser einweichen, damit er formbar wird. In 15 Zentimeter lange, wenige Zentimeter breite Streifen schneiden, diese zu Schleifen binden und 30 Minuten in Wasser kochen. Anschließend in die Suppe geben.

SUSHI & SASHIMI

HANDGEROLLTE SUSHIS, TEMAKI-ZU-SHI, SIND DIE PERFEKTE ART, FRISCHEN FISCH ZU GENIESSEN, OB ROH, EINGELEGT, GERÄUCHERT ODER GESÄUERT.

Zu Gast bei unseren Freunden Heechang, Shinano und Aru am Stadtrand von Tokio wollen wir zusammen Sushi machen. Ich traue dem Ganzen nicht – das Hantieren mit Bambusmatten et cetera wirkt einschüchternd. Doch heute gibt es *temaki-zushi*, kleine von Hand gerollte Nori-Blätter, die mit Reis, Gemüse und Fisch gefüllt werden. Neben Nori-Blättern benötigt man japanischen Reis, der mit Kombu-Brühe und Reisessig gesäuert wird, doch Jasminreis ist ein guter Ersatz. Für die Füllung nehmen Sie regionalen Fisch und Gemüse der Saison. In Schottland würde ich etwa frische Makrele, Lachsrogen und Räucherfisch verwenden, in Venedig adriatischen Tintenfisch, Oktopus und Krebsfleisch.

FÜR 4 PERSONEN

1 Beutel (28 g bzw. 10 Blatt) Nori
Gesäuerter Reis (Sushi-Reis)
250 g japanischer Reis
1 Streifen (12 cm) getrockneter Kombu
40 ml Reisessig
1 EL feinster Zucker
½ TL Salz

200 g ganz frischer Fisch (Sushi-Qualität; siehe oben), in mundgerechte Stücke geschnitten
¼ Salatgurke, in Stäbchen geschnitten
2 Avocados, in dünne Scheiben geschnitten
1 Handvoll kleine Salatblätter
Wasabi-Paste (nach Belieben)
Mayonnaise (nach Belieben)
Sojasauce (nach Belieben)

Füllung:
Dünnes Omelett aus 2 Eiern, in feine Streifen geschnitten

Den Reis gründlich waschen und 1 Stunde abtropfen lassen.

Reis, 290 Milliliter Wasser und Kombu in einem Topf vermengen, aufkochen lassen und den Kombu herausnehmen. Den Reis bei mäßiger Hitze zugedeckt 5 Minuten garen und dann bei ganz schwacher Hitze 15 Minuten quellen lassen. Die Hitze noch einmal für 5 Sekunden hochregeln, den Topf vom Herd nehmen und den Deckel abheben.

Den Essig, den Zucker und das Salz unter Rühren behutsam erhitzen, bis sich Zucker und Salz aufgelöst haben.

Den Reis mit einem Holzlöffel in eine Holzschüssel umfüllen und dabei auflockern. Den warmen Essig, während der Reis langsam abkühlt, allmählich einarbeiten. Zum Warmhalten die Schüssel mit einem feuchten Tuch zudecken.

Die Zutaten für die Füllung bereitstellen und die Sushis rollen: Ein zwölf Zentimeter großes Nori-Quadrat in die Hand nehmen, einen Löffel Reis und vielleicht etwas Wasabi in die Mitte geben und mit Fisch, Salatgemüse und nach Belieben etwas Mayonnaise oder Wasabi garnieren. Wie ein Hörnchen aufrollen und nach Belieben mit Sojasauce servieren.

手巻き寿司

IM BAUCH DER MASCHINE

Einige Tage später, morgens um viertel vor sieben, begleite ich Jeff und Hannah die Showa-Dori entlang zum Flughafenbus. Den Rest von Tsukiji muss ich allein erkunden.

Zurück in Tsukiji. Um eine Vorstellung von der Größe des Geländes zu bekommen, laufe ich am späten Nachmittag, als der hektische Verkehr abgeebbt ist, seine äußere Begrenzung ab, mit Abstechern zum Kai und in die Seitengassen. Die Halle lässt sich nur leer in ihrem ganzen Ausmaß erfassen, also stehle ich mich spät nachts hinein. Rasch schleiche ich über den mondbeschienenen Asphalt in die Dunkelheit einer verlassenen Laderampe, Stille. Um einem Wächter auszuweichen, gleite ich in die riesige Halle. Es ist stockfinster und still, nur das Brummen der Edelstahlkühltruhen ist zu hören, in denen von Vorhängeschlössern gesichert das Thunfischgold ruht. So allein zwischen den Tausenden von Ständen herumzulaufen, ist unheimlich. Die abgewetzten Hackklötze trocknen, die Telefone stehen still, die Werkzeuge sind weggeräumt, Rechnungsbücher sicher verstaut – und kein Fisch weit und breit. Eine Stunde wandere ich umher, immer wieder verlaufe ich mich. Als ich die Halle nahe den Auktionsbaracken verlasse, entdecke ich eine Tsukiji-Katze, die rasch unter einen Handwagen huscht. In dieser Nacht träume ich von Fisch. Um vier Uhr wache ich auf, hoffentlich rechtzeitig genug für die Thunfischauktionen.

Ich finde mich um halb fünf mit all den anderen Touristen, die sich versammelt haben, in der frostigen Kälte vor einer Auktionshalle, einem trostlosen Kasten am Sumida, wieder. Die Faszination, die Menschen an diesen bizarren Ort lockt, ist leicht nachzuvollziehen, doch könnte sie nicht weniger mit einem Teller voll Fisch zu tun haben. Es ist scheinheilig, den Japanern die ganze Schuld an der Überfischung in die Schuhe zu schieben, selbst wenn sie große Fischesser sind. Wir selbst haben vor der eigenen Haustür einen der weltweit größten Fischgründe empfindlich dezimiert.

Für die Blauflossen-Thuns, deren imposante Körper vom Flussufer durch die Auktionshallen wandern und von Messern und Sägen zerlegt werden, um kleine Häufchen Sushi-Reis zu schmücken, ist dies zweifellos der Eingang zur Hölle. Reihe für Reihe werden die wie einbalsamierte Leichen anmutenden gefrorenen Fische mit Nummern versehen, ihre Mängel gekennzeichnet. Bunt bedruckte Papierschilder informieren den Bieter, wo sie gefangen oder gezüchtet wurden und was sie wiegen. Auktionatoren verschiedener Auktionshäuser stehen auf massiven Holzschemeln und schwingen energisch ihre Handglocken, um das nächste Auktionslos anzukündigen. Die Bieter begutachten die Thunfische mit Handpickel und Taschenlampen, reiben kleine Stückchen Schwanzfleisch zwischen den Fingern, um den Fettgehalt zu bestimmen. Der Auktionator aus dem Hause Daito reckt seine Arme himmelwärts, tanzt und singt während des Bietens, ein makaberer Vortrag. Die Bieter bewegen sich kaum, es sei denn, um die Hand zu heben. Einige Thunfische werden auf Handwagen zur Bandsäge gerollt, in einen Schuppen wie eine Tischlerwerkstatt, nur dass das Holz in Wirklichkeit Fleisch ist. Andere tiefgekühlte Fische werden direkt in den Großhandelsbereich gekarrt, wo inzwischen auch die riesigen frischen Thunfische nach ihrer Auktion eingetroffen sind.

Einem Team von vier versierten Mitarbeitern beim Zerlegen eines Thuns zuzusehen, ist wie eine Vorführung des *bunraku*, des japanischen Figurentheaters, bei dem mehrere schwarz kostümierte Puppenspieler zusammen eine Puppe bedienen und zum Leben erwecken. Die Sorgfalt und Behändigkeit, mit der die Männer diese riesigen Fische anpacken, positionieren, zerlegen, abreiben und geschickt in Scheiben schneiden, hat etwas Anrührendes und Feierliches, und wie beim *bunraku* gehorchen sie der Choreografie eines einzigen Meisters. Ihre schwert-

förmigen Messer sind anderthalb Meter lang und lassen unweigerlich an die Samurai denken. Wie in Venedig und anderen Seafood-Hochburgen haben regionale Spezialitäten mittlerweile ihre taxonomischen Grenzen gesprengt und neue kulinarische Maßstäbe hervorgebracht, bei denen es vor allem um Geschmack, Saisonalität, Größe, Reife sowie Ort und Zeitpunkt des Fangs geht, um unter neuem Namen ein neues Produkt zu bieten. Bestimmte Attribute machen für Japaner ein Erzeugnis extrem begehrenswert, ein sehr ausgeprägtes und wichtiges Merkmal ihrer Kultur. Das fette Bauchstück vom Blauflossen-Thun, *toro* genannt, mag wie eine unerschütterliche Ikone der japanischen Gastronomie wirken, doch ist sie relativ jung. Früher war *toro* das billigste Stück des Thunfischs, es wurde an Katzen verfüttert. Die Dinge können sich offenbar ändern und hoffentlich tun sie es, bevor der Thunfisch ganz verschwindet.

Die folgenden sieben Tage verbringe ich allein auf dem Tsukiji-Markt, laufe stundenlang herum, schieße Fotos, mache Notizen und zeichne Karten. Ab und zu entfliehe ich dem geschäftigen Trubel, um im äußeren Bereich für Privatkunden ein paar *Yakitori*-Spieße zu essen, oder verdrücke ein bleiches Brötchen von einem Stand, den ich hinter einem der Eislieferanten, eingezwängt zwischen Stapeln von Fischkisten, entdeckt habe.

Auf meinen Erkundungsgängen durchstreife ich die etwas abgelegenen Randzonen. Mein Blick gilt den architektonischen Details, den Packmitteln, der Aufmachung und Anordnung der Stände, der typografischen Gestaltung und dem Furcht einflößenden Handwerkszeug. Kein Foto kann einen erschöpfenden Eindruck von Tsukiji vermitteln. Man taucht ein in eine altertümliche, lose zusammenhängende Welt mit nur wenigen Insignien des 21. Jahrhunderts, abgesehen vom Verkehr und einem gelegentlichen Mobiltelefon. Kein Computer weit und breit.

Nach hinten hinaus, die Auktionen sind lange vorüber, werden die Hallen vom Abfall befreit – eine Goldgrube für einen Collagen-Künstler wie mich. In dem Trubel durchstöbere ich eine von Tausenden Küsten angespülte Flutwelle von Müll. Ich sammle die von Fischblut und Meerwasser verschmierten Auktionstickets auf, ein Auktionator schenkt mir ein komplettes, sauberes Buch, eine wirklich großzügige Geste, denkt man an die Horden von Touristen, die den Markt belagern. Man muss wissen, was wann und wo gesäubert wird, sonst ist es weg. Das nächste Treibgut, das auf den Müllbergen landet, sind leuchtende Schalen und bedruckte Holzkisten der Großhändler. Ich stöbere darin herum und entdecke hübsche, fast durchsichtige Muschelschalen, Archenmuscheln und Abalonen sowie eine hölzerne Lachskiste mit fett gedruckten japanischen Schriftzeichen. Zurück im Hotel wasche ich die Tickets und nutze die beheizte Klosettbrille, um sie zwischen Zeitungspapier zu trocknen. Die Lachskiste ist etwas zu groß für meinen Koffer, ich brause sie unter der Dusche ab, die Tür fest verschlossen, damit kein Fischgeruch entweicht, und borge mir vom Hotel einen Hammer, um die Kiste transportgerecht zu zerlegen.

Zurück zum Markt, der langsam zu Ende geht. Putzkolonnen arbeiten auf Hochtouren, beseitigen die Styroporkisten und schwemmen den Abfall fort, bis zum Mittag ist kaum noch etwas übrig. Das Styropor wird an Ort und Stelle für den Export recycelt. Als sich die Auktionshallen leeren und dunkel werden, werde ich an Jeffs Vorliebe für rostige Gegenstände erinnert – eine platt gewalzte Blechdose, die selbst der Tsukiji-Putztrupp nicht aufgelesen kriegt. Sie werden sich fragen, warum in diesem Februar so wenig Dosen herumliegen. Ich habe sie alle – gewaschen und getrocknet – auf dem Balkon meiner Unterkunft.

SAIKYO-ZUKE
MARINIERTER SEELACHS IN MISO

SEELACHS, KÖHLER, KOHLFISCH
ART: *Pollachius virens (Linnaeus, 1758)*
FAMILIE: *Gadidae (Dorsche)*

Süßer Miso und Fisch sind eine himmlische Verbindung. Ich habe mich bei der Marinade etwas zurückgehalten und auf Zucker verzichtet – das Gericht wird nicht von ungefähr auch als „Fisch-Bonbons" bezeichnet. Es passt gut zu dem Salat mit Gurken und Meeresalgen auf Seite 166. Kohlenfisch und Wolfsbarsch sind eine beliebte Wahl, doch Seelachs bietet eine preiswerte und schmackhafte Alternative.

FÜR 3 PERSONEN

3 Seelachsfilets mit Haut, sorgfältig entgrätet
Salz (nach Belieben)

Marinade:
100 ml Mirin
250 g süßes weißes Miso
50 ml Sake

In einem kleinen Topf den Mirin zum Kochen bringen, das weiße Miso und den Sake einrühren und abkühlen lassen.

Die Filets noch einmal gründlich auf Gräten untersuchen und in je drei gleich dicke Stücke schneiden. Etwaige Abschnitte separat grillen.

(Japanische Köche salzen ihren Fisch jetzt und legen ihn in den Kühlschrank. Später wird das Salz abgespült und der Fisch abgetrocknet. Ich spare mir diesen Schritt meist.)

Die Filets in einen luftdicht verschließbaren Behälter legen, mit der Marinade übergießen und sorgfältig darin wenden. Fest verschlossen für mindestens 24 Stunden bis zu ein paar Tagen in den Kühlschrank stellen.

Sobald Sie bereit sind, vorsichtig den Großteil der Marinade abreiben, sodass nur ein dünner Film zurückbleibt. Den Backofengrill auf mittlerer Stufe vorheizen.

Den Fisch nicht zu nah unter dem Grill garen, bis die Haut knusprig und das Fleisch saftig und am Rand leicht gebräunt ist. Dickere Filets, etwa von einem Wolfsbarsch, können Sie von beiden Seiten grillen und bräunen und anschließend im heißen Ofen durchgaren.

Die verbliebene Marinade erhitzen und über den Fisch gießen.

Abwandlung
Megmumi, ein japanischer Freund, empfiehlt, die Hälfte des Misos durch Joghurt zu ersetzen.

西京漬け

ニジマスの焼きもの

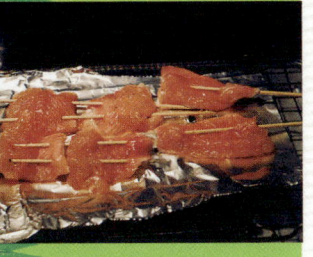

YAKIMONO FORELLEN- SPIESSE

REGENBOGENFORELLE
JAPANISCH: *Niji-masu*
ART: *Oncorhynchus mykiss*
(Walbaum, 1792)
FAMILIE: *Salmonidae*
(Lachsfische)

Yakimono bedeutet „gegrillte Sachen". Damit sich die Filets unter der Hitze des Grills nicht krümmen, wende ich eine japanische Spießtechnik mit Namen *hira-gushi* an, die unten beschrieben wird und die die dünnen Bambusspieße, die seit Jahren in meiner Schublade liegen, endlich einer Verwendung zuführen. Eine weitere Besonderheit ist der leichte Eischnee, der dem Fisch eine äußerst zarte Konsistenz verleiht, besonders wenn man ihn auch während des Grillens aufträgt. Das Rezept geht ganz schnell und ist auch für anderen Fisch geeignet. Köstlich!

FÜR 3 PERSONEN

2 Regenbogenforellen, filetiert, enthäutet und in gleich große Rechtecke geschnitten	*1 Eiweiß*
	1 EL Sake
	1 EL Mirin
1 EL Salz	

Die Filetstücke mit dem Salz einreiben und für 2 Stunden in den Kühlschrank stellen (so würzen die Japaner gewöhnlich ihren Fisch).

Den Grill auf mittlerer Stufe vorheizen.

Das Salz von dem Fisch abspülen und die Stücke sorgfältig trocken tupfen.

Hira-gushi – flach aufspießen: Zwei dünne Bambusspieße parallel, etwa drei Zentimeter voneinander entfernt, in einer Hand halten und mit der anderen nach und nach die Filetstücke daraufschieben. Auf diese Weise bleiben sie beim Grillen flach ausgebreitet.

Das Eiweiß schlagen, bis sich weiche Spitzen bilden. Vorsichtig den Sake und den Mirin unterziehen und den Fisch mit der Mischung bestreichen.

Die Spieße von beiden Seiten einige Minuten grillen; nur einmal wenden. Dabei weiter mit dem Eiweiß bestreichen.

Die Spieße mit Reis oder auf einer Nudelsuppe, bestreut mit feinen Streifen Nori, servieren.

GYOTAKU – FISCHKUNST

Von *gyo* für „Fisch" und *taku*, „Abreibung" – eine Art japanischer Fisch-Druck aus dem 18. Jahrhundert, mit dem die Fischer damals ihren Fang dokumentierten. Einige trocknen den Fisch zuerst mit Salz, tragen eine Art Wasserfarbe auf und machen dann den Abdruck.

マグロ

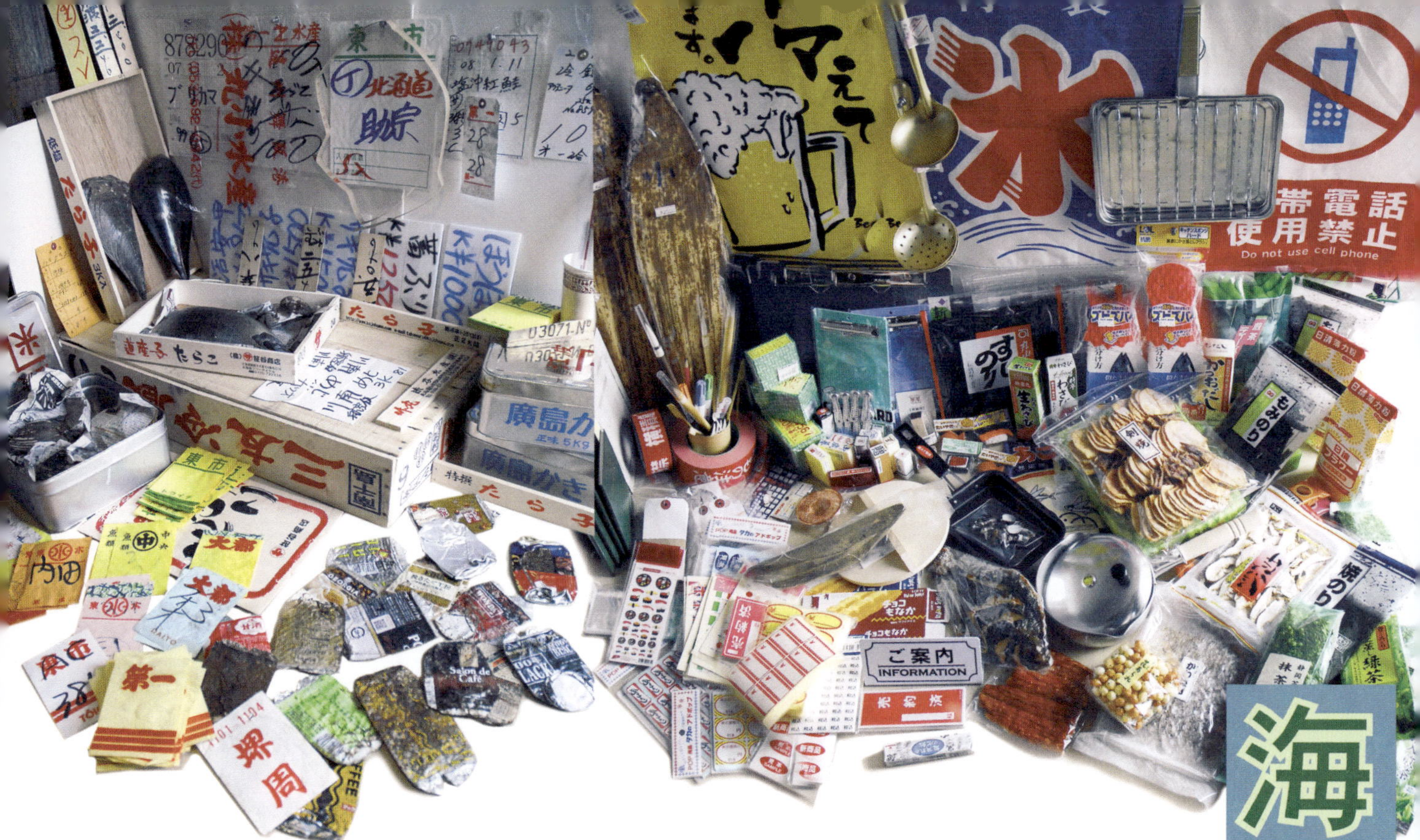

GEFANGEN IM MEER

海に迷い込む

Es sind jetzt zehn Tage. Ich dringe weiter in das Innenleben dieser nicht zu stoppenden Maschine vor. Bei meinem letzten Besuch auf dem Markt wurde ich am Haupteingang mit den Worten „Hallo Mr. Tilson, auch wieder hier?" begrüßt. Es war Naoto-san, ein ehemaliger Lachsauktionator, der mich vor ein paar Tagen über den Markt führte. Da ich mein *ryokan* immer sehr früh verlasse, sind die gelegentlichen Auskünfte an Touristen, die nach dem Weg fragen, die einzigen Worte, die ich den ganzen Tag verliere. Mit einem Mikrofon in der Hand dürfte ich aussehen wie ein Reiseführer – ich habe die Geräusche des Marktes aufgenommen.

Auf dem Höhepunkt des Markttreibens gibt es kaum einen sicheren Ort zum Stehen. Das Gelände ist im ständigen Wandel begriffen. Die geschwungene Halle mit den nummerierten, offenen Einlässen zu beiden Seiten gleicht am Morgen einer hell erleuchteten Arkade, vollgestopft mit frischem Fisch, ein lärmendes Gewühl von Einkäufern und Auktionatoren, die die Ware inspizieren. Nach dem rasanten, minutiös choreografierten Ballett der hin und her flitzenden Gabelstapler ist dieselbe Halle schlagartig dunkel und verlassen.

Behelfsmäßige Büros, zusammengewürfelt aus alten Stühlen, verwitterten Telefonen und klapprigen Fischkisten, sehen aus wie die Überreste eines schiffbrüchigen Trawlers. Sobald die Arbeit erledigt ist, werden die zeitweiligen Kontore wieder abgebaut, Stück für Stück verschwindet jedes Einzelteil an seinen Platz wie in einem Schweizer Taschenmesser.

Gegen Mittag laufe ich bereits seit sieben Stunden herum. Meine Schuhe sind verkrustet vom Salz und von den Fischschuppen. Was zunächst wie ein heilloses Chaos erschien, hat am Ende

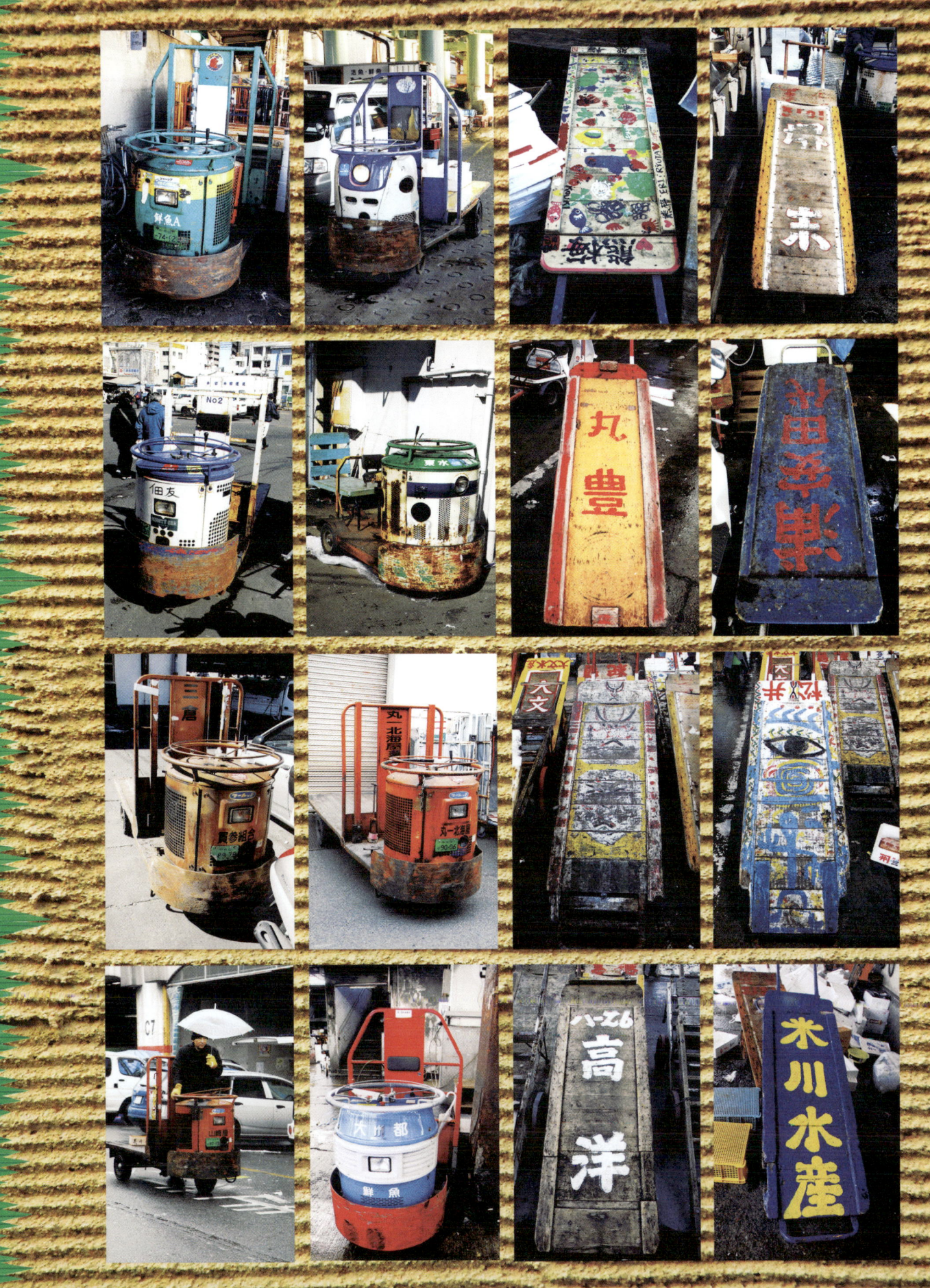

eine balsamische, hypnotische, ja geradezu beruhigende Wirkung auf mich. Schließlich gelange ich in die Katakomben zu den grell beleuchteten Ständen der Großhändler mit ihren verschwiegenen Gängen, Lagern und Büros wie Baumhäuser. Im Zentrum des riesigen, klammen Irrgartens aus Sperrholz entdecke ich die Aalspießanlage, nach der ich schon seit Tagen suche. Da sind auch kleine, flache Bleche mit *zotoli*, die im Schein der Halogenlampen pink und purpurn leuchten. Noch tiefer in dieser bizarren Welt höre ich das Singen der Bandsägen, die den gefrorenen Thunfischen zu Leibe rücken, und das leise Plätschern lebender Fische. Vor mir erstreckt sich eine endlose Szenerie, wie ein Magazin ausgedienter Kulissen. Das matte Licht der Wintersonne fällt durch die staubblinden Dachluken hoch über mir und bringt die Abermillionen Fischschuppen auf dem Boden zum Glitzern.

Die Fischleidenschaft der Japaner hat meine kühnsten Träume übertroffen, aber auch meinen Albträumen Nahrung gegeben. Wenn ich geglaubt hatte, Fischarten würden letztlich in den Sandwich-Bars dieser Welt ausgerottet, so sehe ich mich getäuscht. Der sichere Todesstoß für eine Art ist der Platz auf einem Happen Sushi-Reis, egal ob in New York, London, Paris, Sydney oder Moskau. Dabei geht die japanische Küche in keinster Weise verschwenderisch mit Fisch um. Jeder Teil des Fischs wird verwertet, als sparsamer Koch bin ich voller Bewunderung. Die Japaner sind kein gefräßiges Volk. Man kann sich ihrer Liebe zu Fisch, der Raffinesse, mit der sie ihn zubereiten, und der Faszination ihres ungeheuren Wissens nicht entziehen. Sashimi ist die wohl reinste und respektvollste Art, Fisch zu essen. Es hat mich gelehrt, Fisch und Meeresfrüchte in eben jener Weise zu behandeln und zu genießen – mit Respekt. Die Reise hat mich aufgewühlt, erschöpft, aber auch beschwingt – und mit vielen Vorurteilen aufgeräumt, welchen Fisch man essen soll und welchen nicht. Jeder Supermarkt in einer abgelegenen Seitenstraße Tokios hat ein breiteres, frischeres und besseres Angebot an Fisch als ich irgendwo sonst erlebt habe, abgesehen von Tsukiji. Ich fühle mich in meinem Entschluss bestärkt, bewusster und umweltgerechter zu essen, und da ist die Taxonomie nach wie vor eine Hilfe. In einem Fischbuch, das ich auf dem Markt von Tsukiji gekauft habe, hat auch Carl von Linné seine Spuren hinterlassen, mit vielen Fischen, die wir am Great Barrier Reef oder in Chinatown in New York gesehen haben – die Japaner kennen sie alle.

Einige Monate später sitze ich bei einem Italiener in London, gespannt, was meine japanische Begleitung wohl bestellen wird. Sie lächelt, schaut mir in die Augen und sagt „Fisch". Ich glaube, viele Japaner könnten eher auf die Luft zum Atmen verzichten als auf Fisch.

WÄHREND ICH MICH ZU HAUSE ERHOLE, STELLE ICH FEST, DASS JAPAN MEINEN BLICK VERÄNDERT HAT. ICH BIN VÖLLIG FISCHBESESSEN. IN JAPAN IST KEIN ORT WEITER ALS 150 KILOMETER VOM MEER ENTFERNT. IN GROSSBRITANNIEN SIND ES NICHT EINMAL 120. DOCH LASSEN ES DIE BRITEN BEI FISCH AN DER NEUGIER UND KÜHNHEIT DER JAPANER MISSEN – WIE ICH BEI EINEM KUNSTPROJEKT ÜBER AALE FESTSTELLEN MUSS.

HEIMISCHE GEWÄSSER

PECKHAM, LONDON & DIE KÜSTE

SCHLIESSLICH SCHAFFE ICH ES, MICH VON DEN SIRENEN TSUKIJIS LOSZUREISSEN UND NACH HAUSE ZU DEN FRAUEN ZURÜCKZUKEHREN.

MEIN KOFFER RIECHT
NACH GETROCKNETEM FISCH,
ER IST VOLLGESTOPFT MIT FUNDSACHEN
VOM MARKT – EIN STÜCKCHEN TSUKIJI IN PECKHAM.
HANNAH ISST SCHON DIE GANZE WOCHE MIT STÄBCHEN UND
JEFF HAT EINE KÖSTLICHE NUDELSUPPE MIT WAKAME GEKOCHT.
ES WIRD ZEIT, DAS NEU GELERNTE IN UNSERER KÜCHE ANZU-
WENDEN, DOCH DANN FÄLLT AUF EINER KONFERENZ DAS WORT
„SCHEINHEILIG" UND WIRFT MICH ERNEUT INS KALTE WASSER.

DER EIGENE TELLERRAND

Es ist jetzt ein paar Jahre her, seit ich dieses Abenteuer begonnen habe, um für ein bisschen mehr Fisch auf unserem Esstisch in Peckham zu sorgen. Der Plan, meine Fischangst durch eine Reihe von Reisen zu kurieren, ist aufgegangen. Ich habe die Phobie überwunden und Hannah das Erbe einer Secondhand-Phobie erspart. Wir essen inzwischen alle Arten von Fisch und Meeresfrüchten und unser Haus beherbergt Spuren und Zeugnisse von Stränden und Meeren der ganzen Welt. Erst gestern fand ich in meiner Tasche einen Krebspanzer aus Watsons Bay in Sydney. Mein Atelier gleicht einer nautischen Themenkneipe, ein Sammelsurium aus Fischernetzen, Bojen, Tabellen, getrockneten Tintenfischen, Muschelschalen, Schautafeln, Dosen-Seafood und den Überbleibseln zahlloser Fischmärkte. Ich bin ein Besessener geworden, nicht nur, was neue Rezepte angeht, sondern auch im Hinblick auf das Schicksal der vielen Fischerorte, die wir besucht haben, deren Geschichte das Meer ist und deren Menschen von ihm abhängen. Doch am meisten fasziniert mich der Fisch selbst.

Auf unseren Reisen bin ich bewusst als Otto Normalverbraucher aufgetreten. Fisch aus der Sicht eines gewöhnlichen Kunden zu erleben, ruft mir ins Gedächtnis, wie wenig ich bis vor Kurzem noch darüber wusste. Die Arbeit an einem Kunstprojekt mit dem Titel *A Net of Eels (Ein Netz voller Aale)* – eine dreijährige Untersuchung der komplexen kulturellen und kulinarischen Bedeutung der Aale in Japan und im Vereinigten Königreich – hat vieles verändert. Am Ende weiß ich zu viel über Aale, auch um die traurige Tatsache, dass sie vom Aussterben bedroht sind. Nicht wenige Aalfischereien in Europa müssen schließen. Meinen letzten Aal auf dem Teller, wird mir bewusst, dass mich meine neu erworbene Vorliebe für Fisch in ein neues Dilemma stürzt. Viele Arten, die ich gern zubereiten und essen würde, bergen ein ganzes Minenfeld an Problemen. Ich durchforste wissenschaftliche Websites, lese Hunderte von Berichten und Dutzende Bücher über Überfischung, Übersäuerung und Verschmutzung der Meere, aber auch über Themen wie Ausschuss, Beifang, Baumkurren, Langleinenfischerei, Hobbyfischer, Geisternetze, Abholzung von Mangroven, Piraterie, Pestizide, illegales Fischen, Super-Trawler, Imposex, Rückverfolgbar-

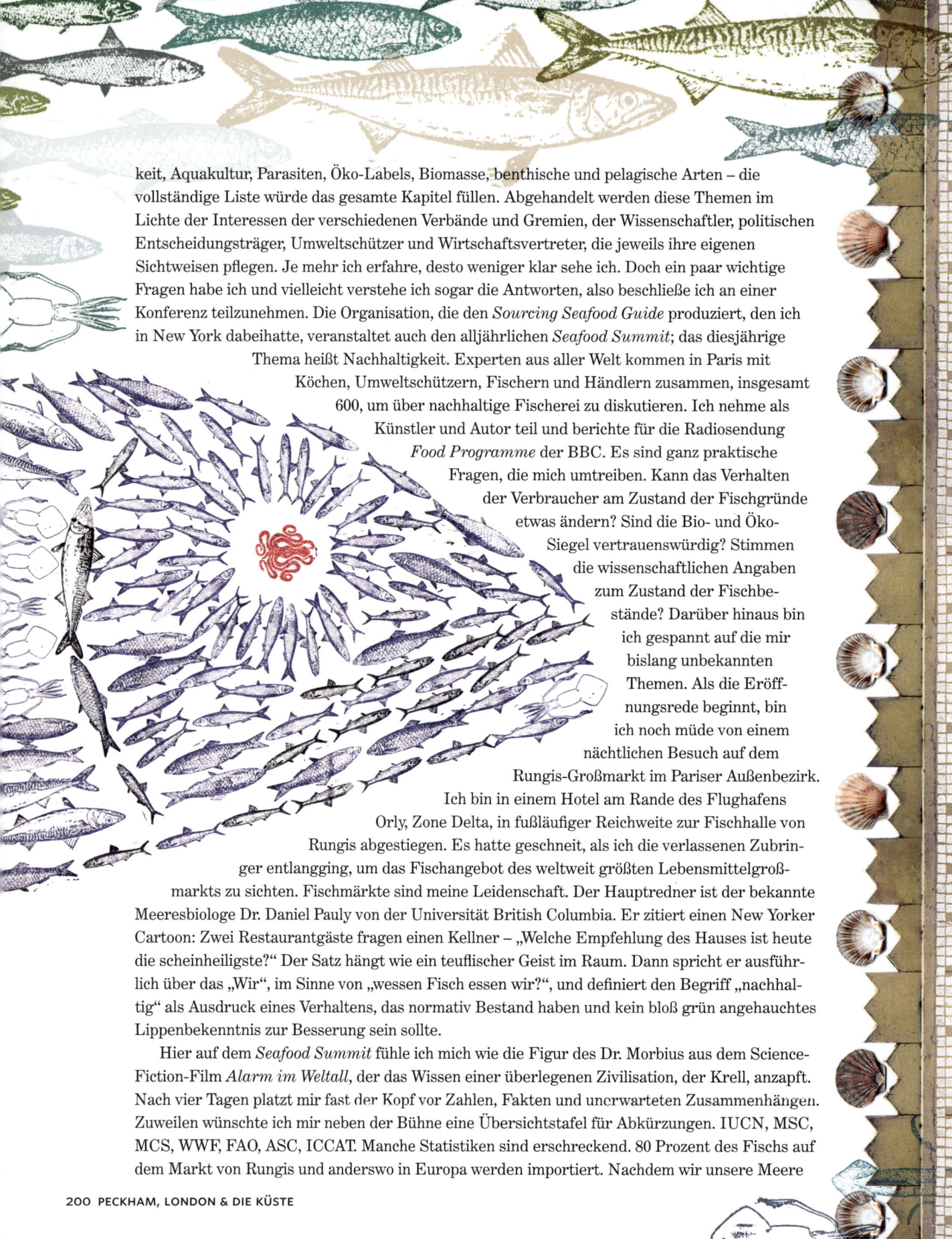

keit, Aquakultur, Parasiten, Öko-Labels, Biomasse, benthische und pelagische Arten – die vollständige Liste würde das gesamte Kapitel füllen. Abgehandelt werden diese Themen im Lichte der Interessen der verschiedenen Verbände und Gremien, der Wissenschaftler, politischen Entscheidungsträger, Umweltschützer und Wirtschaftsvertreter, die jeweils ihre eigenen Sichtweisen pflegen. Je mehr ich erfahre, desto weniger klar sehe ich. Doch ein paar wichtige Fragen habe ich und vielleicht verstehe ich sogar die Antworten, also beschließe ich an einer Konferenz teilzunehmen. Die Organisation, die den *Sourcing Seafood Guide* produziert, den ich in New York dabeihatte, veranstaltet auch den alljährlichen *Seafood Summit*; das diesjährige Thema heißt Nachhaltigkeit. Experten aus aller Welt kommen in Paris mit Köchen, Umweltschützern, Fischern und Händlern zusammen, insgesamt 600, um über nachhaltige Fischerei zu diskutieren. Ich nehme als Künstler und Autor teil und berichte für die Radiosendung *Food Programme* der BBC. Es sind ganz praktische Fragen, die mich umtreiben. Kann das Verhalten der Verbraucher am Zustand der Fischgründe etwas ändern? Sind die Bio- und Öko-Siegel vertrauenswürdig? Stimmen die wissenschaftlichen Angaben zum Zustand der Fischbestände? Darüber hinaus bin ich gespannt auf die mir bislang unbekannten Themen. Als die Eröffnungsrede beginnt, bin ich noch müde von einem nächtlichen Besuch auf dem Rungis-Großmarkt im Pariser Außenbezirk. Ich bin in einem Hotel am Rande des Flughafens Orly, Zone Delta, in fußläufiger Reichweite zur Fischhalle von Rungis abgestiegen. Es hatte geschneit, als ich die verlassenen Zubringer entlangging, um das Fischangebot des weltweit größten Lebensmittelgroßmarkts zu sichten. Fischmärkte sind meine Leidenschaft. Der Hauptredner ist der bekannte Meeresbiologe Dr. Daniel Pauly von der Universität British Columbia. Er zitiert einen New Yorker Cartoon: Zwei Restaurantgäste fragen einen Kellner – „Welche Empfehlung des Hauses ist heute die scheinheiligste?" Der Satz hängt wie ein teuflischer Geist im Raum. Dann spricht er ausführlich über das „Wir", im Sinne von „wessen Fisch essen wir?", und definiert den Begriff „nachhaltig" als Ausdruck eines Verhaltens, das normativ Bestand haben und kein bloß grün angehauchtes Lippenbekenntnis zur Besserung sein sollte.

Hier auf dem *Seafood Summit* fühle ich mich wie die Figur des Dr. Morbius aus dem Science-Fiction-Film *Alarm im Weltall*, der das Wissen einer überlegenen Zivilisation, der Krell, anzapft. Nach vier Tagen platzt mir fast der Kopf vor Zahlen, Fakten und unerwarteten Zusammenhängen. Zuweilen wünschte ich mir neben der Bühne eine Übersichtstafel für Abkürzungen. IUCN, MSC, MCS, WWF, FAO, ASC, ICCAT. Manche Statistiken sind erschreckend. 80 Prozent des Fischs auf dem Markt von Rungis und anderswo in Europa werden importiert. Nachdem wir unsere Meere leer gefischt haben, fischen wir die Meere anderer leer. Ein Drittel des Wildfangs wird zu Fisch-mehl verarbeitet. Die Hälfte fließt in die Fischzucht, der Rest wird an Hühner und Schweine verfüttert oder als Dünger verwendet – selbst wer keinen Fisch isst, konsumiert ihn.

Nach all dem, was ich über dieses Thema gelesen habe, ist es faszinierend, die Vertreter der diversen Interessengruppen zu erleben. Ihre Ausführungen rücken das Gelesene in den Fokus und lassen ahnen, wem ich trauen kann. Die Präsentationen widmen sich hochkomplexen Themen, die in der Mehrzahl leicht beherrschbar wären, da die zur Lösung des Problems der Überfischung nötigen wissenschaftlichen Erkenntnisse vorliegen, allein es mangelt am politischen Willen. Mit dem weltweiten Versagen der Politik wird zunehmend ein Trend zu Do-it-yourself-Lösungen erkennbar. Fischer, die den Ausverkauf ihrer Fischgründe hautnah miterlebt haben, ergreifen selbst die Initiative. Ein vorbildliches Projekt am anderen Ende der Nahrungskette ist das PISCES, ein von Caroline Bennett und Malcolm MacGarvin aus der Taufe gehobenes Programm, das Gastronomen über den Kontakt zur regionalen Fischereiwirtschaft hilft, Fisch aus nachhalti-ger Quelle zu beziehen. Es ist ein langwieriger Prozess, doch zum beiderseitigen Nutzen.

Vor Abschluss der Tagung habe ich Gelegenheit zu einem Interview mit Daniel Pauly – irgend-jemandem muss man ja trauen können. Pauly war Co-Autor des Buchs *In a Perfect Ocean*, das mich an Alan Davidsons Kochbuch *North Atlantic Seafood* erinnert, da sich beide mit einem ganzen Ozean als komplexem Ökosystem beschäftigen. Paulys Buch trägt Daten aus vergangenen Jahr-hunderten zusammen und vergleicht den einstigen Reichtum der Fischgründe mit den stark dezimierten Beständen von heute. Das Buch liefert eine ebenso klarsichtige wie alarmierende Bestandsaufnahme der Folgen, die die eiskalte Effizienz der scheinbar nicht zu stoppenden Hightech-Fischerei im industriellen Stil verursacht. Pauly vergleicht sie mit dem Schneeballsys-tem des Milliardenbetrügers Madoff – die Fischereiflotten bereichern sich am Kapital unserer Meere, statt von ihren Zinsen zu leben. Es ist eine Industrie, deren Fangarme nicht nur bis in fernste Gewässer reichen, sondern auch in die größten Tiefen, um niemals zuvor gefangene Arten aufzuspüren. Ich frage Dr. Pauly, ob der Verbraucher durch sein Konsumverhalten das Schicksal bestimmter Arten abwenden könnte. So ein Ansatz, glaubt er, habe im günstigsten Fall einen positiven Nebeneffekt und sei im schlimmsten schlicht scheinheilig. Der Druck der Verbraucher reiche nicht aus, wenn er auch Signalwirkung haben und andere Konsumenten beeinflussen könne. Für einen echten Wandel müsse man weiter oben in der Befehlskette ansetzen, bei Großkunden, Regierungen und Verbänden. Neben der Meidung gefährdeter Arten sollten wir die politischen Entscheidungsträger überzeugen und Umweltgruppen beim Schutz der Meere unterstützen.

Was also kann der umweltbewusste Koch tun? Vor jedem Einkauf das Internet durchforsten? Ich tue drei Dinge. Erstens informiere ich mich regelmäßig in Verbraucherbroschüren, welchen Fisch man guten Gewissens essen darf und welchen nicht. Ratgeber gibt es als kleine Faltblätter und sogar als Apps für das Mobiltelefon. Einige Leitfäden sind besser als andere, darum konsul-tiere ich gelegentlich Quellen wie Greenpeace und den WWF, die ich für absolut vertrauenswürdig halte. Zweitens kaufe ich wann immer möglich Fisch, der als „nachhaltig" zertifiziert ist, etwa durch das Siegel des Marine Stewardship Council (MSC) – auch wenn Greenpeace den MSC bislang nicht unterstützt, kritisches Hinterfragen ist immer sinnvoll. Drittens, und vielleicht am allerwichtigsten, schließe ich mich Initiativen an, die die politischen Kräfte nicht nur drängen, die von der Wissenschaft geforderten Fangbeschränkungen umzusetzen, sondern auch neue Meeres-schutzgebiete einzurichten. Die ersten beiden Schritte allein sind nicht genug, doch fühle ich einen Ansporn, der mich optimistisch in die Zukunft blicken lässt.

GEBRATENER FISCH MIT KRÄUTERN UND NUDELN

KÖNIGSMAKRELE

ENGLISCH: *King mackerel,*
cavalla, kingfish, hog, kings
ART: *Scomberomorus*
cavalla (Cuvier, 1829)
FAMILIE: *Scombridae*
(Thunfische und Makrelen)

Dieses Gericht zu wagen, ohne es je gesehen oder gegessen zu haben, ist, als würde man im Nebel auf eine Küste zusteuern. Ich müsste auf der *Cha-ca*-Straße in Hanoi sein und einen Blick in eines der vielen Restaurants werfen können. Glücklicherweise hatten wir in Cabramatta, dem vietnamesischen Viertel Sydneys, Gelegenheit, die vietnamesische Küche in Reinkultur zu genießen. Ich erinnre mich an schichtweise Kräuter, vor allem Minze, die versteckt unter den Nudeln lag. Bei *cha ca* geht es also ums Schichten – Kräuter, Nudeln und darüber der Fisch. Klingt machbar. Da es erst im letzten Moment zusammengesetzt wird, lässt sich die meiste Arbeit im Voraus erledigen. Die Garzeiten sind relativ kurz, also habe ich Zeit für die Gäste. Die *Nuoc-cham*-Sauce überträgt den Geschmack des Fischs auf die Nudeln darunter und färbt sie leuchtend orange. Ein kleiner Überraschungseffekt ist die frische Minze ganz unten auf dem Boden der Schale. Ich habe das Gericht auch in Venedig ausprobiert, mit Petersilie, rotem Basilikum und Fenchel – ein Gedicht.

FÜR 4 PERSONEN

NACHDEM ICH IN *FAR EASTERN COOKERY* VON MADHUR JAFFREY AUF DIESES REZEPT GESTOSSEN BIN, SUCHE ICH ONLINE NACH VARIATIONEN, DARUNTER IST AUCH EINE VON MARK HIX, EINEM VIETNAMESEN IM OSTEN LONDONS. ICH MÖCHTE ZUERST EINE AHNUNG VON DEN MÖGLICHKEITEN BEKOMMEN, BEVOR ICH SELBST EINEN VERSUCH STARTE.

700 g Steaks von der Königsmak-
rele, enthäutet und in 2,5 cm
große Würfel geschnitten

350 g Reis-Vermicelli

2 EL Reismehl

1 EL Erdnussöl

8 Frühlingszwiebeln, in Stücke
geschnitten, grüne und weiße
Teile getrennt

2 EL fein gehackte Schalotten

3 EL zerstoßene, geröstete Erd-
nusskerne

1 großes Bund Dill, Spitzen
abgezupft, Stiele weggeworfen

1 großes Bund Koriandergrün,
Blätter abgezupft, Stiele
weggeworfen

1 großes Bund Thai-Basilikum,
Blätter abgezupft, Stiele
weggeworfen

1 großes Bund Minze, Blätter
abgezupft, Stiele weggeworfen

Nuoc cham *(siehe Seite 205)*

Marinade:

1 EL Erdnussöl

1 EL vietnamesische Fischsauce
(nuoc mam)

Saft von 1 Limette

½ TL Weißweinessig

3 Knoblauchzehen, zerstoßen

2 EL fein gehackte Schalotten

1 TL gemahlene Kurkuma

2 TL gemahlener Galgant oder
geriebener Ingwer

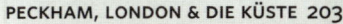

Sämtliche Zutaten für die Marinade in einer flachen Schale verrühren, den Fisch einlegen und gründlich darin wenden. Zugedeckt einige Stunden oder über Nacht in den Kühlschrank stellen.

Die Nudeln in einer flachen Schüssel 2 Stunden in kaltem Wasser oder 15 Minuten in warmem Wasser einweichen.

In einem großen Topf Wasser zum Kochen bringen. Einige Köche empfehlen, die Nudeln portionsweise zu kochen, da sie gern aneinanderkleben und schwer voneinander zu trennen sind. Ich koche sie meist alle auf einmal: Die Nudeln ins Wasser geben, warten, bis es wieder sprudelnd kocht und 1 Minute garen. Prüfen, ob die Nudeln gar sind, und unter fließendem kaltem Wasser abschrecken. Abtropfen lassen.

Den Fisch aus dem Kühlschrank nehmen, die Marinade abgießen. Das Reismehl in eine kleine Schale streuen und die Fischwürfel darin wenden, sodass sie bestaubt sind.

Einen Wok oder eine schwere Pfanne vorheizen. Das Erdnussöl kurz erhitzen, das Weiße der Frühlingszwiebeln und die Fischwürfel hineingeben und unter behutsamem Rühren etwa 4 Minuten braten, bis Fisch und Gemüse gar sind. Herausheben und warm stellen.

Als Nächstes die Schalotten und die Erdnusskerne einige Minuten pfannenrühren. Das Grüne der Frühlingszwiebeln, den Dill, das Koriandergrün und das Basilikum zugeben und 30 Sekunden unter Rühren garen.

Die Minze auf Portionsschalen verteilen, jeweils ein Häufchen kalter Nudeln und einige Esslöffel Kräuter und Nüsse darüberschichten. Mit Fischwürfeln und dem Weißen der Frühlingszwiebeln bedecken und mit 1–2 Esslöffeln *nuoc cham* überziehen.

Die restliche *Nuoc-cham*-Sauce separat dazu reichen, sodass sich jeder selbst bedienen kann. Dazu passt ein grünes Gemüse oder Pak-Choi.

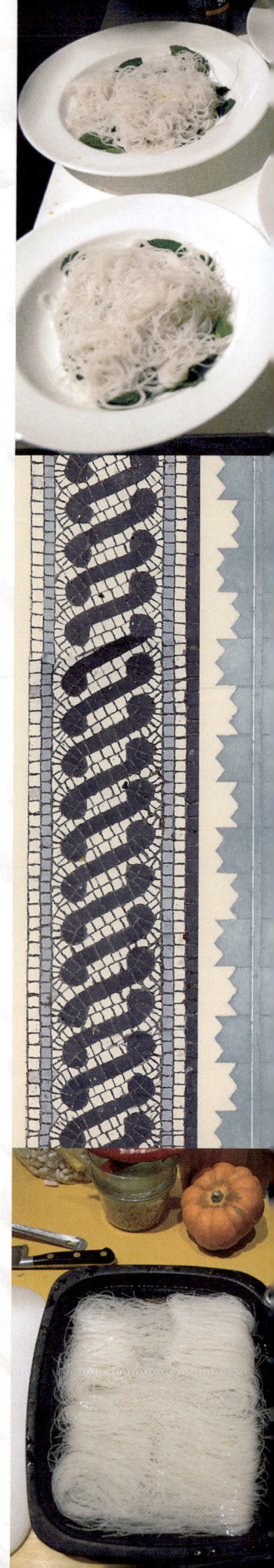

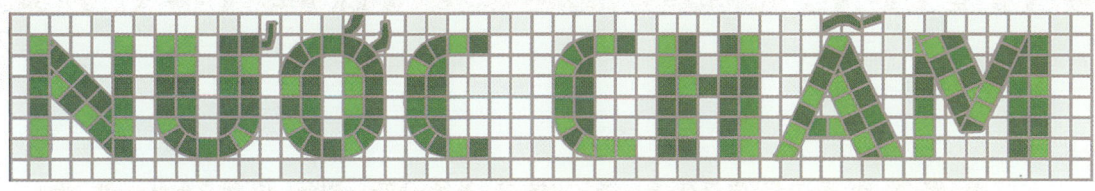

NƯỚC CHẤM

FISCHSAUCE MIT KNOBLAUCH UND CHILI

NUOC MAM

Fermentierte Fischsauce
VIETNAMESISCH: *Nuoc mam*
KAMBODSCHANISCH: *Toeuk trey, tuk trey*
THAILÄNDISCH: *Nam bla, nam pla*
BURMESISCH: *Ngan pya ye, ngan bya yay*
LAOTISCH: *Nam pa*
PHILIPPINISCH: *Patis*
INDONESISCH: *Ketjap ikan*
JAPANISCH: *Shottsuru*

Fischsauce wird wie Sojasauce sowohl als Würzbeigabe wie auch als Zutat in vielen Küchen Südostasiens verwendet, so in Kambodscha, Vietnam, Thailand, Burma, auf den Philippinen und selbst im nicht am Meer gelegenen Laos, wo die Sauce aus Süßwasserfisch gewonnen wird. Gewöhnlich wird sie aus Sardellen hergestellt, die zunächst gesalzen und dann zwölf Monate in Wasser fermentiert werden. Wie bei Olivenöl gibt es verschiedene Produkte, achten Sie also auf die Qualität.

Ein scharfer, pikanter Dip gehört zu jedem vietnamesischen Essen und die perfekte Beigabe zu Fischgerichten wie *cha ca* ist er erst recht. Ich habe mehrere Versionen ausprobiert, meist mit weniger Zucker, den ich im kalten Europa irgendwie unpassend finde. Der Hauptbestandteil ist eine durchsichtige Sauce aus fermentiertem Fisch, die in Flaschen angeboten wird. Der dafür verarbeitete Fisch variiert rund um das Südchinesische Meer von Land zu Land. Experimentieren Sie ein bisschen mit der Sauce herum, sei es mit regionalen oder saisonalen Zutaten. Wenn Sie bei fermentierter Fischsauce auf den Geschmack gekommen sind, können Sie auch Fisch- oder Garnelenpaste ausprobieren.

FÜR 4 PERSONEN

4 lange rote Chilischoten, fein gehackt (nach Belieben von den Samen befreit)

1 lange rote Chilischote, in Ringe geschnitten

3 Knoblauchzehen, zerstoßen

1 EL Weißweinessig

2 EL frisch gepresster Limettensaft

120 ml warmes Wasser

1 EL Zucker

2½ EL vietnamesische Fischsauce (nuoc mam) von bester Qualität

Die gehackten Chilischoten und den Knoblauch im Mörser zu einer glatten Paste zerreiben. Die Mischung in einem verschließbaren Glas mit dem Essig, Limettensaft, Wasser, Zucker, *nuoc mam* und den Chiliringen vermengen. Das Glas verschließen und kräftig schütteln.

Nuoc cham hält sich im Kühlschrank und kann einige Tage im Voraus zubereitet werden.

EUROPÄISCHE SPROTTE

WEITERE BEZEICHNUNGEN:
Breitling, Brisling
ART: *Sprattus sprattus*
(Linnaeus, 1758)
FAMILIE: *Clupeidae*
(Heringe)

Kurzlebig und schnell wachsend. Junge Sprotten werden in England als *whitebait* gehandelt. In Deutschland bekannt sind die geräucherten Kieler Sprotten. Sprotten werden im industriellen Maßstab gefangen und zu Fischmehl, Öl, Tierfutter, Dünger und Angelködern verarbeitet.

SPROTTEN IN ZWEIERLEI TÖNUNG

Goldene und kupferfarbene Sprotten – ein herbstliches Gericht mit einem unterschätzten Fisch. Es ist Guy-Fawkes-Nacht und die Sprotten haben Saison (Oktober–März).

FÜR 4 PERSONEN

24 Sprotten, ausgenommen	1 TL gemahlener Koriander
Rapsöl	Salz und Pfeffer
Gewürzmischung 1:	Gewürzmischung 2:
1 TL gemahlene Kurkuma	4 EL edelsüßes geräuchertes Paprikapulver
1 TL gemahlener Ingwer	Salz und Pfeffer
1 TL gemahlener Kreuzkümmel	

Eine beschichtete Pfanne erhitzen und mit Rapsöl benetzen. Die Hälfte der Sprotten in Gewürzmischung 1 wenden und von jeder Seite in 1½ Minuten goldbraun braten. Auf Küchenpapier abtropfen lassen und die Pfanne auswischen. Die restlichen Sprotten in der zweiten Mischung wenden und braten.

MEERESFRÜCHTETELLER

Weniger ein Rezept als eine Anregung. Ein Gericht, wie auf den Teller gespült.

FÜR 4 PERSONEN

20 Venusmuscheln	12 Kapernäpfel
20 Miesmuscheln	1 EL Knoblauchbutter
2 EL Wakame (siehe Seite 166)	1 rote Chilischote, in Ringe geschnitten
1 Glas Weißwein	2 EL gehackte glatte Petersilie
8 Schwertmuscheln	

KLEINESCHWERTMUSCHEL

ART: *Ensis ensis* (Linnaeus, 1758)
FAMILIE: *Pharidae*
(Messermuschel)

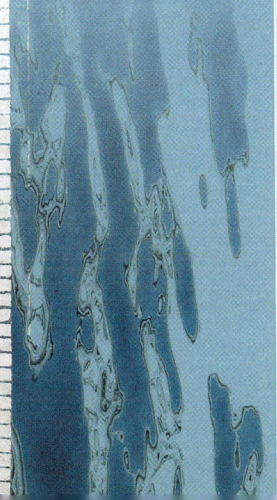

Die Venusmuscheln abbürsten und 1 Stunde in kaltes Wasser legen, damit sie ihren Sand abgeben. Die Miesmuscheln waschen, abbürsten und nötigenfalls entbarten; ebenfalls in kaltes Wasser legen. Offene Mies- oder Venusmuscheln, die sich bei Berührung nicht schließen, wegwerfen. Die Wakame 10 Minuten in kaltem Wasser einweichen.

Eine große Pfanne mit Deckel vorheizen. Die Wakame in Streifen schneiden. Wakame und Miesmuscheln in der Pfanne etwa 1 Minuten garen. Die Venusmuscheln zufügen und 15 Sekunden zugedeckt dämpfen. Mit dem Weißwein übergießen und zugedeckt etwa 1 Minute garen, bis sie sich geöffnet haben. Ungeöffnete Muscheln wegwerfen.

Das Fleisch der Schwertmuscheln mit Öl einpinseln, 3 – 4 Minuten grillen, auslösen und in Scheiben schneiden. Sämtliche Muscheln mit den Kapernäpfeln, der Knoblauchbutter, dem Chili und der Petersilie anrichten. Dazu passt gekochte Polenta, die in Stäbchen geschnitten, mit Öl beträufelt und im Ofen 15 Minuten gebacken wird.

AN DER KÜSTE

Als ich begann, nach Fischrezepten zu forschen und selbst Rezepte zu schreiben, schien die Fischart der alles entscheidende Dreh- und Angelpunkt für das Gelingen des Rezepts zu sein. Schließlich musste ich aber einsehen, dass die Erkennung von Arten wohl eher für den Schutz der Meere von Belang ist als für die Frage, welcher Fisch zu einem Curry passt. So begann ich mit Rezepten zu experimentieren, probierte verschiedene Zubereitungsarten aus und suchte an unseren Reisezielen systematisch nach regionalen Arten. Mit der Zeit habe ich gelernt, zuerst den Fisch zu wählen und erst dann zu entscheiden, wie ich ihn zubereite.

Im Dunstkreis unseres Londoner Herds gibt es viele Fischerorte, die Restaurants und Märkte beliefern, darunter den *Billingsgate Fish Market*, der im Schatten der Bürotürme von Canary Wharf liegt. An der Küste besuchen wir regelmäßig Orte wie Whitstable, Shoreham-on-Sea und Hastings, wo wir den Fischereibetrieb beobachten, um eine Vorstellung zu bekommen, was regional angelandet wird. Hastings, dessen Herings-, Makrelen- und Seezungenfischerei vom MSC als nachhaltig zertifiziert wurde, ist einer der ältesten Fischereihäfen Großbritanniens. Ein Gesetz aus dem Mittelalter, das auf ewig die gebührenfreie Nutzung des Strandes verfügt, prägt noch heute den Fischereibetrieb. Der tiefe Kiesstrand mit seinen Fischernetzen, Krebskörben und ratternden kleinen Planierraupen ist als The Stade bekannt und die Heimat von mindestens 25 kleinen Kuttern. Es ist die größte direkt vom Strand operierende Flotte Europas. Unterhalb der Klippen an der Rock-a-Nore Road stehen am oberen Saum des Strands merkwürdige Gebäude, die surreal anmutenden „Net-Shops", die zum Trocknen der Netze dienen. Die schwarz geteerten, hoch aufgeschossenen Bretterbuden mit geringer Grundfläche sehen aus wie in die Länge gezogene Gartenhäuser, ein einladender Landeplatz für Seemöwen. An der Wasserlinie liegt, umspült von den züngelnden Wellen, ein kleiner Kutter. Am Rumpf ist eine Stahltrosse befestigt, die den Strand hinauf zu einer kleinen Holzhütte mit einer Winsch darin führt, die das Boot auf den Strand zieht. Direkt neben den Winsch-Hütten stehen Fischbuden mit eisbedecktem Verkaufstresen, auf dem der Tagesfang ausliegt. Ich kaufe Makrele, Katzenhai, Flunder und zwei Knurrhähne.

In London bin ich immer davon ausgegangen, dass mein Fischhändler seine Ware aus eigenem Antrieb mit detaillierten Informationen zu Herkunft und Nachhaltigkeit versieht und im Stile eines qualitätsbewussten Schlachters bezieht. Da lag ich völlig falsch – es sind die großen Supermärkte, die bei Öko-Siegeln und nachhaltigen Bezugsquellen voranschreiten, umso besser, sind sie doch Großabnehmer, die offenbar dem Druck der Verbraucher nachgeben. Ich kaufe dennoch gern beim Fischhändler, auch wenn meine Wahl dort eine besonders kritische sein sollte. An der Küste konnte ich Fisch vielfach direkt vom Kutter beziehen – garantiert saisonale und regionale Ware. Im Supermarkt kaufen wir Fisch mit dem MSC-Label: Seelachs, Pollack, Makrele und Miesmuscheln. Fangmethode und Herkunft sind wertvolle Informationen, wenn es darum geht, bestimmte Sünden zu vermeiden.

In der ambitionierten Fischküche ist die Kunst des richtigen Einkaufens genauso wichtig wie die der Zubereitung selbst. Wir sind mit unseren Essgewohnheiten inzwischen weiter unten in der marinen Nahrungskette angelangt und meiden große Raubfische zu Gunsten schnell wachsender Arten, die früh laichen. Thunfisch haben wir komplett von unserem Sandwich verbannt und durch Sardinen ersetzt. Dank Roter Listen bin ich mittlerweile im Bilde, welchen Fisch ich guten Gewissens essen darf. Ich bin auch ein paar Umweltgruppen beigetreten, darunter Greenpeace, Friends of The Earth und der World Wildlife Fund sowie einige, die sich für den Schutz der Haie einsetzen wie der Shark Trust. Der Weiße Hai zählt heute zu meinen besten Freunden.

MAKRELEN-SPIESSE

Makrelen sind perfekt zum Grillen und in Würfel geschnitten hervorragend für Spieße geeignet, die so gut schmecken, dass einige Fisch verschmähende Freunde sie für Lammfleisch hielten.

FÜR 3 PERSONEN

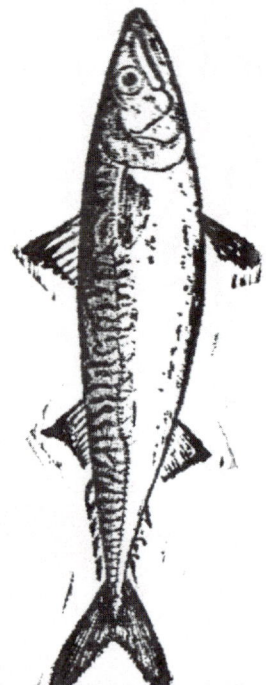

4 Makrelenfilets, sorgfältig entgrätet und in 5 cm große Würfel geschnitten

1 rote Zwiebel, gewürfelt

1 rote Paprikaschote, gewürfelt

1 Zucchini, in 2 cm dicke Scheiben geschnitten

Marinade:

2 TL gemahlener Kreuzkümmel

Saft von 1 Zitrone, plus Zitrone zum Servieren

2 EL Olivenöl

Salz und Pfeffer

Die Zutaten für die Marinade in einer Schüssel verrühren, den Fisch und das Gemüse darin einlegen und 1 Stunde marinieren.

Den Grill auf mittlerer Stufe vorheizen.

Die Makrelenwürfel mit der Haut nach außen zwischen Gemüsestücken auf vier Spieße stecken und mit etwas Olivenöl bestreichen.

Die Spieße nicht zu nah an der Hitzequelle von jeder Seite 5 Minuten grillen und regelmäßig wenden, damit sie gleichmäßig garen. Vor dem Servieren mit etwas Zitronensaft beträufeln.

Reste

Wenn Sie Fisch- und Gemüsestücke übrig haben, können Sie diese hacken, in Filo-Teig einschlagen und 15 Minuten im Ofen bei 200 °C backen.

MAKRELE
SIEHE SEITE 164

KNURRHAHN & SAUERAMPFERSAUCE

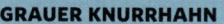

GRAUER KNURRHAHN
ART: *Eutrigla gurnardus*
(Linnaeus, 1758)
FAMILIE: *Triglidae*
(Knurrhähne)

In den letzten Jahren bin ich nicht nur zum Seafood-Kenner geworden, sondern habe auch begonnen, in einem kleinen Garten Obst und Gemüse zu ziehen. Er liegt eingezwängt zwischen einer Feuerwache und einem Wohnblock, der vier Monate im Jahr das Sonnenlicht aussperrt, aber immerhin ein bisschen Graben und Harken erlaubt, wenn mir danach ist. Zu Beginn des Kapitels ist ein Foto der verschneiten Parzelle zu sehen. Besonders freue ich mich über die Ausbeute an Estragon und Sauerampfer, Kräuter, die man nicht immer bekommt und die wie geschaffen für Fisch sind. Stachelbeeren stehen auf meiner Warteliste unter „was passt zu Makrele". Bei diesem Rezept kombiniere ich Sauerampfersauce mit Knurrhähnen, die ich in Hastings direkt vom Kutter gekauft habe.

FÜR 3 PERSONEN

1 EL Butter

3 Handvoll Sauerampfer, Stiele entfernt

Salz und Pfeffer

1 Eigelb (nach Belieben)

1 EL Sahne (nach Belieben)

2 EL Crème fraîche (nach Belieben)

2 Knurrhähne, filetiert

Olivenöl

Die Butter in einem kleinen Topf zerlassen, den Sauerampfer hineingeben und einige Minuten unter Rühren garen. Mit der Zeit färbt er sich dunkelgrün. Mit Salz und Pfeffer würzen.

Es gibt jetzt mehrere Möglichkeiten, den Sauerampfer in eine Sauce zu verwandeln. Einige geben ein Eigelb und einen Esslöffel Sahne hinein, doch genügt es auch, etwas Sahne und Crème fraîche unterzurühren und die Mischung kurz zu erhitzen.

Die Fischfilets bei starker Hitze in etwas Olivenöl braten; nur einmal wenden. Sie garen rasch durch und benötigen nur etwa 3 Minuten pro Seite. Mit der Sauce servieren.

MAKRELE
SIEHE SEITE 164

GEFÜLLTE MAKRELEN IN WEINBLÄTTERN

Es ist Herbst. Jeff hat ein paar vom Baum gefallene Äpfel aufgelesen und die Weinblätter unseres Nachbarn ranken über den Zaun. Das Reizvolle an diesem Gericht ist, dass ein kompletter Fisch mit Kopf, Schwanz und Haut auf dem Teller liegt – jedoch ohne Gräten – stattdessen mit einer süßen Füllung. Falls Sie keine frischen Weinblätter bekommen, nehmen Sie in Lake eingelegte, die Sie allerdings eine Weile wässern müssen.

FÜR 3 PERSONEN

10 frische Weinblätter, Stiele entfernt

2 ganze Makrelen, ausgenommen und gesäubert

Füllung:

400 g süße Äpfel, fein gewürfelt

10 getrocknete, entsteinte Aprikosen, fein gehackt

50 g Semmelbrösel

Abgeriebene Schale von ½ unbehandelten Zitrone

1 Eigelb

In einem großen, flachen Topf die frischen Weinblätter einzeln etwa 30 Sekunden in kochendem Wasser blanchieren, bis sie ihre Farbe verändern; zum Herausnehmen eine Küchenzange verwenden.

Die Äpfel in einem kleinen Topf dünsten, bis sie weich sind. In einer Schüssel abkühlen lassen. Die Aprikosen, Brösel und Zitronenschale untermengen, zuletzt das Eigelb unterziehen. Den Ofen auf 220 °C vorheizen.

Die Makrelen vorbereiten. Das Ziel ist, Kopf und Schwanz dranzulassen und sämtliche Gräten dazwischen zu entfernen – etwas fummelig, aber lohnend. Mit einem scharfen Filetiermesser sämtliche Flossen, außer dem Schwanz, abschneiden. Jetzt die Gräten auf beiden Seiten der Bauchhöhle bis hinauf zum Rückgrat vorsichtig vom Fleisch lösen. Das Rückgrat direkt hinter dem Kopf und ganz nah am Schwanz durchtrennen. Um die Mittelgräte über die ganze Länge zu lockern, den Fisch senkrecht auf den Bauch stellen, die Bauchlappen nach außen geklappt, und das Rückgrat mit den Fingern sanft nach unten drücken.

Den Fisch umdrehen. Jetzt sollte sich das Rückgrat samt anhängenden Gräten ganz leicht herausziehen lassen. Einige kleinere Gräten bleiben immer zurück. Sie lassen sich mit den Fingerkuppen ertasten und mit einer Pinzette entfernen (für jeden Fischliebhaber ein Muss in der Küche).

Das Füllen und Einschlagen der Makrelen stellt die ursprüngliche Form der Fische wieder her. So viele Weinblätter leicht überlappend nebeneinanderlegen, dass Kopf und Schwanz der Fische nach dem Einwickeln frei bleiben.

Etwa vier Esslöffel Füllung in die Bauchhöhle jedes Fischs geben. Die Makrelen in die Weinblätter einschlagen und in ihre ursprüngliche Form bringen. Auf ein eingeöltes Blech legen.

Die Makrelen im vorgeheizten Ofen 15 Minuten backen und dann bei 200 °C weitere 20 Minuten backen, bis die Fische gar sind.

BLAUE HORIZONTE

Auf unseren Reisen habe ich viele interessante Methoden kennengelernt, Fisch zuzubereiten – gekochte Makrele in Japan, gegrillter Räucherfisch in Schottland, venezianische Pasta oder vietnamesische Nudeln unter würzigen Stückchen Seafood und vieles mehr.

Abgetaucht in der Welt der Meere habe ich über die Jahre meinen Blick für saisonalen Fisch geschärft. Im Frühling freue ich mich auf *moeche* in Venedig, im Herbst auf Sprotten in London. Ich navigiere spielerisch durch die Untiefen der Restaurantkarten Venedigs und denke dabei sogar in wissenschaftlichen Namen – gebratene *Sparus aurata* con Polenta, *Pecten jacobaeus* alla Veneziana oder vielleicht doch ein paar Spaghetti alla *Sepiola rondeleti*? Bei den Möglichkeiten der Gentechnik in der Lachszucht frage ich mich, ob für Zuchtfische nicht alternative wissenschaftliche Namen angebracht wären. Vielleicht sollte ich mein eigenes System der Klassifizierung entwickeln – *Salmonidae sapiens* (Tilson, 2011).

Die Geschichte dieses Seafood-Abenteuers endet, wo sie begonnen hat, in Venedig. Es ist schon spät und wir spazieren die breite Uferpromenade der Fondamenta Zattere entlang. Mum und Dad schlafen bereits, nachdem wir einmal mehr Fisch vom Markt in Rialto zum Abendessen hatten. Ich habe heute neue Arten ausprobiert, die ich noch nie zuvor gegessen habe. Der Händler hatte nur eine Handvoll davon und wusste nicht einmal ihre Namen – später gelang es mir, sie zu identifizieren. Der Vollmond steht über der Lagune. Straßenlaternen säumen den Uferweg, leuchten ins dunkle Wasser und locken mit ihren Lichtkegeln Kalmare an. Ich halte ein handtellergroßes, flaches Stück Kork in der Hand, um das eine Angelschnur gewickelt ist, daran baumelt eine Metallgarnele mit einem Widerhaken. Ein Tintenfischköder, den ich gestern in Chioggia, dem Heimathafen der venezianischen Fischereiflotte, gekauft habe. In Zweierreihen liegen dort Hunderte kleine Trawler in den Kanälen vertäut, Netze und Fender hängen über den Bordwänden. Mein Köder sieht fast genauso aus wie jener, den wir im örtlichen Marinemuseum gesehen haben – seit Jahrhunderten ist er unverändert, ebenso wie die Arbeit, die er verrichtet. Wenn auch nicht für mich. Kein Glück heute Abend, nur der gelegentliche Biss eines Tintenfischs.

Als Koch weiß ich jetzt um die Probleme, denen die Weltmeere gegenüberstehen, doch wenn auch die Auswahl an Fischen, die man bedenkenlos essen kann, schrumpft, so bleiben noch genug, um meine kulinarische Neugier über Jahrzehnte zu stillen. Ich werde mich weiter bereitwillig in jedes noch so abenteuerliche Experiment stürzen, gefasst auf ein Desaster und froh, immer noch ein bisschen verloren zu sein – denn dort bin ich genau richtig.

REGISTER

Rezeptnamen in **Fettdruck**

LITERATURAUS – WAHL

Manchmal hatte ich den Eindruck, dass ich für einen einzigen Satz fünf Bücher, mehrere wissenschaftliche Abhandlungen und zig Websites lesen und einen Fischmarkt besuchen musste. Hier nur einige Bücher, der eher besonderen Art, die mir auf meinem Weg begegnet sind.

Descrizione de' Pesci, de' Crostacei, e 7de' Testacei che abitano le Lagune ed il Golfo Veneto, Stefano Chiereghin, 1778–1818. Ein wunderschönes Bilderbuch und eine einzigartige historische Momentaufnahme der Lagune.

Mediterranean Food, Alan Davidson, Prospect Books, 2002, Penguin Books, 1972. Ich liebe dieses Buch und habe es in Italien immer dabei.

The Gondolier's Cook Book: Venetian Traditional Recipes, Marcello Brusegan, Supernova, 1999. Ein kleines, aber feines Buch, aus dem ich oft etwas koche.

La Cucina Tradizionale Veneta, Dino Coltro, Newton & Compton Editore, 1983. Einen Blick wert, und wenn nur, um sich die historischen venezianischen Gravuren und kulinarischen Illustrationen anzuschauen.

La Grande Cucina Veneziana: ricette, storia e cultura della cucina di Venezia, Giampiero Rorato, Dari di Bastiani, 2003. Umfassend und informativ.

A Field Guide to Getting Lost, Rebecca Solnit, Canongate Books, 2006. Ich stolperte über ein Zitat von Rebecca Solnit in einem Buch von Lucy R. Lippard, deren Quellen immer einen genaueren Blick lohnen.

Fishing Across the Centuries: What Prospects for the Venice Lagoon?, S. Silvestri, M. Pellizzato und V. Boatto, Nota di Lavoro, 2006. Faszinierend.

Gli Animali Commestibili dei mari d'Italia, Arturo Palombi, Mario Santarelli, Hoepli, 1953. Hier mag Davidson das Konzept für sein umfassendes Werk über Mittelmeerfisch gefunden haben.

Pesca Nella Laguna Venezia, Amministrazione della Provincia di Venezia, 1981. Historische Fischereimethoden mit Illustrationen.

Multilingual Dictionary of Fish and Fish Products, Organisation for Economic Co-operation and Development, Blackwell Science Ltd., Oxford, 2000. Mehrsprachiges Lexikon der Fischnamen und Fischprodukte. Es gibt jetzt eine Online-Version.

The Great Scandinavian Cook Book: an Encyclopaedia of Domestic Cookery, J. Audrey Ellison, George Allen und Unwin, 1966.

The Scots Kitchen: Its Traditional and Lore, F. Marian McNeil, Blackie & Sons, 1929. Ein wahrhaft großes Werk mit ungeheurem Detailreichtum.

A Year in a Scots Kitchen, Celebrating Summers End To Worshipping its Beginning, Catherine Brown, Neil Wilson Publishing, 2002. Von einigen Rezepten gibt es mehrere Versionen aus verschiedenen Epochen.

The Christian Watt Papers, David Fraser, Paul Harris Publishing, 1983. Die erschütternde Geschichte einer 1833 geborenen schottischen Fischersfrau.

Salt in the Blood: Scotland's Fishing Communities Past and Present, James Miller, Canongate, 1999.

Fishing Off the Knuckle: the Fishing Villages of Buchan, David W. Summers, Centre for Scottish Studies, 1988.

Trawling: celebrating the industry that transformed Aberdeen and North-East Scotland, Raymond Anderson, The Press & Journal, 2007.

North Atlantic Seafood, Alan Davidson, Prospect Books, 2003, Macmillan, 1979.

In a Perfect Ocean: the State of Fisheries and Ecosystems in the North Atlantic Ocean, Daniel Pauly und Jay Maclean, Island Press, 2003.

The Last Fish Tale: The Fate of the Atlantic and our Disappearing Fisheries, Mark Kurlansky, Jonathan Cape, 2008.

Men's Lives: The Surfmen and Baymen of the South Fork, Peter Matthiessen, Vintage Books, 1986. Die Geschichte der Fischer von Long Island von 1633–1986. Äußerst atmosphärisch, mit einem Blick fürs Detail.

Guide to Sea Fishes of Australia: a Comprehensive Reference for Divers and Fishermen, Rudie H. Kuiter, New Holland, 1996. Nützlich, auch wenn es sich nicht an Köche wendet.

Port of Promise: an Illustrated History of Port Douglas North Queensland, Glenville Pike, Pinevale Publications, 1986. Ein Blick in die Pionierzeit.

Decorative Cast Iron in Australia, E. Graeme Robertson, Currey O'Neil, 1984. Australische Baumeister liebten viktorianische Schmiedekunst, die in ihren Händen zu neuer Blüte gelangte und in neuer Form ihre Städte wie ein Blumenteppich schmückte.

Tsukiji: The Fish Market at the Center of the World, Theodore C. Bestor, University of California Press, Berkely, 2004.

A Dictionary of Japanese Food: Ingredients & Culture, Richards Hosking, Prospect Books, 1996.

Japanese Cooking: A Simple Art, Shizuo Tsuji, Kodansha International, 1980. Ein Muss für jeden, der sich für die japanische Küche interessiert.

Recipes of Japanese Cooking, Yuko Fujuita, Natsume, 2004. Dieses Grundkochbuch habe ich am Flughafen von Tokio erstanden.

The Sushi Economy: Globalization and the Making of a Modern Delicacy, Sasha Issenberg, Gotham Books, 2007.

The Zen of Fish: the Story of Sushi from Samurai to Supermarket, Trevor Corson, Harper Collins, 2007. Pflichtlektüre für jeden, der im Begriff ist, eine Sushi-Bar zu betreten.

Bestimmte Websites waren wesentlich für dieses Buch. Ich habe sie online verlinkt unter: **www.jaketilson.com/fish**

MANUS KRIPT

Bei einem so zeitaufwendigen Projekt habe ich vielen Menschen zu danken. Besonderen Dank schulde ich dem wunderbaren Team von Quadrille Books. Allen voran Jane O'Shea und Alison Cathie für ihren Glauben an dieses Projekt und meinem Herausgeber Simon Davis. Dank auch an Leonie Kellman und Mark McGinlay, ebenfalls von Quadrille, für ihren Enthusiasmus. Herzlichen Dank, Claudia Roden, für Ihre freundlichen Worte über dieses Buch – sie bedeuten mir sehr viel. Zu Dank verpflichtet bin ich auch meiner Agentin Lizzy Kremer von David Higham Associates für ihre beharrliche Unterstützung und ihren sachkundigen Rat. Liz Farelly, die mich, nachdem die Gestaltung des Buches bereits halb fertig war, von der Idee überzeugte, die Vorlage für mehr als eine Sprache druckfertig zu machen, worauf ich die Schrift New York Neon entwickelte. Danke, Michael Mack für die Hilfe in der Anfangsphase – ich weiß sie sehr zu schätzen. Dank auch an Jinny Johnson für die Unterstützung.

LEKTORAT

Es war ein absolutes Vergnügen mit Simon Davis von Quadrille zusammenzuarbeiten, seine Argusaugen und seine wohlwollende Aufnahme meiner Texte haben mich in meiner Arbeit bestärkt. Bevor die Texte Simon erreichten, waren andere Menschen am Werk – Dank gebührt vor allem Jeff für ihr akribisches Redigieren und Lizzy Kremer.

ÜBERS ETZUNG

Vielen Dank, Megumi Yamashita, für die freundliche Hilfe bei den japanischen Schriftzeichen, bevor ich sie unwiderruflich in die Vorlage schablonierte. Vielen Dank, Gabriella Cardazzo, für die Korrektur der italienischen/venezianischen Rezeptnamen vor dem Stempeln. Und an Erik Nissen Johansen für den Beistand bei den schwedischen Fischbällchen. Sind da irgendwelche Fehler, so gehen sie auf mein Konto.

UNTERWEG S

In Venedig geht mein Dank an Mario und Assunta di Martino und ihre selige Frau und Mutter Daniela, mit denen ich gern mehr Zeit verbracht hätte, die venezianische Küche zu entdecken. Danke an Enzo di Martino für die kulinarische Hilfe vor Ort und für die Muscheln und anderen Köstlichkeiten aus der Adria. An das Restaurant Furatola in der Calle Lunga San Barnaba und an unseren Besuch in Venedig, vor allem Simon und Abigail Weinstock und Bruce und Georgia Johnson, die mich Venedig mit anderen Augen sehen ließen. In Schottland gilt mein Dank besonders Andrew und Ruth Ruck für den wunderbaren Angelausflug mit Barbecue – und dem schottischen Teil meiner Familie: Susie, Bill, Phillipa und Grant Robson, Ernie Lee und Patricia Milligan. In New York gebührt der Dank Susan Shopmaker und Chris McCann, meinen kulinarischen Vorposten in Queens. Danke auch an James Oseland, Dana Bowen und Todd Coleman vom Saveur. An Devon Fredericks und Eli Zabar, Ikonen der Kochkunst. An Stephen Farthing und Ami Abou-baka, Carole Lalli, Nina Lalli, Susan Friedman, Ann Bramson, Naomi Duguid, Betsy Smith und Dick Smith. Bei *Food & Wine* an Tina Ujlaki, Salma Abdelnour und Jen Murphy für all ihre Unterstützung. In Australien geht der Dank an Elizabeth Hastings, Sarah Hetherington, Fiona Fraser, Juliet Gauchat und John Cott – und an Deborah Rodrigo und Joanna Savil für die Online-Blog-Hilfe. Reisen nach Japan erfordern Vorausplanung, Rat und Hilfe in großem Umfang. Mein besonderer Dank geht an Issey Miyake, Hiroshi Kamio, Ritsu Yoshino und Piera Berardi. An die großen japanischen Designer Masuteru Aoba und Mitsuo Katsui. An Heechang, Shinano und Aru Yoon für ihre Gastfreundschaft und die Lehrstunde in *temaki-zushi*. Ebenso an das entgegenkommende Personal des Ryokan Yoshimizu. Dank schulde ich auch Junko Suwa, Mariko Yagi und Kyoichi Tsuzuki. Einen Vor-Tsukiji-Dank an Nigel Sherman und unseren lieben Freund Howard Bern. Und an Peter Begg und David Loftus, die mich beide überredeten, eine Filmkamera nach Tsukiji mitzunehmen. In England verdienen meine Schwestern Anna und Sophy einen lieben Dank sowie Rosie, Poppy, Sam, Bill und Albert und Paul Scotcher. Dank an das Oxford Symposium on Food and Cookery als ein Ort der kulinarischen Zuflucht und Unterstützung.

SEAFOOD-HILFE

Herzlichen Dank, Nancy Harmon Jenkins, für das Gespräch über das tückische Thema Fisch – einmal via Satellit von Maine mithilfe von BBC Radio 4. Danke, Ken Watmough, für die Führung über den Fischmarkt in Aberdeen, ich weiß Ihre Freundlichkeit und Geduld sehr zu schätzen. Seaweb kam mit seinem Seafood Summit in Paris zur Rettung, als ich ein paar bohrende Fragen hatte – herzlichen Dank Melanie Siggs, Julia Roberson und Valerie Craig. Auf dem Gipfel durfte ich mehrere Experten interviewen; ganz besonders möchte ich Dr. Daniel Pauly für seine erschöpfenden Auskünfte, seine Erfahrung und seine Zeit danken. Ebenso Caroline Bennett (Moshi Moshi) und Malcolm MacGarvin, mit denen ich ein langes, anregendes Gespräch über Seafood und den Gipfel führen durfte. Es war mir ein Vergnügen, mit Julie Packard vom Monterey Bay Aquarium zu sprechen, ebenso wie mit Jill Schwartz vom WWF. Mein Besuch des Rungis-Marktes wurde von Anyes Estay (MSC Paris) und Philippe Stisi (Rungis) unterstützt. Marc Dachy erteilte mir eine unvergessliche Lektion in der richtigen Aussprache von Rungis! Es war eine große Freude und Ehre, im Rahmen des Food Programme auf Radio 4 der BBC die Sendung *Jake's Sustainable Fish* zu produzieren. Einen großen Dank an das wunderbare Team der BBC, Rebecca Moore, Sheila Dillon, Dan Saladino und Susan Fleming.

AUSSTELLUNGEN

Ich hatte bislang zwei fischbezogene Kunstprojekte. *A Net of Eels: Jake Tilson & Kyoichi Tsuzuki* aus dem Jahr 2009 war eine Auftragsarbeit von The Film and Video Umbrella in London (siehe Seite 198). Tausend Dank an Steven Bode, Mike Jones, Nina Ernst und das Team von FVU für ihre Professionalität und die fortgesetzt angenehme Zusammenarbeit. *A Net of Eels* wurde unterstützt von Arts Council England, The Jerwood Charitable Foundation, The Great Britain Sasakawa Foundation und der Japan Foundation. Die Ausstellung fand im Wapping Project in London statt, ein ganz spezieller Dank an Jules und Josh Wright von Wapping für ihre Tatkraft und Fantasie. Die Ausstellung reiste auch in die Babylon Gallery in Ely, Digby Chacksfield sei Dank. 2010 stellte ich auf dem *Anti Design Festival* in London eine Arbeit zum Thema Thunfisch aus: *20:1 Bluefin Tuna* (siehe

Seite 200). Das Bild entstand aus Hunderten kleiner Fische, die ich mit Stempeln in Form eines lebensgroßen Blauflossen-Thuns auf ein Stofftransparent druckte. Danke an Neville Brody und Andy Chen für die Einladung. Um ein einziges Kilo Zuchtthunfisch zu produzieren, sind 20 Kilo Speisefische wie Makrelen, Heringe, Sardinen, Sardellen und Tintenfische erforderlich.

NOCH MEHR DANKSAGUNG

Tom Jaine habe ich immer viel zu verdanken. Er ermöglichte mir nicht nur die Abbildung einer Seite aus Alan Davidsons bahnbrechendem Buch *Mediterranean Seafood*, er brachte mich auch mit Richard Hosking zusammen, der mir wiederum das großartige Buch über die japanische Küche von Shizu Tsuji empfahl. Danke an das Macduff Aquarium für die Erlaubnis, die Adoptionsurkunde für unsere Schellfischfamilie abzudrucken und an Julie Packard vom Monterey Bay Aquarium für die Genehmigung, das Cover ihres exzellenten *Seafood Watch Guide* abzubilden.

Der Autor hat sich bemüht, sämtliche Copyright-Inhaber ausfindig zu machen und Rechte in Zusammenhang mit abgebildeten Fotos und anderen Illustrationen zu klären. Nicht alle konnten zugeordnet werden. Bitte kontaktieren Sie den Autor unter contact@jaketilson.com, um eventuelle Unterlassungen mitzuteilen, die Herausgeber werden sich glücklich schätzen, etwaige Versäumnisse in künftigen Ausgaben zu korrigieren. Dieses Buch wurde in keiner Weise von irgendeiner der abgebildeten Marken unterstützt.

FOTOGRAFIE

Die Fotos stammen alle von mir, es sei denn, ich bin darauf, dann stammen sie von: Jennifer (Jeff) Lee S. 15, 32, 37, 47, 78, 83, 134, 154, 214. Hannah Tilson S. 68, 161, 169. Andrew Ruck S. 81. Joe Tilson S. 6. Adam Levy S. 108.

Achtung: Sämtliche Fotografien sind 100 % naturgetreu geblieben – keinerlei nachträgliche Bearbeitung. Jeder volle Teller wurde Sekunden nach dem Fotografieren aufgegessen – manchmal auch davor. An Geschirr wurde benutzt, was und wie man es vorfand, an Leuchtmitteln, was verfügbar war. Fotografiert mit: 35mm Nikon FM2, Nikon D200, Sony Cybershot P120, Canon S90, iPhone4, Super cine8, video8 und videoHi8.

TYPOGRAFIE

Ich habe extra für dieses Buch eine Reihe von Schriftarten entworfen. Jede Schriftart spiegelt einen bestimmten Aspekt des jeweiligen Schauplatzes.

VENETIANMARINE

2008. Diese Schrift ist den mit Schablonen aufgetragenen Schriftzügen nachempfunden, wie man sie an den Booten in Venedig sieht. Für die Rezepte habe ich daraus ein Stempelalphabet angefertigt. Die Rezeptnamen wurden auf Papier gestempelt und dann eingescannt.

SCOTTISH FISHERY

2009. Inspiriert von den handgemalten amtlichen Kennnummern auf schottischen Fischerbooten. Jedes Kennzeichen besteht aus ein, zwei oder drei Buchstaben, gefolgt von einer Zahl, z. B. BF104 für Banff.

NEW YORK NEON

2008–09. Inspiriert von den Neonleuchten der New Yorker Gastroszene, über viele Jahre fotografisch zusammengetragen. Um den richtigen Neoneffekt zu erzielen, wurde die Schrift als fünfte Farbe konzipiert, die auf einen leuchtendbunten Hintergrund gedruckt wird.

SYDNEY LACE

2008–09. Diese Schriftart ist den dekorativen Schmiedearbeiten nachempfunden, die Down Under viele Häuser aus der Zeit des Australischen Bundes schmücken. Die Fotos sind vor allem in Sydney entstanden und dienten als Vorlage für Zeichnungen und Scans.

NIZIOLETO

2003. Diese Schrift ist den venezianischen Straßennamen abgeguckt, die in einem weiß gestrichenen Rechteck direkt auf die Hauswände aufgetragen werden. Für eine vollständige Darstellung siehe das Buch 3 Found Fonts, Jake Tilson, Atlas, 2003. Eine Begleit-CD enthält drei Schriftarten, darunter Nizioleto.